JN137193

器械運動の動感指導と運動学

三木四郎　著

イラスト：三木映子

明和出版

はじめに

本書は，私の恩師である金子明友先生のライフワークともいえる発生論的運動学の運動理論を学校体育の実践現場に生かすために，動感能力の発生，充実の動感指導について著した器械運動の指導書である。

運動指導において動感という聞き慣れない言葉にとまどいを感じる人も多いであろう。運動を覚えること，すなわち，動きかたを身につける運動学習は，体育での中心的な学習内容になる。これまで教員養成や体育系の大学では，科学的知識やマネージメント的な指導能力を指導者に必要な能力として，学習指導計画論やトレーニング計画論を重視してきた。しかし，このようなマネージメント的な指導能力と運動発生（運動ができる）を促すことのできる指導能力とでは指導する内容が異なるために区別しておく必要がある。

また，運動学習では，「わかる」と「できる」の統合が大切であると言われる。そこで教師は，子どもに技のポイントや練習方法などを示範や図解，DVD で説明することで「わかる」ように指導する。しかし，技が「できる」ということは，実際に試行錯誤しながらも自分の身体を動かし，いろいろな動きかたを試すなかに動感（動きの感じ）の発生，充実を身体で感じ取ることでしか解決できないのである。この動感という言葉は，発生論的運動学での中核的な重要な概念であり，動きかたを「覚える」運動学習やその指導において欠くことのできない内容をもっている。運動学習では，〈動きの感じをありありと感じる〉動感の発生と充実を目指す学習によって，〈私はそのように動けることができる〉という動感化現象が主題になることではじめて成立するのである。それだけに教師と生徒の「教える－教わる」の関係のなかで，動感化現象を主題とした動感指導は運動学習にとってもっとも重要な内容になってくる。

私は，学生時代から 30 歳頃まで，体操競技の選手として選手生活を送り，その後，教員養成系の大学の教員として，今日まで 40 数年間，器械運動の授業を担当し，多くの学生に指導法を講義してきた。また，小学校での体育研究会や実技講習会などを通して先生方と器械運動の指導についての意見交換を行うなかで，学校現場での現状や課題を知ることもできた。そのような長年にわたる器械運動の指導経験から子どもにとって「できる」喜びを味わえる指導には，動感指導の考え方と具体的な動感素材をもちいて動きの感じがわかる指導が特に重要になってくるとの思いがあった。本書は，以前に書いた学研の小学校体育ジャーナル「シリーズ　みんなが楽しめる器械運動の学習指導」の連載を基に動感指導の観点から新たに書き下ろしたものである。

第 1 部では，器械運動の教材特性と動感指導のための発生論的運動学について論じている。第 2 部では，器械運動の指導において，技の動感構造からどのような動感能力の発生と充実が必要になるのか，そのために動感素材（動きの感じがわかる運動）をもちいた動感指導の「道しるべ」を示したものである。なお，ここでは小学校の学習指導要領で例示されている技を中心に取り上げている。

器械運動では，技が「できる」ことを目指して授業が展開されるが，技が「できる」ということは，その技に求められる動きかたの「コツ」を身につけることになる。「コツ」とは，自分がやりたいと思っている運動の要になる「身体の動かしかた」を身体でわかることであり，そこに動感化現象が成立してくる。しかし，子どものなかには，目標とする技がうまくできずに，身体をどのように動かしてよいのかわからないまま一生懸命に努力をしている姿を見かけることがある。そのような子どもに対して，どのような動感形態（動きかた）を習練目標に，どのような動感能力の発生，充実を促すことができるのかといった動感指導の考えかたを示すことを本書の最も力説したいねらいになっている。

そのためにも本書では，子どもの内在経験を起点にする現象学的な発生論的運動学を基底に据えた身体知発生論による観察分析，交信分析，代行化分析をもちい，発生と充実を促発できる動感能力を浮かび上がらせて解説している。これまでの運動指導は，技を覚えるために必要な子どもの動感能力を明確にしないまま，またその能力の発生や充実を促す指導者の指導能力もあまり問題にされることはなかった。しかし，子どもは，どんな感じで動けばそのような動きかたができるようになるのか，動感（動く感じ）を教えてもらいたいのである。そのためにも，技を覚えるにはどんな動感能力が必要なのか，その動感能力をどのようにして発生・充実させることができるのかなど，新しい運動指導の運動理論が必要になる。

運動指導の運動理論には，二つの異なる基礎理論をもつ運動学がある。ひとつは，自然科学をベースに置く科学的運動学である。この運動学では，人間の身体を対象身体として，外側から観察したり，計測したりすることで数量的にも精密な測定が可能になり，それによって，身体運動のメカニズムを解明することができる。

このような外部的視点からの運動理論では，部分動作をプラモデル的に組み立てるモザイク化や生理学的な体力を筋力や持久力などの諸要素に分けて訓練し，それらを寄せ集めて体力を高めようとする構築化，さらに，ある動きかたを訓練的に反復的に行わせる鋳型化の運動指導が成立することになる。この運動理論は，因果関係に基づいて終了した運動を理論化するため，子どもの内在経験として，どのように動こうとしているのか，どんな感じで動いたのかという動感世界やうまくいったとか，感じよく動けたなどの価値意識は分析対象から外され，指導内容にはならない。

もうひとつは，人間学的現象学をベースした発生論的運動学である。この運動学は，人間の身体を現象身体（〈今ここ〉に生きられた私の身体を意味する）として，運動主体の身体にありありと感じとれる内在経験がすべての研究の起点になる。人間の運動は，運動主体に動感化される多様な動感素材から一つの〈まとまり〉が形成位相の多くの階層を経て統覚化され，統一的な動感志向形態に至るという運動認識に立って，発生論的分析を行うことで運動理論化を目指すのが発生論的運動学である。

ここでの動感指導という考えかたは，金子明友先生の発生論的運動学を基底に据えて，私の内在経験をもとに器械運動の動感形態（動きかた）に求められる動感能力の発生，充実について述べたものである。そのため指導者によっては，動感形態（動きかた）のなかに異なる動感能力を発生，充実させる必要があると思われる人もいるであろう。そのときには指導者自身が子どもとの関係系のなかで観察・交信，代行化分析をすることで，子どもに必要な動感能力の発生のために新しい動感素材をもちいて動感指導をすることになる。そのことは，動感指導には決められた指導法があるのではなく，いろいろな動感指導を行うことが可能であり，その「道しるべ」を子どもに示すことが最も大切なねらいになってくる。さらに「わざの伝承」『身体知の形成（上・下)』『身体知の構造』『スポーツ運動学』からの指導理論であることを考えれば，読者自身が原文に当たることで，一人ひとりの子どもに合った新しい動感指導が実践されることを期待するものである。

最後に，発生論的運動学の解釈について親身になってご教授とアドバイスをいただいた金子明友先生と本書を出版するにあたり長年にわたるご支援と校正によって本書が発刊できたことに対して明和出版の和田義智社長に深く感謝の意を表したいと思う。

2014 年 11 月

三木　四郎

器械運動の動感指導と運動学／目次

第1部　器械運動の動感指導と運動学

第２部　器械運動の動感指導

第１部

器械運動の動感指導
と
運動学

I　器械運動の運動教材の特性

1　器械運動での学習を考える

学校体育で後転ができない，跳び箱が跳べない，逆上がりができない子どもが年々増加していると言われている。また，器械運動の指導をどのようにしてよいかわからない先生も多くなってきている。今日のように利便性の高い生活環境では，跳び箱が跳べなくても逆上がりができなくても日常生活で困ることはない。生涯スポーツの観点から見ても跳び箱運動や鉄棒運動で「子どもにできない辛さを味わわせるより他にもっと楽しめる運動があるのではないか」「なぜ，器械運動を教えなければならないのか」との意見も当然でてくる。それによって器械運動は小学校から中学校にかけてすべての子どもが学習する運動であることから，教材として意味や価値が問われることになる。

器械運動は学習指導要領に示される一つの運動領域で，中学2年生までは体育の授業ですべての子どもが学習する運動である。それだけに，器械運動の教材的価値とその意味を問い直すことは，器械運動で何を学ばせ，どんな力を身につけることができるのかを問いかけることにもなる。また，器械運動の学習指導を考える上でもこのような問題意識をもつことは必要なことになってくる。

器械運動は，マット，鉄棒，平均台，跳び箱などの器械を使って，その器械の特性に応じて多くの技があるが，それらの技はランダムに示されるのではなく，基本的な技から変化技，発展技へと系統的，体系的に分類することができる。

たとえば，マット運動の前転は小学校低学年で前転がりとして，3，4年生からは前転として学習し，開脚前転や跳び前転などの技に発展していく。また前転は，高等学校まで接転技群の前転系の基礎技として，すべての児童生徒が繰り返し学習する運動である。後転も同様に小学校から学習する運動であり，高等学校までにかける時間や回数は決して少なくはない。それにもかかわらず，前転や後転の習熟が高校生になっても小学校の低学年と変わらない生徒や後転で頭越しに回転できない生徒もいる。前転や後転が高等学校まで基礎的な技として学習指導要領に取り上げられている以上，そこには当然，小学校や中学校と異なった内容を高等学校では学習することになる。また，それが繰り返し教材であったとしても，そこには動きかたやその課題に対して質的に発展していくものでなければならない。

他の教科では一度，学習として学んだものは，その後，次の学年ではもう一度それが学習内容になることはない。それは，学んだ内容をベースにして次の学年での学習内容が設定されているからである。たとえば，算数での足し算やかけ算は，高学年ではもう学習内容にならないのと同じである。このように考えると，学習指導要領に内容として示されている前転や後転は，学年や校種によって動きの質や課題が違うものを求めているのである。たとえば，転がる楽しさを味わうなかで転がることに慣れ，中学年からは前転として転がって起き上がることやそれを繰り返しできるようにする。高学年では，前転の発展技に挑戦したり，組み合わせたりしてできるようにするなど，学年が進むにしたがって，動きのねらいを明確にして授業を進めることになる。しかし，前転や後転の学習は学年が進行するなかで，本当に明確なねらいをもって学習指導が行われてきたのであろうか。

これまでの体育では，運動の特性に触れる楽しさを強調しすぎる傾向にあったとの指摘がある。それは「今できる運動で楽しめればよい」とか，「できなくても自ら運動に挑戦することに意味がある」など運動の楽しみ方に重点がおかれていた。その結果，逆上がりができない，跳び箱が跳べない，マットで後転がスムーズに回れないなど技能的に問題をもつ子どもが多くなってきたのである。

たしかに，意欲面から見れば，子どもにやりたい運動を選ばせ，それに挑戦できるようにすることで子どもの意欲を高めることはできる。しかし，動きを覚えるという学習では「できる」ようにならなければ次第に挑戦意欲が減退し，最後にはつまらないものになり，やる気をなくしてしまう。体育では動きかたを覚える学習が中心になるので技能的な裏づけによる意欲をいかに育てるかが，将来の豊かなスポーツライフの基盤になっていくことになる。そのためにも学校体育では，運動を楽しめるための基礎的・基本的な技能を確実に身につけさせることが大切な学習になる。

これからの体育では，すべての子どもに身につけさせておくべき力とは何か，教師はそれを保証するためにどのような指導をしなければならないのかが問われている。当然，前転や後転ができることも例外ではない。ここに器械運動の教材的価値をあらためて問い直す必要性がでてくる。

2 器械運動のおもしろさや楽しさは

器械運動の教材的価値を考えるとき，器械運動の特性のとらえ方が問題になってくる。器械運動は，時代背景やその時代の運動認識によって学習内容も大きく左右されてきた。また，人間が行う運動に対してどのような認識をもつかによって指導方法にも影響を与えてきた。それは，これまでの学校体育における器械運動の変遷を見れば明らかなことである。

戦前は，心身二元論に基づいて強固な身体の育成という目標のもとに，教科として体操が設置された。そこでは，人間の運動を諸要素に分解して運動を構成する「要素化」と，それをもとに「形式化」された運動を「鋳型化」して一斉に行う指導が行われたのである。当時，器械運動は「器械を使った体操」として器械体操と呼ばれ，跳び箱では垂直跳びや斜め跳び，水平跳びなど跳び方の姿勢が規定され，正しい姿勢を保持して跳ぶ姿勢訓練的な内容であった。また，鉄棒の懸垂は肩の力を脱力する長懸垂は悪い姿勢とされ，鎖骨が水平になるような短懸垂がよい懸垂であり，胸部を発達させるための体力つくりと姿勢つくりの運動として取り扱われたのである。

戦後，教科名としての「体操」は，「体育」に名称が改められ，内容も体操中心からスポーツ種目中心へと大転換をしていった。しかし，スポーツとして運動を楽しむことは社会的にもまだ需要が低く，子どもの発達期の運動としての手段的な意味しか与えられていなかった。特に器械運動は，当時，まだ器械体操と呼ばれ，個人種目としての身体的発達にその効果を求め，巧緻性（こうちせい）や筋力を高める運動として，また，恐怖に打ち克つことで克服心を養い，最後まであきらめずに努力することなど精神面や態度面などに価値をおく教材として重宝されたのである。このように運動を行った結果からどのような効果が得られるかといった観点で特性を考えることを効果的特性という。

昭和30年代中頃になると運動技能の系統性と技術指導を重視した技能中心の体育へと転換していく。そこでの器械運動は，技の構造や技能の構造が明確にしやすいという理由から系統的指導にもっとも適した教材として重視された。たとえば，まず最初に学習する運動として，接転技群の前転からはじめ，次に後転，そして，開脚前転（後転）や伸膝前転（後転），さらに，跳び前転（跳び込み前転）へと技の指導順序を示すことができること。鉄棒では，最初に逆上がりを指導してから，後方支持回転や前方支持回転などを指導することが正しいとされ，それによって効果的に効率よく指導することができるとされた。ここでの系統性は技能構造として単純でやさしい技から複雑で難しい技への順序性を示すことであり，たとえ異なる系統の技群の基本技であっても，技の指導順序が規定されて器械運動の授業は進められていたのである。たとえば，側方倒立回転系などの倒立回転系の技は，前転や後転の学習が終わってから指導するものとされ，低学年から他の技群の基本的な運動を同時に指導することはなかった。このような運動の構造に着目して特性を考えることを構造的特性という。

昭和40年代になると，器械運動は，体力つくりの教材なのか，それともスポーツとしての楽しさを味わう教材なのか，その特性論をめぐって議論が起こった。そして，器械運動は，技が「できる」ことを楽しんだり，技の「できばえ」を競い合ったりすることを目的に行われるスポーツ教材であるとして，その特性を明確に表すために器械体操を器械運動という表記に改めたのである。

ここでは器械運動も他のスポーツ種目と同じようにスポーツ教材として位置づけられ

た。しかし，この時代は，学習指導要領の総則第３体育が設けられたこともあって，体力つくりが学校教育全体の目標や課題となっていたのである。そのために体育学習でも運動の効果的特性（どんな体力が高められるのか）が強調されるようになり，器械運動で養われる体力とは何かが真剣に議論されることもあった。そこでは逆上がりは筋力つくりのためにできるだけゆっくりと上がることがよいとされ，他の多くの技も体力つくりのための運動として取り扱われるようになっていった。

昭和50年の学習指導要領の改訂では，生涯スポーツ時代に向けて，生涯にわたって運動に親しむことのできる人間の育成に目標がおかれ，運動の特性に触れる楽しさや喜びに学習指導の重点が移っていった。ここで問題にされる特性論は，その運動が固有にもっている楽しさから導き出される特性のことで，このような考え方から導き出される特性を機能的特性という。

この機能的特性は，人間が運動するときどんな意味をもって行うのかという観点から，運動の楽しさを求めて行う「欲求の充足」としての運動と人間が身体的存在として運動をすることの必要性から「必要の充足」としての運動に分類することになる。そして，機能的特性の欲求の充足には，他人に挑戦し，勝ち負けを競い合うことが楽しい競争型，自然や人工的に作られた物的障害に対して挑戦し，それを克服することが楽しい克服型，記録やフォームなどの観念的に定められた基準に挑戦し，それを達成することが楽しい達成型，さらに，表現することの楽しさを求める表現型に分類することができる。

この機能的特性から器械運動を見ると，いろいろな「技」に挑戦し，それが「できる」ようになる喜びを体で感じ取り，それをもとにして技の習熟を深めたり，他人と技の出来映えを競ったりして達成感を味わう達成型の特性ということになる。しかし，跳び箱運動を物的障害物とみなして克服型としてとらえることもあった。そこでは技の出来映えではなく，跳び箱の高さや長さを挑戦課題として克服の対象にしたのである。しかし，今日では，より安定した跳びかたを求める達成型として学習をするのが一般的になっている。このような機能的特性に基づく楽しさを味わうことを目的・内容として学習が展開される体育授業を「目的論的体育」と呼び，今日も多くの学校ではこのような考え方で体育が実践されている。

3　器械運動で身につける能力

生涯スポーツの観点を重視する体育学習では，器械運動を技が「できる」ことの楽しさを味わう学習として位置づけている。しかし，学校体育が必修教科として位置づけられている背景には，子どもに運動の楽しさを味わわせる学習だけではなく，身体活動によって子どもが身につけておくべき学習内容があるからである。

その一つに，教科目標として常に健康の維持増進と体力の向上が取り上げられていることから，体力の向上を図るための学習はどうしても必要になってくる。そのために，子どもの身体の発育発達を促進するという生理学的な価値観によって学校体育に適した運動教材であるかどうかが問われてくる。その観点から器械運動の内容をみると，転がったり，支えたり，ぶら下がったりする運動で構成されているので，児童期における神経系や筋力系の発達に有効な教材であるとされてきた。これまで学校体育のなかで器械運動が重要教材の一つとして常に取り扱われてきた理由がここにある。

もう一つ，体育において重要な意味をもつ学習として技能を身につける学習がある。そのための運動教材として競技スポーツ系の運動やダンスなどが取り上げられている。それらの運動教材の特徴は，やろうとしても，学習をしなければすぐにできない運動形態（動きのかたち）で成り立っていることから，どうしても動きかたを覚えるための学習が必要になる。金子は，「学校体育の習練教材というものは，動感身体知がすぐに発生しにくいような運動形態が選ばれる」といい，「〈そう動きたい〉と思っても〈そう動けない〉という葛藤を蔵（かく）した，いわば，〈反逆身体〉の発生に気づかせる運動形態が前景に立てられる」と述べている。すなわち，すぐにできるような運動（技）であれば，あらためて体育で学習をする必要はないのである。

基本的な歩く，走る，跳ぶ，投げる，蹴る，といった運動は，日常的に身につけている運動であるから，あらためて学習する必要はない。最近は日常動作のハビトゥス（社会的に伝承されてきた習慣的な動きかた）の崩壊により基本的な動きをあらためて指導することが必要な子どもも多くなってきている現状がある。

低学年の運動遊びの場合，日常的運動で動きが構成されているのでルールやマナー，場づくりを工夫することで運動を楽しく行うことができる。「かけっこ」はだれもができるので，競争的な楽しさを味わうために，ルールや場づくりを工夫して授業を仕組むことを中心に教材研究が行われる。そこでは技能的なことはあまり指導しなくてもよいのである。

しかし，高学年のリレー・短距離走では，競争の楽しさを深めるためにバトンの受け渡しや速く走るための動きかたの学習がどうしても必要になってくる。ハードル走を考えてみると，走ることや跳ぶことはできてもそれを組み合わせてハードルを跳ぶときの跳びかたや中間疾走のリズム，それらを連続して跳び越していく新たな動きかたを発生させる学習が求められてくる。そこにはそのような動きかたがすぐにできる子どもと，なかなかできない子どもとがいることから，上手くできない子どもにはどうしても動きかたを覚える学習が必要になってくるのである。

ボール運動でも同じことがいえる。ボールを投げたり，捕ったりすることはできるが，ゲームのなかで友だちとの協力プレーやいろいろな情況の中で使えるようにするためには，どうしても情況に応じた動きかたができる技能を身につける学習が必要になってくる。

特に，器械運動では，習練対象の技が非日常性と驚異性，さらに，簡潔性を特徴として，歴史的文化的な価値をもって伝承されてきた運動である。それだけにどうしても習練形態の動きかたを覚える（動感形態の発生）学習（志向体験）が必要になってくる。このような意味から器械運動での習練対象の技は，日常的にあまり経験したことがない動感形態（動きかた）であったり，探索位相の試行段階でもすぐにできない動感形態であったりするため，どうしても「できる」こと（動感形態の発生）を目指す志向体験が必要になってくる。すなわち，「できない」こと（動感形態の未発生）から「できる」こと（動感形態の発生）への志向体験によって，動きかたを身につける（動感形態を発生させる）運動学習として教材的価値の特性をもつことになる。

4　器械運動の動感形相と動感形態の構造について

習練対象としての器械運動の技に教材的価値をおくにしても，習練目標とする技の構造について指導者はどこまで知っているのかという問題が浮かび上がってくる。まず，発生運動学における動感形態と動感形相の違いについて考えてみる。動感形態とは，われわれが〈今ここ〉で一回一回の時間的流れの中で動感運動としてある動きかたをやってみるなかに動きのかたちが発生してくる。しかし，その瞬間に動きのかたちは消滅していくのが動感形態である。そして，どんな動感形態を発生させるかが動きかたの学習になる。そのとき習練対象として取り上げられる逆上がりや開脚跳びなどの動感運動は歴史的に受け継がれて，いつでも，どこでも，さらにだれにとっても共通の目標像として提示される運動が動感形相ということになる。つまり，学習指導要領に取り上げられる運動教材は専門的な検討を経て歴史に今日まで示されてきた動感形相（目標技）であるといえる。それだけに動感形相（目標技）は，私が身につけた動感形態（動きかた）のコツが一般的なみんなの共通のコツやカンに高められ，多くの人に伝承されていくことが可能になっていく。そして最後に，運動形相は類的に普遍化した目標像（例；いろいろな動感形態の逆上がりをだれもが共通に考える逆上がりという技に収斂（しゅうれん）される）となり，促発（動感発生を促す）指導の実践の現場ではふたたび学習者の個々の動感形態として発生していくことになる。

体育では，まず習練目標の動感形相（目標技）を提示することから運動発生学習がはじまるが，この運動発生学習で大切なことは，動感化現象（まとまりのある動きかたの形態発生の出来事）が主題になっていることである。動感化現象は志向体験（実際に動感運動としてやってみること）によってはじめて動感形態を発生させていくことができる。そのためには，子ども自身が自分の身体で動きかたのコツやカンがわかる動感指導，すなわち，子どもの形成位相から見て主語的動感形相（目標とする技）の動感形態を発生させるために，どのような動感能力が空虚であるか，どのような動感素材をもちいて発生・充実させることができるのかなど，動感指導に必要な動感促発身体知が問題になってくる。

5 動感形態の発生と体力つくりの指導

器械運動で動感形相（技）の系統性を重視するといっても習練目標の動感形相（目標技）の動感形態（動きかた）の意味構造が不明確であれば，他の動感形態の動感意識に置き換えられてしまうことも珍しくない。ここで鉄棒の逆上がりを例に動感形相（目標技）の動きの意味構造の不明確さがもたらす問題性を考えてみる。

鉄棒の原型はドイツのヤーンによってハーゼンハイデの体操場にレックという名の横木の練習器械を作ったのが始まりとされている。はじめは，水平に設置された木棒であったが，愛好者によっていろいろな上がり方やその上手・下手を競い合うようになってくると，当然のこととして手の握りやすさや強度ということから，丸太棒が鉄の棒に変わっていった。この体操場には当初から高鉄棒と低鉄棒の2種類の器械が考えられており，練習の過程として初心者は肩ないし頭の高さの鉄棒（低鉄棒）で練習して，高い鉄棒に移るように指導が行われていた。このとき60以上の上がり方に成功し，さらにそれを123の技に変化させたという。このような上がり方が類的意味核をもつ運動形相に類的に普遍化されたものの中に〈逆上がり〉があり，鉄棒にぶら下がってから登る運動の代表的な動感形態として昔から親しまれてきたのである。

全国の学校には必ず校庭に鉄棒があり，明治以来，逆上がりは，極端な言い方をすれば，〈できる〉〈できない〉は別にしても，すべての子どもが体育で学習する運動であった。また，これまでの体力・運動能力テストで連続逆上がりがテスト項目の一つとして設定されていたことから，すべての子どもに逆上がりができることを求めていた。しかし，新体力テストで連続逆上がりが削除された理由として，逆上がりができない子どもが多くなり，調査項目としては適さないことなどが問題になったようである。

それによって逆上がりの教材的価値がなくなったのではなく，教師からは子どもにぜひできるようにさせたい運動の一つにあげられるほどである。また，子どもの作文などにも逆上がりができたときの感激や喜びを思い出として書かれることも多く，「何回も練習しているうちに，ある日，突然，体が空中で逆さになり，鉄棒の上にぐるっと上がることができた」など，それは新しい動感世界の感動的な出現なのである。そこには動感形態の形成位相が端的に言い表されており，運動学習としての教材的価値をだれもが認めているところである。

逆上がりの運動構造は，懸垂体勢から上方移動して，後ろに回転しながら鉄棒の上で支持になることで成立する動感形相である。しかし，この逆上がりを生理学的観点から分析をして，「生理学的な目的に合致すれば，勝手に思いのままに変形させてもよい」という運動認識のもとで，体力つくり教材として取り上げられる時代もあった。そこではできるだけゆっくりと上方移動し後方へ回転して上がることが求められ，それが評価の基準となり反動を使う逆上がりは邪道とされたのである。

体力測定の測定種目であった懸垂屈腕が削除されたこと，また，落下事故などの安全面が問題になったことなどから，小学校の校庭から高鉄棒が姿を消して久しい。今日，小学校の鉄棒運動は低鉄棒で行われることが多く，運動教材も低鉄棒での動感形態を前提に指導方法が検討されることになる。そのため，逆上がりの動感形態が明確にされないまま鋳型的な運動指導が行われていることも珍しくない。

低鉄棒で逆上がりを行わせる利点は，身体を上方移動をさせなくても開始できること，鉄棒の近くに腰があることから，足の振り上げのタイミングが合えば，後方への回転が容易に行えること，さらに低鉄棒であれば練習回数が確保できるので運動学習として，授業に取り上げやすいことなどがあげられる。そこでの指導としては，胸ぐらいの高さの鉄棒で，鉄棒に胸を引きつけるように腕を曲げながら足を前に踏み込み，足を踏み込みながら片足を上方に振り上げ，鉄棒に腰を近づけながら後方に回転して鉄棒の上に支持することを指導する。この「〜しながら〜する」という動きのコツをつかませるために動感言葉をかけたり，場を工夫したりして動感形態の発生を促すことになる。

6　動感運動の構造分析

できない子どもは体力的に問題があるとして腕の力と腹筋の養成を目指す指導が行われることがある。それは習練対象となる動感形態（動きかた）に向かって，努力する志向体験なしには，何一つ保証されないという枠組み構造そのものが分析対象として取り上げられていないことによるものである。そのために，過去の学校体育では体力つくりの運動教材に変容させて指導が行われたのである。枠組み構造とは，最初に行う構造分析であり，習練目標の動感形態のノエマ的（志向された対象性）意味構造には，その時代の運動様式や美意識が密かに忍び込んで，文化的社会に住み着いている匿名の動感枠組みを明るみにすることである。それによって，機械論的な構造分析や習練形態の鋳型化の枠組み構造が明らかになってくる。

発生論としての動感運動学では，指導者の動感促発（教えるための）身体知の動感素材化分析によって，どんな動感能力が発生し，充実していないのか，子どもの創発（覚える）志向体験の動感形態から分析することになる。たとえば，逆上がりを習練対象にしている子どもの動感形態の様相から，空間で頭を背屈して逆さになると自分の身体の状態がわからない子どもは，まだ定位感能力が発生していないこと，足を上に振り上げても腕が伸びて腰が鉄棒から離れて，いつどこに力を入れればよいのかそのタイミングを予感化できず，その能力が空虚な子どもを観察分析することができる。そのような動感能力を発生・充実させるためには，習練目標となる動感形態の構造分析を行うことになる。それによってどのような動感素材をもちいればその動感形態を発生させることができるのか，構造分析との相互作用によってはじめて明らかになる。

指導書などに示される逆上がりの一般的な指導としては，〈足抜き回り〉や〈布団干し〉などの導入段階から，逆上がり練習器や跳び箱と踏切板でそれを踏み台にしての指導，補助ベルトや指導者の直接幇助（ほうじょ）による指導があげられる。そして，その練習段階は学習カードなどで示される。たしかに，このような低鉄棒の逆上がりの指導法は鉄棒を下に押さえる〈肩角減少技術〉が軽減され，足の振り上げでの後方回転のコツがつかみやすくなる。その後の指導では補助器具や幇助者なしに，肩より低い鉄棒で自力での逆上がりという動感形態の発生を目指しての努力を求める。しかし，そこでの習練形態としての逆上がりは，上方移動の動感形態がほとんど見られないことに指導者はあまり気づいていない。

問題は，このような手順で目標とする動感形相（目標技）の動感形態が発生したとしても，本人の動感対象の述語的経験はいつのまにか後方支持回転という別種の動感形態に変質してしまっていることがある。それは子どもに後方支持回転を運動教材として与えたとき「空中逆上がり」と呼ぶことからもわかる。これは逆上がりで解明されるべき動感形相（目標技）の動感構造を不明確にした結果に起こる問題であり，鉄棒を低くして逆上がりを志向体験させることで後方支持回転の動感形態へと習練目標の変更が子どもの中で起こってしまったのである。

逆上がりという習練目標の動感形相は，身体を上方に引き上げながら肩角減少と後方への回転によって支持姿勢になる運動である。ところが，今日の学校体育では運動教材として低鉄棒での逆上がりを運動形相（目標技）に取り上げるため，どうしても身体を上方に引き上げながら肩角を減少する動感形態は指導手順から欠落していくことになる。このことが高鉄棒の逆上がりへとはつながらず，本来の鉄棒運動として低鉄棒から高鉄棒に進んでいく動感化形成の発展が無視されていることに気づいていないのである。高鉄棒での上がり方として膝かけ上がりやけ上がりがなどの動感形相もある。小学校から中学校への連続的な学習や発展的な学習を重視するなら，鉄棒運動の基礎的・基本的な技能にどのような動感化能力が求められるのかは，運動教材となる動感形相の本質的分析なしにはできない。

7　器械運動での習練対象と動感形相としての技

器械運動では，いろいろな動感形相（動きの意味構造をもつ技）の中から習練対象となる動感形相（目標技）を選び，その動感形態（動きかた）を覚え身につけることで達成感（楽しさ）を味わうことになる。そのためには，習練対象となる動感形相（目標技）がどんな動感形態（動きかた）をもっているのか，動きの構造（しくみ）が明らかになっていなければならない。動感形相（技）には，一つひとつに他の動感形相（技）と区別できるように動感形態（動きかた）の特徴を表す技名がつけられている。

器械運動で習練対象になる動感形相（目標技）は，どんな運動でもよいというわけではない。そこには動感形態のなかに意表性，簡潔性，熟練性の三つの動感価値が求められることになる。

1) 器械の特性を生かした非日常的な驚異性と動きのおもしろさをもって，多くの人に学ばれる（意表性）。

マットや鉄棒，跳び箱などで転がったり，逆さになったり，ぶら下がったり，手で支えたり，日常生活の中ではあまり行わない動感形態（動きかた）が意表を突いたその驚異性として多くの人の関心を集め，習練対象として志向体験することのおもしろさをもっていること。

2) その動感形態（動きかた）を繰り返し行うと，動きの習熟性（いつでもでき，フォームが美しくなり，動きがスムーズになる）と簡潔性が現れること（簡潔性）。

動感形相での伝承されるコツ（技術）の動感化能力が発生・充実すると動感形態に習熟が見られ，余分な動きはしだいに消えて，その形態にきわめて簡潔な図式化が浮かび上がり，出来映えを評価することができる。

3) 動きの習熟位相がどんどん高められていくと，自在化された熟練性が姿を現し，一つの動感形相（目標技）からいろいろな動感形態（動きかた）に分化発展して新たな動感形相になる可能性をもっていること（熟練性）。

たとえば，前転は開脚前転→伸膝前転→跳び前転などに発展していくように，器械運動は，一つの習練目標となる動感形相（目標技）の動感形態（動きかた）を身につけると，そこには自由自在な動きかたが出現し，それによって新しい動感形相（目標技）に動感志向が働くと同時に志向体験することができるようになる。

このように三つの条件を備えている動感形相（目標技）が器械運動では適切な教材といえる。

8 動感形相としての目標技の体系化

器械運動では，器械の特性に応じた多くの動感形相（動きの意味構造をもつ技）が運動教材として取り上げられている。器械運動の動感形相は，歴史的，文化社会的な産物なのであり，他の動感形態との縁どり志向体験を前景に立てることによって，習練すべき動感形態の体系化が明らかになってくる。縁どりとは，物の外縁に枠をつけてその境界をはっきりさせる意味のことであるが，それは動感形態の価値体系論を拠点に取り上げられることになる。習練対象となる動感形態は，価値体系論において一つの習練形態が他の習練形態から明確に区別され，一つの体系上に共存できる価値性が確認されたものが取り上げられる。さらに，その動感形態は他の動感形態で置き換えることができない独自の動感志向形態をもつものでなければならず，一つの動感形態は常に他との差異性をもつ必要がある。すなわち，それは決して独りで存在するものではなく，他の動感形態との関係のなかで共存価値が認められ，縁どり分析によって体系的な共存価値が生じ，それに基づいて体系構造論も明らかになってくる。

器械運動では動感形態の発生，充実が常に問題となる。そのため，動きかたが私の身体に了解されなければ，その身体運動は発生しないのである。そこには動感力による気づきが主題化され，どうしても習練形態への関心が浮かび上がってくる。この動感力には，何かに向かって努力していく意欲が常に働き，その能動的な努力には習練する道が含まれており，それによって目的的に習練を重ねることになる。そこでは習練体系が前景に立てられ，それに関心が向けられていくのである。

器械運動での習練対象の動感形相は数多くあることから，最初から一つひとつを志向体験するのは大変なことであり，相当の時間を要することになる。しかし，器械運動の動感形相も縁どり分析の体系的な共存価値に基づき，動感形相を類化形態による体系化（ファミリー）をすることで，習練の道としての習練体系を示すことができる。その習練体系に基づいて，ある動感形態を覚えることでその類似核をもつ体系（ファミリー）の基礎技能や基本技術を獲得することができ，比較的早くその体系（ファミリー）内の発展技が習得できる。そのためにも，動感形態の動感的類似性や技術性を明らかにし，その関連性から動感形相の体系化（ファミリー）を学習計画に生かすことで器械運動の学習を効果的に進めることができる。

動感形相の習練体系を示すためには，習練目標の構造分析をする必要がある。まず目標形態の動感形態（どんな体勢で回転するのか，回転軸はどこにあるのか）や運動の方向（前方に後方，側方），さらに技術的難易度などを見きわめ，習練目標と他の習練目標の相互関係を明らかにする。それによって，体系（ファミリー）の中で単純で簡単な形態から，複雑で技術的に難しい形態までを位置づけることができ，系統的で段階的な志向体験に役立てることができる。

9　移動と回転の方向

小学校低学年のマット遊びの内容を見ると，1，2 年生は「いろいろな方向へいろいろな形態で転がる」こと，3 年生では「横転がり，前転がり，後ろ転がり，側方転がり」が例示としてあげられている。前転がりは前転系に，後ろ転がりは後転系に属しているが，横転がり（丸太転がり）と側方転がりは，どの系に属するのであろうか。

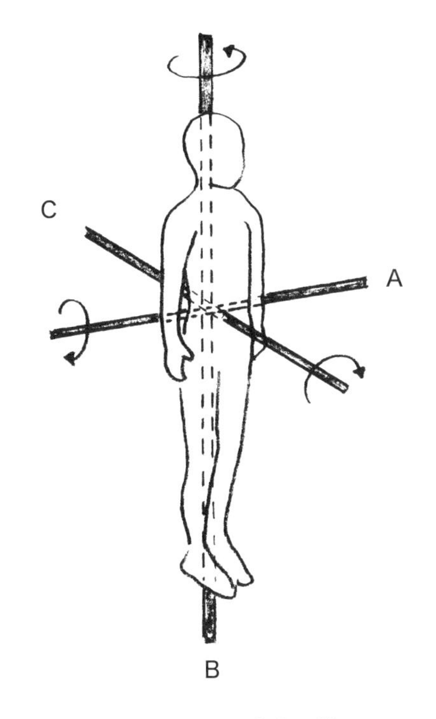

図１ 人間の身体の軸

「転がる」ということは，身体の表面をマットに接触させながら回転することである。横転がり，前転がり，後ろ転がり，側方転がりもすべて接触回転として，体系上に共存価値が確認できるので習練形態として認められることになる。また，倒立回転も側方倒立回転，前方倒立回転，後方倒立回転として習練形態として取り上げられる。そこには身体空間（自分の身体を基準にする）としての回転軸に注目すると，それは仮想の軸なのであるがそれぞれの転がりに回転軸の違いが見られる。

人間の身体に三つの軸があると仮想してみると，図１のようにＡ軸，Ｂ軸，Ｃ軸があり，それぞれの軸を中心にして回転することができる。Ａ軸は，身体の左から右にかけて軸があると考えるとこれを左右軸と呼び，この軸を中心にして前方や後方に回転すると前転，後転になる。また，この回転軸で倒立回転や宙返りを行うと前方倒立回転や前方宙返りとなる。

Ｂ軸は，頭の上から足に向けて結ぶ軸で長軸と呼ぶ。寝返りなどはこの軸で転がるわけであるが，連続して転がると横転がりなる。この長軸で代表的な回転は立った状態やジャンプしての「ひねり」運動になるが，長軸回転そのものが習練対象になることはなく，倒立位やジャンプ，宙返りなどの動感形態に融合することになる。

Ｃ軸は，体の前から後ろに通る軸の場合で，前後軸と呼ぶ。この軸を中心にして回る代表的な技は側方倒立回転（腕立て側転）であるが，側方倒立回転は，転がる動感形態ではない。前後軸を中心に転がる運動を側方転がり，または側転ということになる。前転や後転，横転がりは自然発生的に遊びの中で行われるが，側転は教えてもらわないとなかなか気づかない動感形態で，むしろ柔道の受け身の転がりや，バレーボールの回転レシーブなどに見られる。

回転運動の方向づけは，天地空間（重力にしたがって天を上，地を下とする）の天と身体空間の前を基準にして前方回転，後方回転，ないし左方回転，右方回転が決められるが，左右の回転方向は側方として区別される。

姿勢基本語としては，立，座，臥，懸垂があり，姿勢規定には，かかえ込み姿勢，屈身姿勢，伸身姿勢，開脚姿勢の基本姿勢を区別することができる。姿勢と体勢との表現の違いは，体勢は天地空間と身体空間の体位や姿勢をともに意味されるときにもちいる表現になる。

運動基本語としては，上がり，下り，回転，ひねり，転向，跳び，入れ，抜き，旋回があり，方向を示す規定詞は，前，後ろ，横，正，逆になる。

さらに水平面での体位の取り方として直立，倒立，水平立ち，水平支持などに区分する。また，器械・器具に対して体面が向きあっている体位として，正面，背面，側面縦向き，横向き，下向き，上向きの規定詞をつけて表すことになる。

10　習練対象の体系化

[1] マット運動の体系

回転系
　接転技群
　　前転系
　　　前転がり，前転，開脚前転，伸膝前転，跳び前転，倒立から前転
　　後転系
　　　後ろ転がり，後転，開脚後転，伸膝後転，後転倒立
　　横転系
　　　横転がり，横転，手足を浮かせて横転，かかえ込み横転，腕膝立て横転
　　側転系
　　　側方転がり，側転，手なし側転，跳び側転，倒立から側転
　ほん転技群
　　はねおき系
　　　首はねおき，頭はねおき
　　倒立回転系
　　　前方倒立回転，後方倒立回転，側方倒立回転，
　　倒立回転跳び系
　　　前方倒立回転跳び，後方倒立回転跳び，側方倒立回転跳び 1/4 ひねり

[2] 跳び箱運動の体系

切り返し系
　開脚跳び，かかえ込み跳び，屈身跳び，伸身跳び
回転系
　台上前転，首はね跳び，頭はね跳び，前方倒立回転跳び，側方倒立回転跳び

［3］鉄棒運動の体系

後方回転系

　後方だるま回り，逆上がり，後方支持回転，後方浮き支持回転

前方回転系

　前方だるま回り，前方支持回転，背面逆上がり，前方浮き腰回転

足かけ回転系

　後方片膝かけ回転，後方両膝かけ回転

　前方片膝かけ回転，前方両膝かけ回転，前方片ももかけ回転

足かけ上がり系

　片膝かけ振り上がり，片膝かけ上がり，ももかけ上がり，け上がり

下り技系

　後ろ振り跳び下り，後ろ振り跳びひねり下り，前回り下り

　転向前下り，踏み越下り，横跳び越し下り

　背面支持から後方に両膝かけ回転下り，両膝かけ長懸垂から手で支持下り

　両膝かけ長懸垂振動下り（こうもり下り）

　棒下振り出し下り，後方足裏支持回転下り（飛行機跳び下り）

懸垂振動系

　懸垂振動，懸垂振動後ろ跳びおり，懸垂振動前振り跳びおり

　懸垂振動からひねりを加えて方向転換

II　動感指導のための運動理論

1　技を覚えるための動感能力とは

体育において運動を覚えること，すなわち，動きかたを身につけるということは，教師と生徒の「教える－教わる」の関係の中で，動感化現象を主題にする運動発生学習が意味されている。動感化現象とは，〈私が動けるようになる〉という身体知発生の出来事のことであり，それはだれでもが経験するように，動く感じ（コツ）を〈つかんだ〉とき目標とする動感形態（動きかた）が身体で〈できた〉と感じ取ることができる。このようにまとまりのある動きかた（たとえば，逆上がり）の形態発生の出来事を動感化現象と呼ぶことになる。すなわち，〈私はそのように動くことができる〉という動感志向性に支えられて，動きの感じを肌で感じ取りながらそのように動ける能力が動感能力なのである。この動感化能力は，体力や精神力や知的理解力などの諸要素から決して組み立てられるものではない。

この動感化現象は，フッサールが「それは目標を目指しての意思の道程として構成される。そこには何かに向けて能動的な努力のなかに習練道程が形成され，動感化能力を目指して歩き続ける道になる」と指摘するようにその本質法則は原努力に支えられているのである。実際に自分の身体を動かすなかで，私は動けるようになるという身体知発生という出来事をなし遂げるものでなければならないのであり，このことは動感化現象そのものが学校体育の本来の主題にされなければならないことを意味している。

器械運動でも技が「できる」ように動感化現象を主題にする学習を中心に授業が展開されていく。習練対象の動感形態の発生，すなわち技が「できる」ということは，その技に求められる動きかたのコツを身につけることである。金子は『「コツを身につける」という表現をわれわれは一般的によくもちいるが，あらためてコツとは何かと問われてもなかなか明確に答えることができない。漢字の「骨」は，生物学的な骨のほかに，老骨のように，身体の意にももちいられ，さらにものごとの芯として，それを支える骨子の意にももちいられる。このことから「コツ」とは，自分がやりたいと思っているときに，その運動の要になる「身体の動かしかた」のことで，それは自分の身体でわかること，身体が了解したことを意味するという』と述べている。

コツを身につけるためには，「私の運動」としてどんな感じで動けばよいのかといったコツを探りながら，実際に自分で身体を動かすことが必要になってくる。この「私の運動」というときの運動は，〈今ここ〉で生き生きと運動することによって，私の身体で動きの感じをありありと感じられることのできる〈身体性〉を含む動感運動のことなのである。〈動感〉というのは，私の身体性のなかで息づいている〈動いている感じ〉のことを意味している。さらに，この動感という言葉は，動きかたを「覚える－教える」の発生論的運動学での中核的な概念となり，現象学者のフッサールの〈キネステーゼ〉が意味されている。技を覚えるというのは，コツを身につけることになるが，そのためにも「私はどんな感じで動くことができるのか」といった動感能力をどうしても問題にしないわけにはいかない。

ここでの動感（キネステーゼ）能力とは，〈今ここ〉に息づいて，動きつつ感じ，感じつつ動ける身体によって，「私はそのように動くことができる」という能力のことを表している。そして，〈今ここ〉で動いている動きの中に，今，行った動きの感じをつなぎ止め，さらに，これから行う未来の動きの感じを取り込むことのできる能力のことをいう。もしこの動感能力が働かなければ，私たちは情況に応じて動くことも，その動きを感じ取ることもできなくなる。たとえ，頭で知識としていくら動きかたを理解していたとしても，この動感能力が働かなければ実際に身体を動かすことはできないし，動感形態も決して発生はしないのである。

これまでの子どもへの技の指導では，技を身につけるための必要な動感能力を明確にしないまま，またその能力の発生や充実を促発する動感指導に対して無関心のままに行ってきた。しかし，子ども自身は，どんな感じで動けばそのような動感形態を発生させることができるのか，そこでの動く感じを教えてもらいたいと思っている。そのためにも，技を覚えるという動感形態の発生にはどんな動感能力が必要なのか，その動感能力をどのようにして発生・充実させることができるのかなど，新しい発生運動学の理論による動感身体知の考え方が運動発生学習の動感指導にはどうしても必要になってくる。

2 動感身体知を高める指導とは

これまでの運動発生学習では，子どもに習練対象になる動感形相（目標技）を示し，学習カードなどで学習の順序を説明し，後は子どもの「自得」に委ねることが多くあった。しかし，1人ひとりの子どもに応じた動感指導を大切にするなら，指導者は子どもとの関係，すなわち，動きかたを「教える－覚える」の関係がどのような構造になっているのか，そしてそこでの指導すべきことがらはどんな内容なのかを知っておく必要がある。そのためにも，運動発生学習の動感指導では，発生運動学の理論から動きの形成位相と身体知としての動感創発身体知や動感促発身体知を理解しておくことが求められてくる。

指導者が動感指導をするとき，いつどのような動感能力を発生させるのかがわからないのでは動感指導をすることは難しい。そこで，指導者は促発（教えるための）身体知を働かせて動感指導すべきことがらを明らかにする。そのためには，まず子どもの動感形態が今どの形成位相にあるのかを観察することからはじめる。そこでは，子どもの動きの形成位相に応じて，どのような動感創発（覚えるための）身体知がまだ発生・充実していないのかを分析することになる。それによって素材づくりの身体知を働かせ，子どもにどのような動感素材をもちいて，動感能力を発生・充実させることがでるのかといった指導内容が明らかになる。ここでは金子明友の『わざの伝承』『身体知の形成』（上巻，下巻）より，動感形成位相と動感創発身体知，動感促発身体知について簡単に概略を示しておく。詳しく調べたい場合には原文に当たることをお勧めする。

下記の図は，運動発生学習における学習者の動感形成位相や動きを覚えるための身体知（動感創発身体知）と指導者の動きを教える身体知（動感促発身体知）の関係を示したものである。

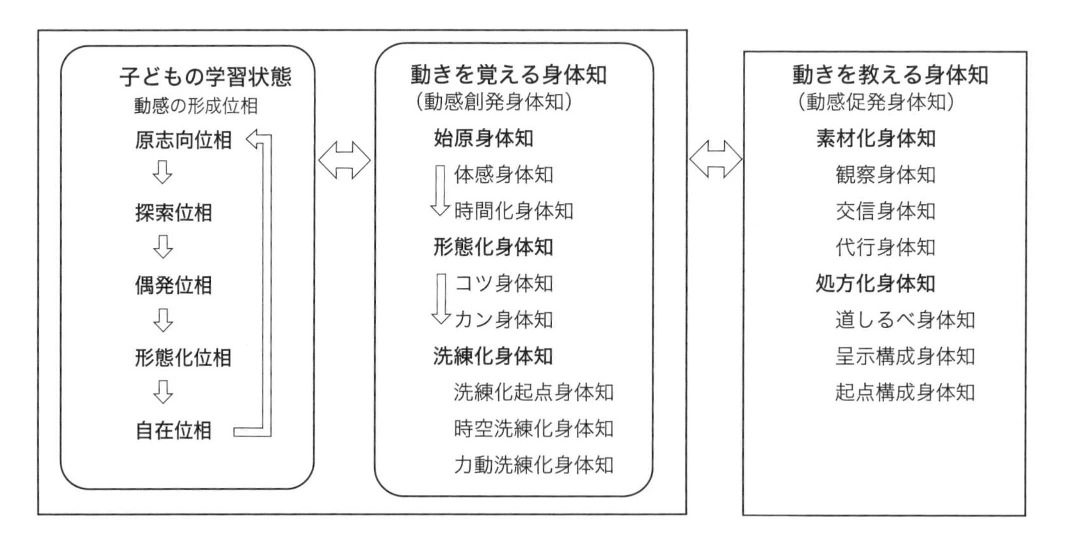

3　動感の形成位相と運動学習

運動発生学習は，「できる」ことを目指して学習が進められるが，そこには，「はじめてできる」「いつでもできる」「上手くできる」などどのような「できる」を目指すのかによって，動感創発身体知のどの身体知を発生・充実させるのかも異なったものになってくる。

運動発生学習には大きく三つの「できる」を目指す学習に分類することができる。一つは，新しい運動やまだできない運動を覚える場合であり，動感形態の発生・習得にかかわっての志向体験（学習）である。ここで大切なのは子どもの動きがどのような形成位相にあるのかを問題に指導することである。それは，子どもがやってみたいと思う原志向位相なのか，どうすればできるのかいろいろと試している探索位相なのか，まぐれでできたときの偶発位相なのかを見きわめることである。それによって動感指導の処方化や動感形態の発生のさせ方が決まってくるのである。たとえば，動きの感じがわかるように動感素材となる動感アナロゴンを与えたり，やさしい動感形態で行わせたり，場を工夫したり，補助をつけたりすることになる。

二つめは，今，できる運動をもっとよりよいものにする学習である。これは，動感形態の習熟・修正にかかわっての志向体験ということになる。そこでは形成位相から動きかたを観察して，たまにしかできない偶発位相なのか，できているがまだ修正が必要な形態化位相なのかによって，動感形態の目標のもたせ方が決まってくる。たとえば，動感的反復練習をさせたり，できたときのコツを確認できる再認化能力を充実させたり，技術的ポイントを触発化能力で意識させたり，条件を変えてもできるようにすることになる。

三つめは，他人と協力したり，いろいろな情況のなかでも使えるようにしたりする学習である。これは，動きを自動化することやゲームの中で情況に応じて動けるようにする志向体験（学習）であり，どの程度の自在位相の状態なのかによって目標のもたせ方も決まってくる。たとえば，他の技との組み合わせがスムーズに行えるように局面化能力を充実させたり，美しさや雄大さなどを動きながら感じ取れる調和化能力を充実できるようにしたり，発表会で失敗しないようにポイントを確認できる動感分化能力を充実させたりすることになる。

ここで動感（動きの）形成位相について簡単に説明をしておく。形成位相とは，習練目標とする動感形態（動きかた）が空虚な様態から発生，充実に向けて習熟していく創発志向体験の特徴的な五つのまとまりを位相ないしステージとして示したものである。〈今ここ〉で動いている子どもの動感形態を観察することで，動感化能力がどの形成位相にあるのかを見きわめることができる。そして，この形成位相は決して後戻りをすることはなく，また，動きが熟練して自在位相になってもそこで完結するものではない。上位のステージの新しい感覚質を目指し，新しい動感形態へと能動的な動感が発生すると，原志向位相にふたたび回帰していくことになる。すなわち，ここには，ゲシュタルトクライス理論に基づいて動感形態（動きのかたち）が生成と消滅を繰り返しながら，よりよい動きへと改善され，より上位のステージの動感形態の発生へと様相が循環的に発展していくことになる。動感形態（動きのかたち）が生成と消滅するということは，今までと違う動きかたを覚える（発生）ためには，これまでの古い動きかたを解消（消滅）させる必要がある。それによってはじめて，新しい動感形態（動きかた）を身につけることが可能になってくる。

・原志向位相とは，目の前に示された動感形態（動きのかたち）に対して感情的に嫌ではないという状態で，すでに動感的に共感が生じ，身体状態感としては，「まねをしてみたい」

とか，「やってみたい」と思う状態の階層である。そのため，動ける感じがなんとなくわかる〈なじみの地平〉を発生させる必要がでてくる。

【例】跳び箱運動で新しい跳び方を見て，「自分には無理だと思う」「跳べそうにないと感じる」子ども，また，跳び箱運動と聞くだけで体育の授業が嫌になる子どもには，原志向位相としての動感的共感の発生を促す場づくりなどの指導が必要になってくる。

・探索位相とは，目標とする動きの動感形態（動きのかたち）を目指していろいろと試行錯誤をする状態である。そのために，今まで経験した動感アナロゴンをもちいて探りを入れ，動感の触手を伸ばして動きかたを探索する階層となる。いろいろな動きかたを試すなかに動感身体で何となく「わかるような気がする」と感じはじめ，まとまりをもった動感形態（動きのかたち）が徐々に発生しはじめてくる。

【例】かかえ込み跳びを跳ぼうとするとき，マット上でのうさぎ跳びによって，脚のかかえ込みと手の突き放しの動感を経験する。また，台上に足をかかえ込んでうさぎ跳びで跳び上がり，跳べそうな感じかどうかの探りを入れながら，手を着く場所を少しずつ前にして跳べるかどうか試してみる。

・偶発位相とは，はじめて「できる」という動感形態（動きのかたち）が発生し，偶然に「コツ」をつかむことである。しかし，まだいつも「できる」という状態ではない。何となく「できそうな気がする」という身体状態感をもって，コツをつかむためにまぐれ当たりの頻度を高める階層である。「今度こそコツをつかめそうだ」という期待感で夢中になって回数を重ねていくことになる。

【例】何回か跳び箱でかかえ込み跳びに挑戦していると，手の突き放しと脚のかかえ込みのタイミングが合い，あるときに跳べることがある。しかし，次に跳んでみると，助走で足がうまく合わなかったり，途中で足が跳び箱に引っかかるのではないかと思ったりして，また跳べなくなってしまう。さらに，助走から踏み切りのタイミングがまたわからなくなったり，手の突き放しに合わせた脚のかかえ込みがうまくいかなかったりするなど，跳び方の感じが一回一回異なる。

・形態化位相とは，やろうと思えばいつでも思うように動くことができる感じに出会い，コツは身体化（身体でわかる）されると同時に，コツの危機（できていたのにまたできなくなってしまう）を乗り越えたり，修正やわざ幅（余裕がもてる）などを目指す階層である。身体状態感としては，「いつでもできる」という段階にはいる。しかし，できていたことができなくなる「技の狂い」が生じたり，「もっとうまくできるようになりたい」と修正したり，「少しの失敗でも立て直せる」などわざ幅をもつことができるようになっていく。

【例】横向きの跳び箱であれば，いつでもかかえ込み跳びができるようになる。そして，段数を上げたり，縦向きの跳び箱で跳ぼうとしたときには跳べなくなったりするが，しかし，すぐに跳べるようになる。また，踏切板を離したり，手を着く場所を変えたり，安定した空中姿勢を意識したり，着地を確実に止めるなどを目指していくことができるようになっていく。

・自在位相とは，自在に動けるということ，他者とのかかわりのなかで自ら動くのに何の心身の束縛も障害もなく動くことのできる階層である。身体状態感としては，感覚質（自分の動きを無駄がなくできる，安定してできる，美しさなどを感じ取ること）や体感能力（〈今ここ〉で方向や場所の変化に応じて動いたり，気配を感じて動いたりする）など，情況に応じて適切な動きかたが自然に現れてくるようになる。

【例】：跳び箱の高さや長さに応じて，跳ぼうと思えば，かかえ込み跳びを跳ぶことができ，また，姿勢的な条件を与えられても即座にそれに応じた跳び方でできるようになる。また，跳び方のポイントや跳ぶ感じを他人に説明しながらでも跳ぶこともできる。

4　動きを覚える身体知（動感創発身体知）とは

目標とする動感形相（目標技）を覚えるためには，それぞれの形成位相に応じてどのような動感形態を発生させるのか，そのためにどの動感創発身体知の発生・充実が必要になってくる。動感創発身体知とは，児童生徒や選手が運動を覚えるために不可欠な身体知のことである。そこには，「〈今ここ〉でどのように動いているのか私の身体がわかる」始原身体知，「私が動くときのコツをつかむ」自我中心化の身体知，「情況の中でどのように動くのかのカンを働かせる」情況投射化の身体知，さらに，「より高度な習熟を目指す」洗練化身体知がある。ここでは，動感創発（覚える）身体知を簡単に説明しておく。

［1］始原（今ここを感じる）身体知

〈今ここ〉での動きかたを感じる取ることができる身体知であり，動感形態（動きかた）を覚えるための基盤になる身体知である。

いろいろな動きかたを覚えるためには，〈今ここ〉にある私の身体がわからなければ，どのように身体を動かしてよいのかその根拠を失うことになる。そのためにも，動感身体（私の動きつつある感じを感じ取っている身体）を支える始原身体知が問題になってくる。この始原身体知には，体感（ここを感じ取る）身体知と時間化（今を感じる）身体知の二つで構成され，私の身体の中で絶対ゼロ点（基準）をもって〈今ここ〉を感じ取ることになる。器械運動で技を覚えるためには，基礎感覚的運動や予備的運動を身につけておくことが重要であるといわれる。この基礎感覚的運動や予備的運動を始原身体知の視点からとらえ直すことで，その動きのもつ意味が明らかになり，技に必要な動感能力を発生・充実させるために，どんな動きを志向体験させるかが明らかになってくる。

体感（ここを感じる）身体知		時間化（今を感じる）身体知
①定位感（ゼロ点の）能力 ②遠近感（隔たりの）能力 ③気配感（気配の）能力	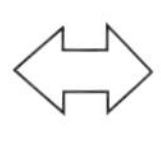	①直感化（今を感じる）能力 ②予感化（探り）能力 ③差異的時間化（反転できる）能力

❶体感（ここを感じる）身体知

〈全身感覚〉によって，運動空間における〈ここ〉を感じ取り，どんな方向に，どれくらいの距離感をもって動くか，また，情況に応じて何となく気配を感じて動くことのできる身体知である。

この身体知は，生き生きとした動きのなかで〈定位感〉〈遠近感〉〈気配感〉という動感能力の働きによって，具体的な動きかたを生み出すことのできる能力として現れてくる。日常的な動きのなかで私たち自身は，この体感身体知を受動的地平としてあまり意識せずに気づくこともなく，あたりまえのこととしてとらえている。よく「コツの呑み込みが早い」とか「いい感覚をもっている」などの言い方はこの身体知で説明することができる。「生まれつき運動神経が鈍い」という表現は，体感身体知が空虚であるか欠落しているためである。

【例】器械運動が不得意な子どもは，始原身体知がまだ空虚なため，逆さまになると，自分の身体がどのようになっているのかよくわからずにただ恐怖心を感じている。そのために，どんな姿勢からどのように逆さになったのか，逆さの状態からどのような動きかたをすればよいのかを身体で知っておく必要がある。技を覚えるためには，どうしてもこの体感身体知を発生・充実させておくことが不可欠になる。

(1) 定位感（ゼロ点）能力

私たちは自分の身体のなかに〈ここ〉としての絶対ゼロ点をおき，それを基準に前後，左右，上下などの空間での方向を感じ取り，自分の体勢が〈ここ〉でどのような体勢になっているのかを知ることができる。この能力は時間化能力を含で，〈今ここ〉でどのような体勢からどのような体勢になりながら動いていくのか，動きの経過を感じ取ることができるようになる。

【例】逆上がりでの開始体勢では，足の振り上げ方向は一応あの方向と決めて行おうとするが，頭を逆さになると足の振り上げ方向がわからなくなってしまう子どもがいる。また，脚を振り上げ，頭を後ろに倒した瞬間に自分の体勢がどうなっているのかわからなくなり，足の振り上げを途中でやめてしまい体を反らしてしまう子どもがいる。これは定位感能力が空虚なために，逆さまでの上下，前後の関係がわからなくなり，回転と足の振り上げが中断してしまうのである。

(2) 遠近感（隔たりの）能力

動感運動を行うとき，空間的な近さや遠さ，狭さや広がり，時間的な短かさや長さを感じ取って，それに合わせて運動をすることのできる能力である。動きの形成位相の状態によって空間，時間的な遠近の感じかたも当然異なってくる。

【例】跳び箱運動で手を着く位置をどこに着いてよいかがわからず，いつも手前に手を着く子どもがいる。この場合は，踏み切りで前上方にどれくらいの強さで跳び上がるのかがわからず，着手位置に手が届きそうもなく遠いと感じる。これは踏み切り動作において発生する遠近感能力が空虚なために起こっている。

(3) 気配感（気配の）能力

周界情況からのかすかな気配でもとらえることができる身体知である。また，志向体験で技ができそうな感じがするとか，失敗しそうだなどを感じ取ることのできる能力でもある。

【例】跳び箱運動での助走位置は遠近感能力に支えられて決めることになるが，この位置でよいかどうかを感じ取るのはこの気配感能力が働く。また，助走で走っているときに，このままでは踏み切りで足が合わないことを感じ，歩幅を変えて踏み切りの足合わせをする。この能力が空虚であると実際に走ってみて，踏み切りの直前にはじめて足が合わないことに気がついたり，歩幅の調整が遅れたりすることになる。鬼ごっこで背後に鬼が忍び寄ってきているかどうかを感じ取るときにもこの気配感能力が働く。

❷時間化（今を感じる）身体知

〈今〉という時間を感じる能力で動感運動するときの基本になる身体知である。この〈今〉は，過去と未来を含む幅をもつ〈今〉である。

私が動いているとき，すでに過ぎ去った動きの感じと，これから起こる未来の動きの感じをともに〈今ここ〉の私の身体で感じ取っている。この身体知は，「直感化能力」「予感化能力」「差異的時間化能力」によって成り立っている。

(1) 直感化（今を感じる）能力

〈今〉動いた感じをとらえる能力として，今しがた過去に過ぎ去った動きの感じを残して，〈直感〉という〈今〉の動感メロディーをとらえる身体知である。この身体知が空虚の場合，運動経験がすべて過去に沈んだままになり，〈今〉行った動きの感じを残すことができず，次に行おうとするときにその動きの感じを生かすことができない。「身体で覚える」ということは直感化能力が働くことであり，「今，コツがわかった」というときに働いている。

【例】跳び箱がはじめて跳べたときやどうしたらうまく跳べたのかその動きの感じがよくわからない子どもがいる。そのような子どもに「今どのようにしたの」と質問しても「わからない」としか答えない。それは直感化能力がまだ空虚なのであって，動きの中で今しがた過ぎ去った動感意識を志向することで直感化能力は発生・充実してくる。

(2) 予感化（探り）能力

これから未来に起こる動きに探りを入れることのできる身体知である。〈私が動ける〉というとき，どんなときでも，すべて未来に向かって動いており，未来においてその動きかたは完結することになる。

このように，来るべきものへと方向づけられた私の動きかたも，変化する情況に応じた動きかたも，それらすべて探りを入れる能力が働いているのであり，動感運動するときにはこの身体知が決定的な意味をもってくる。

【例】開脚前転では頭越しに回転する局面で回転スピードや足の投げ出し方向などに探りを入れて，開脚するタイミングや手でマットを押すための準備をすでに取り込んで前転を始める。開脚前転で開脚になるタイミングを予測しないでマットに足が着いてから慌てて行う。また，回転が止まってから手で押し上げて立ち上がろうとするような子どもは，予感化能力が空虚な状態なのである。

(3) 差異的時間化（反転できる）能力

直感と予感の動感意識を〈現れ〉と〈隠れ〉の差異化現象としてとらえることのできる身体知である。すなわち，直感と予感は同時に意識に昇ることはなく，どちらかは意識の裏に隠れて，必要なときに意識として現れる。

【例】跳び箱の助走から踏み切り局面では予感化能力が決定的な働きをする。助走しているときには踏み切りの先読みに入っており，踏み切るときには，着手場所の先読みが行われ，地面を離れる足先の感じ（直感）は背景に隠れる。このことから動感運動は常に未来に向かって，予感が働き，直感が背景に隠れて意識されない。しかし，踏み切りの修正を行う場合，踏み切りでの踏み込みの感じが直感としての意識に登らないと修正する根拠を失うことになる。そのため，動きのなかで直感を意識することのできる反転できる身体知が重要になる。また，手の着き方を掻くような動きから突き放しの着手に修正するときには，手の着き方がどのようであったか直感として意識することができなければ次に修正することができない。

[2] 形態化身体知（形づくりの身体知）

目的とする動感形態（動きのかたち）を作り出すことのできる身体知である。

形態化という表現は，いろいろな動きに一つのかたちを与えて，その動きに意味づけをすることである。たとえば，転がることには，いろいろな転がりかたがあるが，前方に転がって立つ運動に前転という動感形相（動きのかたち）の意味をもたせている。そして，その動感形態(動きかた)は動きの感じを身につけることで作り出される。この身体知には，コツ身体知とカン身体知によって構成され，それは裏表一体の関係で相互隠蔽（いんぺい）原理（どちらかが意識の昇るとどちらかは背後に隠れる）によって支配される。

<table>
<tr>
<td>自我中心化（コツの）身体知
①触発化（誘いの）能力
②価値覚（評価の）能力
③共鳴化（メロディーの）能力
④図式化（たしかめの）能力</td>
<td>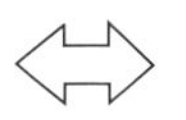</td>
<td>情況投射化（カンの）身体知
①伸長（伸びる）能力
②先読みの能力
③情況把握（シンボル化の）身体知</td>
</tr>
</table>

❶自我中心化身体知（コツの身体知）

〈私が動くことができる〉という私の身体そのもの向けられた動きかたのコツにかかわっての身体知である。コツの身体知は，始原身体知を基底にして，動感能力を発生・充実させるための中核になる身体知である。

(1) 触発化（誘いの）能力

「そのように動きたい」とか「今の動きかたよりもっとうまく動きたい」といった動きかたへの関心や動機づけによって，自分の動く感じを知ろうとする身体知である。

この身体知はコツの発生への努力を支えることや同じ動感運動を繰り返してもそのなかに動感を比較することで動感差に気づきはじめる能力も含んでいる。

【例】鉄棒の前方支持回転がはじめてできたとき，いつでもできるように何回も繰り返してそのコツをつかもうとする。その時，一回一回の動感差に気づきながらコツをつかむことになる。また，指導者がどんな感じであったかなどの問いかけなどに対して，その動きかたに意識を向けることで，新しい動感も知ることができる。

(2) 価値覚（評価の）能力

自分の〈今ここ〉での動きかたに対して，快く動けることや動きやすさなど，また，気持ちの悪い動きかたや何となくしっくりいかないなど，何らかの評価を行う身体知である。

私たちは何気ない動きかたのなかに，「動きやすさ」や「何となくしっくりしない気持ち悪さ」をともなう心情的な意識をもつ。そのような動きつつ，感じつつあるときに，よりうまく動きたいと願って目標とする動きかたを求めて繰り返し行ううちに，偶然にコツに出会う可能性がある。そのときうまくいった動感の評価作用を頼りにして動きかたをいろいろと工夫することになる。

【例】後転倒立の腰を伸ばす方向と手を伸ばすタイミングがうまく合うとスムーズに倒立になることができる。そのとき，一回一回の腰の伸ばしや手を押す感じを頼りにうまくいったか，いかなかったかの感じを頼りにタイミングの合う動感を探す志向体験を行うことになる。

(3) 共鳴化（メロディーの）能力

これから動こうとする動きかたのなかに新しい動感メロディーを流し出せることのできる身体知である。

動感メロディーとは，私が動きつつあるなかで，こんなリズム感でこのように動こうと，はじめから終わりまでの動感をひとつのまとまりにして，動きの感じをメロディーとして奏でることである。

【例】側方倒立回転を開始するとき，足を振り上げながら倒立になる感じや手をタイミングよく片手ずつ着きながら重心を移動しながら，手でマットを押し放して立つときの姿勢のつくりかたなどはじめから終わりまでの動感メロディーを奏でる。

(4) 図式化（たしかめの）能力

いろいろなコツに出会うが，その中でも外すことのできないポイントのコツを確認して，はっきりと意識することのできる身体知である。

失敗したときなどに，どのような動きの感じのコツが欠落していたのかを確認して，欠落していたコツを忘れないように確かめ，確実にできるようにすることになる。

【例】鉄棒の前方支持回転でいつもできるようにするために志向体験の前に開始体勢で姿勢の作り方と回転のしかた（コツ）と起き上がりでの手の握り直し（コツ）を確認しておくことになる。

❷情況投射化身体知（カンの身体知）

場の情況を先読みすることができ，それに応じた動きかたを選び，判断して実行に移せる身体知である。

(1) 伸長（伸びる）能力

いろいろな情況のなかで動こうとするとき，動きの感じが皮膚表面を超えて，その先の対象まで伸長して〈私はそのように動ける〉と感じる身体知である。

自分の動きかたに対してあらためて意識しなくても，私はそのように動けるというコツ身体知を基盤にして，私の身体それ自身の先まで動感が伸びる徒手伸長能力と身につけた事物や手具まで動感が伸びていく付帯伸長能力がある。

1) 徒手伸長化（自ら伸びる）能力

いろいろな情況の変化を察知し，時間的・空間的に自分の動ける範囲はどこまでかを身体の先まで動感を伸ばすことによって，どのように動くことができるかを判断する身体知である。

【例】跳び箱運動で予備踏み切りから踏切板に向かうとき，踏み切りの位置や踏み切り後の跳び上がりの体勢までをすでに感じ取っている。さらに，踏み切ってから突き放しにもっともよい着手位置を手の先から動感を伸ばし，着手後の動きをすでに感じ取っている。ゴールキーパーが守備範囲を確認しポジション決めるときにこの範囲までは動ける動きの空間を感じ取っている。

2) 付帯伸長化（ものが伸びる）能力

私自身がじかに身につける物や手に持つ用具が自分の身体の一部となって，その人の動感レベルに応じてその物や用具にまで動感を伸ばすことのできる身体知である。

【例】バットで打つ瞬間にインパクトの感じとボールがどこにどのように飛ぶかを感じ取っている。バスケットボールのシュートでゴールにシュートインをする放物線の感じをもたせて手からボールを放っていく。車の幅寄せのときの車体の幅や長さを感じ取ってハンドルを操作する。

(2) 先読みの身体知

これから未来に起こる私の運動に対して，私自身がどのように動くのか，あるいは，周囲の情況にかかわってどのように動くのかを先読みできる身体知である。

始原身体知の時間化能力によって予感による探り作用が働き，それによって情況を判断するなかで，いろいろな可能性をもつ動きかたや関わりかたのなかから，もっとも有効な動きかたを選択し，その実現可能性を読み切ることのできる能力である。この能力には予描先読み能力と偶発先読み能力がある。

1) 予描先読み（あらかじめ読める）能力

未来に起こる動きかたをあらかじめ先読みすることのできる身体知である。

予描先読み能力は，未来に起こる動きかたを常に予期する習練によってこの能力は空虚から充実へと進む。それによってゲームで相手や味方の動きの意識に潜入し，あるいはめまぐるしく変化する情況の中に潜む相手や味方の動きの意味を一瞬に読み解くことができる。

【例】ボールゲームにおいて相手が次にどのような動きかたをするのか，どこにパスをするのかを読むことでパスカットや相手の裏をかく動きができる。器械運動の技の組み合わせで今行っている技の動きの中に，次の技の動きかたを先取りしてすでに準備した動きになっている。

2) 偶発先読み（とっさに読める）能力

突発的な情況変化に対して，即興的に先読みをすることのできる身体知である。

突然の情況変化に対して，即興的に決断し，同時に〈私はそのように動ける〉ものではなければならない。この能力は始原身体知の気配感や時間化能力と絡み合っている。

【例】不意に失敗したときやバランスを崩したときに体勢を立て直すときに働いている。対人競技やボールゲームでは瞬間に情況が変わるためこの能力は随所に求められる。ボール運動の多彩なフェイントは先読み能力の勝負になる。

(3) 情況把握（シンボル化の）身体知

私の身体を取り巻く情況の流れを敏感に読み解き，それをシンボル化された原理に基づいて，同時に適切に動くことのできる身体知である。

この能力は伸長能力と先読み能力が相補的関係をもつ。シンボル化とは，動感運動（動ける感じが息づいている現実の運動）の情況からキャッチする視覚的，聴覚的な感覚質情報によって，そこにこれまでに経験した類似の意味構造を読み取り，そこに共通する原理を見つけることである。この人間固有のシンボル化できる身体知はカン身体知の決定的な重要さをもつ。この身体知には，情況シンボル化能力と情況感能力がある。

1) 情況シンボル化（情況を判断する）能力

刻々と変化する多様な情況の中からシンボル化された意味構造を読み取ることのできる身体知である。

対人競技やチーム競技のなかでは，いろいろな情況から与えられる感覚質情報的記号の数が増え，無限に千変万化していく情況の変化に対応するためには，シンボル化された情況判断能力というものが必要になる。ディフェンス側の個々の動きから相手の次のフォーメーションを読み取る。

【例】忍び足で周囲の情況をうかがいながら逃げ手がどのような逃げ方をしようとしているのかをうかがう。鬼ごっこで自分がターゲットになりそうかどうかを情況から判断する。盗塁をすべきかどうかは情況を判断する能力が必要になる

2) 情況感（情況を感じ取る）能力

全体の状況を把握する中で「そんな感じがする」「そんな気配がする」という動感触手の働きによって，情況に最適な動きかたの決断と遂行が求められる身体知である。一般に，ゲーム感，試合感と呼ばれる。

体感や時間化の始原身体知，さらに，伸長能力，先読みなどの多くの身体知と絡み合いながら統合的に生化されて実践される。

【例】ゲームの流れを読む。勝負感，試合感。チームのリードマン，司令塔

［3］洗練化身体知（仕上げの身体知）

より上位のよりよい身体知の形成を求めて，洗練化のために修正する（洗練修正化）という機能をもちながら，より上位の洗練統覚化身体知（新しい動きかたを生み出すことのできる身体知である）である。

一応，動きかたができるようになったとしても，その身体知を洗練させるために，修正を重ねてより高度な洗練化を目指すことになる。そこでは古い私の動きかたを捨て，新しい動きかたを発生させる努力を欠くことができない。洗練化された動きかたは，それ自体が修正化の働きをもち，さらに洗練化していくことになる。そこでは，上位の洗練された動きかたをめざし，無限の循環性を示すなかに常に自在位相からふたたび原志位相への局面の回帰性が働いている。

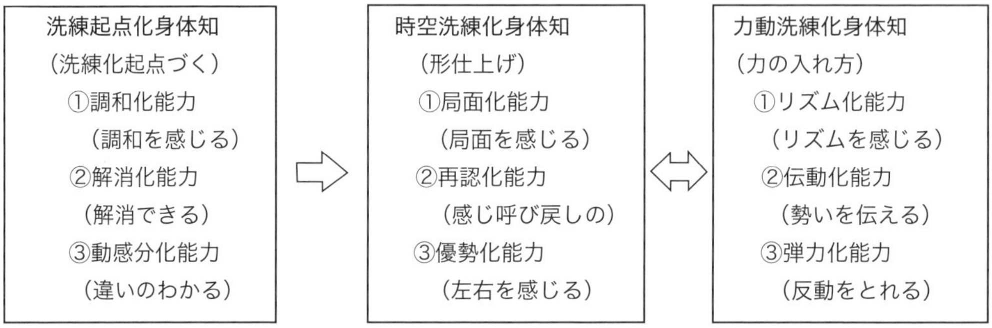

洗練起点化身体知		時空洗練化身体知		力動洗練化身体知
（洗練化起点づく）		（形仕上げ）		（力の入れ方）
①調和化能力		①局面化能力		①リズム化能力
（調和を感じる）		（局面を感じる）		（リズムを感じる）
②解消化能力	⇨	②再認化能力	⇔	②伝動化能力
（解消できる）		（感じ呼び戻しの）		（勢いを伝える）
③動感分化能力		③優勢化能力		③弾力化能力
（違いのわかる）		（左右を感じる）		（反動をとれる）

❶洗練起点化（洗練化起点づくの）身体知

洗練化するために何が問題なのかの問題点を知る身体知である。これは調和化能力と解消化能力と動感分化能力によって構成される。

(1) 調和化（調和を感じる）能力

動きかたの全体がうまく調和しているか調和していないかを感じ取る身体知である。

心地よい，スムーズなど動きかたの快感情を自分の身体で感じ取り，気持ちの悪い動きかたを価値覚能力で評価しながら，動きやすい動感意識を求めて調和化された動きかたを私の身体で了解することである。この身体知は，最初のチェック機能をもつ発見性と出来具合がどうかの評価機能を併せもつことになる。

【例】鉄棒の前方支持回転で正しい動きで一回転したとき，まったく力がいらずに軽くできるが，一回転で起き上がるとき手の握り直しのタイミングがずれると無駄な力で支えることになる。

(2) 解消化（解消できる）能力

いったん身につけて習慣化した動感意識を解除して，消し去ることができるかどうかの身体知である。

動感運動をまとまりあるかたちとして苦労して定着させたものを自ら破壊しなければならないという矛盾的性格をもっている。定着している動きかたをなぜ解消するのか，その動機づけや修正する価値意識が発生していない場合は，洗練化や修正化がいつまでも行われないという問題をかかえることになる。

【例】ハビトス的な運動，慢心をもつ人，くせを直せない。風車が側方倒立回転の鉛直面運動にならない。

(3) 動感分化（違いのわかる）能力

一回一回の動きかたに動きの感じの差がわかる身体知である。

動感運動は一回性を特徴として，同じ運動を繰り返し行ったとしてもそのつど違った動感意識によって構成される。その意識作用の微妙な差を動感感覚で鋭敏にとらえることが動感分化能力であり，解消化能力の基底を構成している身体知になる。

【例】後転倒立で腰を伸ばす方向とタイミングがわかる。

❷時空洗練化（形仕上げ）身体知

よりよい動きのかたちに仕上げていく身体知である。これは局面化能力と再認化能力と優勢化能力で構成される。

(1) 局面化（局面を感じる）能力

運動を行うときの準備局面や主要局面，終末局面を私の動感意識のなかでとらえる身体知である。

マイネルの局面構造は，準備局面，主要局面，終末局面の三局面でとらえ，循環運動は融合局面と主要局面の二局面でとらえる。これは運動経過を映像的に対象化してとらえたものである。ここの局面化とは，マイネルの三局面ないし二局面を私の動きかたの感じなかでそれぞれの局面をとらえることで，動きのかたちを洗練化する身体知である。

【例】側方倒立回転で開始体勢から手を着く局面と側方に倒立で回転する局面，側方倒立回転から足を下ろす局面が動きのなかでわかる。

(2) 再認化（感じ呼び戻しの）能力

前に出会ったことのある類似している動感意識をふたたび今ここに感じ取ることのできる身体知である。

今ここで動いているとき「あの感じと似ている」と感じながら動くことのできる動感意識がある。それは単なる，運動記憶痕跡ではなく，過ぎ去った動感意識を直感の直感として今ここに感じ取ることのできる時間化身体知の一種である。

【例】倒立からの前転で転がりに入るとき，首支持からの前転の腰角の保ちかたと同じことを感じる。

(3) 優勢化（左右を感じる）能力

動きかたのなかで左右どちらか片側の動感運動の優劣を感じ取ることのできる身体知である。

右利きとか左利きはいつの間にか身につけているため，受動的動感意識の次元にあることが多い。そのため，自分の動きかたをコツとカンとの関係で分析する必要がある。運動熟練の極として左右どちらでも回転でき，左打ち，右打ちでも自在に動ける境地に至る可能性を胚胎しているだけに，洗練化身体知の深さを知ることになる。

【例】側方倒立回転でどちらかの方向で回転ができるようになれば反対方向でもできるようになる。

❸力動洗練化（力の入れ方を知る）の身体知

いつどこで力を入れたり抜いたりするかの力動的な動きかたのできる身体知である。これはリズム化能力と伝動化能力と弾力化能力によって構成される。

(1) リズム化（リズムを感じる）能力

自らの動感運動をリズミカルに行うことのできる身体知である。

動きのかたちは一つのメロディーとなって，リズム化能力のなかに示される。いろいろな身体知は動感メロディーとして統一され，その人のリズム化能力として現れる。また，対象となるボールやロープという物体に私の動く感じを共振させることができなければ，とてもうまく動くことはできない。さらに，敵の動感リズムをわが身に取り込み，そのリズムを外して技を仕掛けることもリズム化能力に支えられている。

【例】開脚跳びで助走から予備踏み切り，踏み切り，着手，着地と一連の動きをリズミカルに行う。

(2) 伝動化（勢いを伝える）能力

動きの勢いを伝えるために，動きかたのなかでアクセントを強める力点化と急ブレーキをかける制動化の鋭い交替を感じ取る身体知である。

伝動化は，無意識のうちに行っていることもあり，受動的動感意識として空虚なまま背景に沈んでいることが多い。そのため，動きをより洗練化するためには，あらためて動感意識として分析し，伝動化能力を高める必要がある。

【例】前転における起き上がりで，腰角を広げたところから，膝をかかえ込むことで伝動化している。ボール投げで腰，肩，腕，手首へと伝動化している。

(3) 弾力化（反動をとれる）能力

自らの動きかたに現れる弾み反動の動感を意識して動くことのできる身体知である。

始原的な体感や時間化の身体知，価値覚や共鳴化能力のコツの身体知，さらに，伸長能力，先読み能力などのカン身体知にもかかわり合いをもつ。

【例】跳び箱運動の踏み切り，跳び降りでの着地，縄跳びのジャンプなど。

5 動きを教える身体知（動感促発身体知）とは

運動発生学習が「教える－覚える」の関係によって進められることを考えると，指導者も教えるための（促発）身体知を身につけておく必要がある。これまで教員養成や体育系の大学では，科学的知識やマネージメント的な指導能力を身につけるために，学習指導計画論やトレーニング計画論を重視してきた。しかし，このようなマネージメント的な指導能力と動感発生を促すことのできる指導能力とでは指導する内容が異なるため，ここでは区別しておく必要がある。子どもに動きの感じがわかるような動感発生を促すためには，どうしても指導者の動感促発身体知が問題になってくる。促発身体知とは，児童生徒や選手が動きかたを覚えようとすること（創発作用）を触発して，その動きのかたち（動感形態）の発生を促すことができる指導者自身の身体知であり，指導能力にとって不可欠なものになる。指導者は単に身体運動の生理学的，物理学的ないし心理学的な専門知識を知っているだけでは，この促発身体知を身につけたことにはならない。また，実践的な指導を行うためにも，〈今ここ〉で自らの身体で感じ取ることのできる動感運動としての促発的な身体知をもっておくことが求められてくる。ここでは動感促発身体知について簡単に説明をしておく。動感促発身体知は，次頁の図のように素材化（素材づくりの）身体知と処方化（処方できる）身体知で構成されている。

［1］素材化（素材づくりの）身体知

素材化身体知は，指導者が子どもに覚える（創発）身体知を目覚めさせ，子どもに動き

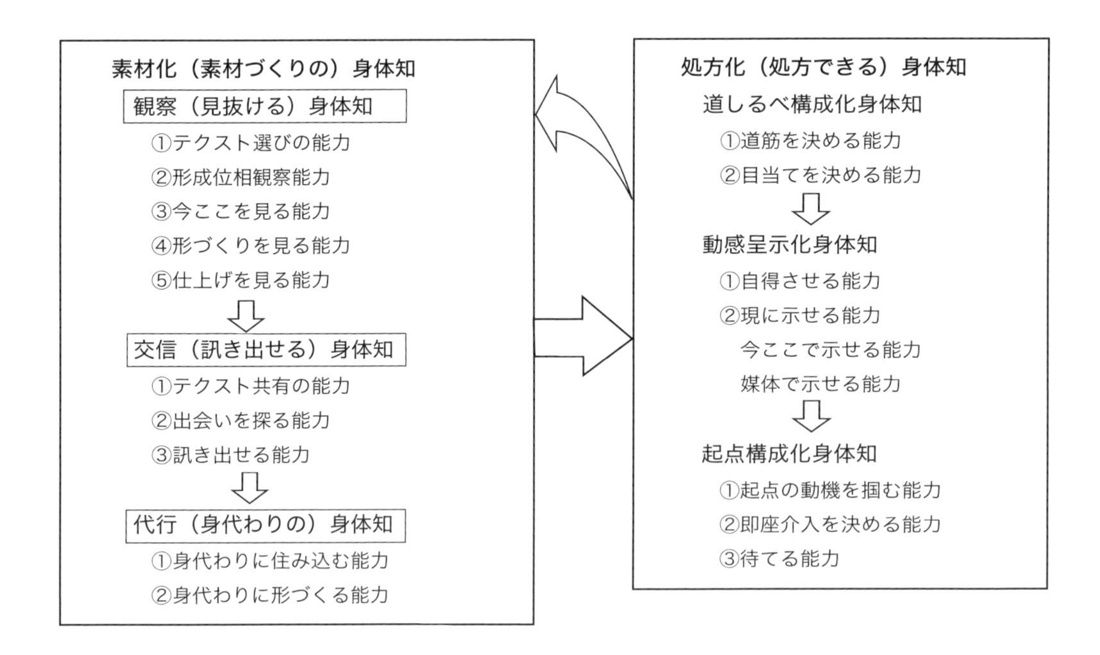

のかたち（形態化）を成功へと導いていくための動感素材（動きの感じがわかる材料となる運動）を収集するための身体知である。この身体知は，観察（見抜ける）身体知，交信（訊き出せる）身体知，代行（身代わりの）身体知をもちいて子どもの動きを分析することになる。それによって，子どものどの創発（覚えるための）身体知が空虚なのか，また，充実していないのかを分析して，目の前での子どもの動感形態（動きかた）から指導のための生きた動感素材を収集することができる。

❶観察（見抜ける）身体知

ここでの観察能力は，単にすばやく動く物体としての身体をとらえる視覚能力ではない。マイネルの「私たちは，いつも動かされている身体を見ていて，運動〈そのもの〉を見ていない」という言葉を待つまでもなく，動感身体によって繰り広げられる動き自体を観察することになる。それは調和化，局面化，リズム化，伝動化，弾性化などで見ることになる。この観察能力には，子どもの動きかたを見て何が問題になるのか，問題意識をもって新たな観察対象を見つけ出すテクスト選び（テクスト構成化）の能力と子どもがどの形成位相の状態にあるのかを観察する形成位相観察能力，そして，子どもがどのような創発身体知をもって〈今ここ〉で動いているのかを観察するために，〈今ここ〉（始原身体知）を見る能力，形づくり（形態化身体知）を見る能力，仕上げ（洗練化身体知）を見る能力によって行われる。

❷交信（訊き出せる）身体知

ここでの交信とは，指導者と子どもとのあいだで動感形態（動きかた）を身につけるための動きの感じを相互理解できるようにする動感情報の交換が意味される。そのために文字言語や音声言語，さらに，言語といえないような比喩表現や身振りあるいは擬態語さえも動感言語として交信の手段にする。この交信能力には，指導者と子どものあいだで何を問題にするのかのテクスト共有の能力（この能力がなければ交信はすれ違いになる）と，子どもがどのような感じでどのように動こうとしているのかに共鳴し，共感できる出会いを探る能力（子どもの運動メロディーを自ら進んで感じ取る）がある。さらに，子どもに動く感じを質問することでどんな感じで動いたのかを訊き出せる能力も必要になる。

❸代行（身代わりの）身体知

ここでの代行とは，子どもがまだ身につけていない動感形態（動きかた）を指導者が子どもに代わって，その動きの感じを身体の中で思い浮かべて成功させたり（潜勢的に統覚），あるいは修正したりすることを意味している。この能力は，動きのかたちを教えるために指導者に求められる不可欠な専門能力である。この能力には，指導者が子どもに動きかたを教えるとき，その指導目標となる動きかたを代行的に構成する代行形態化の能力が求められる。代行形態とは，子どもがめざしている動感形態（動きかた）を指導者が自分の身体のなかで指導のために思い浮かべる動感形態像である。そして，この代行形態を構成化するときには，五つの階層に区別できる。

まずはじめは，指導者が子どもの動感に出会うために住み込み能力を駆使して，子どもの動感世界に潜入して，共通の動感世界を新たに構成する代行動感世界の構成化である。それによって，子どもの動きかたの失敗も「このような動きの感じでは，やはり失敗してしまう」というようなことなど失敗するときの動きを感じ取ることができる。

2番目は，子どもの動きの指導にあたって，まず動きかたを覚えるのに不可欠な始原身体知（体感能力，時間化能力）がなぜ必要なのかを指導者が自分の身体で思い浮かべ，子どもがまねをできるような動きかたとして代行原形態を呈示することになる。たとえば，跳び箱運動の開脚跳びの指導で，子どもの動きかたを見て，どんな始原身体知を充実させる必要があるのかを判断し，タイヤ跳びからはじめるのか，馬跳びあるいは短い跳び箱，または，何段ぐらいの跳び箱から跳ぶことをはじめればよいのかをこの代行形態化能力によって試みることになる。

3番目は，目標となる動きかたをどんな感じで動けばできるようになるかを指導者が子どもに代わって動きの感じを構成する代行形態の統覚的構成化である。たとえば，跳び箱を何段ぐらいにして，どのへんに手を着くようにすればよいか，どんな動きの感じで跳び越すようにすればよいかなど子どもの跳ぶことのできる感じを代行することになる。

4番目は，子どもの動きを修正し洗練化するために，子どもに代わって動きの感じを構成する代行形態の洗練構成化である。たとえば，跳び箱運動で安定した跳び方を指導するために踏み切りから着手までの体勢や着手位置，手の突き放しの感じ，さらに第2空中局面の体勢の感じなどを代行形態によって試みる。

5番目は，子どもの〈今ここ〉でもっている動きかたに適合するように代行形態をもう一度見直す代行形態の適合的構成化である。たとえば，開脚跳びで切り返しを明確にするため，第一空中局面で足を大きく振り上げ，そのときの手の突き放し方が子どものもつ動感能力で大丈夫かどうかをこの代行形態で試みる。

［2］処方化（処方できる）身体知

動感形態（動きのかたち）の発生を促すためには，指導者は子どもの動感世界に自己移入して，子どもが形態発生をできるような方法を考え出していくことが求められる。そのためには，子どもが動きの感じを受け入れてくれるように，処方素材の観察・交信と代行能力によって生み出される代行形態を基盤に新たに処方形態を構成化しなければならない。ここでの処方できる身体知には，子どものためにどのような道しるべを立てることができるのかの道しるべを立てる（道しるべ構成化）能力と子どもに処方形態をどのような仕方で呈示することができるのかの動感を現に示せる（動感呈示構成化）能力，さらに，子どもにいつ形態発生を促す処方をはじめればよいのかの促発を決断できる（促発起点構成化）能力がある。

❶道しるべ構成化（道しるべを立てる）身体知

運動発生学習において，技能を呈示するだけでは，動感発生を促すための処方にはならない。ここでの身体知は，子どもが目標となる動感形態を発生させるために，どんな動きかたを目当てに動くことがよいのかなど，子どもの動感形態の道しるべを立てる身体知である。ここでは，どんな習練目標の動感形態をどの順序で指導をはじめ，どの方向に進んでいけば，動感発生を的確に行うことができるかの標識的な方向形態の道しるべ（動感形相としての目標技の体系化，系統性）と，その方向形態から確実に動感発生を促すために，習練の目当てになる動きの感じを動感形態（動きのかた）ちで示す目当て道しるべがある。この目当て形態の道しるべを示すためには，指導者と子どもとの動感出会いによって成立していく。

❷動感呈示構成化（動感を現に示せる）身体知

子どもに動感形態を伝えるためには，それをどのようにして了解させるかの方法と手段が必要になる。そこでは子どもに動く感じをつかませるための何らかの動きかたを視覚的に見せる呈示形態が問題になってくる。この呈示形態には，指導者は子どもがどんな感じで動こうとしているのかに共鳴し，共感して，子どもの動感と交信する共鳴化能力が前提になるが，動感を呈示する方法として，間接的提示方法と直接的提示方法がある。

①間接的提示方法は，子ども自身が触発化能力や価値覚能力，あるいは，共鳴化能力な

どを総合しながら，自発的に自得しながら動感形態を発生させていく方法である。

②**直接的提示方法**は，方向形態や目当て形態を明確に提示するために，いろいろな媒体をもちいて子どもに動感形態の情報を流していくことである。そして，今ここで現に動感を呈示する手段と媒体によって動感呈示する手段がある。

・今ここで動感を呈示する手段としては，身振りや擬声語を含めて動感音声言語による動感呈示と，指導者自身が自ら動いてみせるか，あるいは他人にやらせて見せるかは別にしても実際に目の前で動きを実演する動感呈示がある。実演呈示での動感模倣の能力は指導者の促発活動に欠かせないものである。

・媒体による動感呈示の手段としては，文字言語による動きの感じを記述することによって呈示するか，あるいは連続図やVTR（DVD）の映像によって可視的に動感を映像で呈示することができる。この映像を呈示するときには，子どもの運動共感能力によって運動メロディーが奏でられるような身体知を育てておく必要がある。

❸促発起点構成化（促発を決断できる）身体知

この身体知は，子どもにどんな動きの感じを体験させるかの方向道しるべに沿って目当て形態を確認し，その選ばれた目当て形態をどんな情況になれば，いつ動感の促発を開始してよいかを判断する身体知である。まずはじめは，子どもの動感運動のなかに促発をいつ開始するかの動機づける（起点の動機をつかむ）能力が必要になる。そして，この起点形態のそれを間髪も入れずに処方に入れる即座に介入を決める能力と，じっくりと子どもの状態を見きわめ促発指導の起点を決断する時期を選ぶために，満を持しながら待てる能力が求められる。

Ⅲ　器械運動と動感指導

1　「動ける身体」を育てる器械運動の学習

学校体育では各運動領域での運動学習が行われるが，スポーツの競技特性から見ると，器械運動は評定スポーツ，陸上競技や水泳は測定スポーツ，球技や武道は判定スポーツとして位置づけることができる。

評定と測定スポーツでは，コツの身体知，特に，個人が運動課題に対して自分の身体をどのように動かすかに意識を向けて行うことが特徴になる。特にその中でも陸上競技や水泳では走り方や跳び方，泳ぎ方などの動きを一度身につければ，その後の学習はスピードや距離の増大がねらいにおかれる。これに対して器械運動では，できない技や新しい技に取り組み，その技が「できる」ことを目指して，どのような身体の動かしかたをすればよいか，動きかたの「コツ」を身につけることに主眼がおかれる。そのために，自分の動きかたそのものに意識を向ける学習が特徴になってくる。

器械運動の学習では，自分の身体の動かしかたに意識をもち，動きかたに工夫を加え，「できない」ことを「できる」ようにする動感形態の発生を志向体験する学習である。この点において，器械運動は運動発生学習としての教材的価値を主張することができる。別の言い方をすると，器械運動は，新しい動感形態の発生を求めて「動ける身体」の獲得を目指す学習といってもよい。このことは，これまでのように「できる」「できない」の二者択一的な評価による技能学習とは異なるものである。そこには，動きたいけれども，どうしても動けないというパトス的な動感世界が存在する。それだけにいろいろな動きかたを試行錯誤するなかに動感形態の発生を目指してコツを探す「探索位相」の学習を経て，偶然にも動感形態が発生して「できる」ようになる「偶発位相」，そして，いつでもできる「形態化位相」へ，さらに，感覚質（自分の動感で感じる質）によってむだがなく，安定し，芸術性を求める「自在位相」へと進む連続性をもった動感化現象への志向体験をする学習なのである。そのなかで，動きかたの「コツ」を身につけ，さらに，よりよい動きへと改善していくなかに動きのかたちが生成と消滅（ゲシュタルトクライス）を繰り返しながら質的レベルが高まり，よりよく「動ける身体」の獲得へとつながっていくことになる。この生成と消滅という考え方は，動感形態の発生・充実を目指した志向体験の一回一回のなかに，新しく動感形態の動きの感じがわかった瞬間に今までの動きの感じは消え去り，新たな動きの感じが発生し，よりよい動感感覚質を伴う動感形態へと変化していくことなのである。このような動感化現象を時間的経過のなかで動感（動きの）形成位相として観察することができる。

「動ける身体」を獲得するということは，ただ単に体力的にすぐれた身体を獲得するだけではなく，生理学的な意味での運動感覚よりさらに広がりのある時空間での動きの世界を可能にする動感身体をもつことなのである。そして，そこには動感（キネステーゼ）能力がきわめて重要な役割を果たすことになる。動感形態の発生，充実を目指す運動発生学習で重要なことは，動感能力をいかに発生させ，充実させることができるかということであり，この能力は具体的な動感形態を志向体験するなかでしか形成されない。また，他人が代わってやることもできないのである。器械運動での動感形相（目標技）の学習は，自分の動感形態に動感意識を向け，その習練形態をできるようにする動感化能力の学習なのである。すなわち，そこには動きかたの「コツ」をつかむ志向体験がどうしても必要になってくる。そのこと自体が動感形態を発生させる身体知の学習なのである。その学習がいかに大切かを子どもにわからせることは，教師の役目であり，体育での中核的な学習内容になってくる。

人間は身体を動かすことで世界（自然，人，物）に対して応答している。このことから考えると，動感形態を発生させる志向体験は，動感化能力を充実させ，私は周界の世界に対してそのように動くことができるという動感身体をもつことなのである。子どもはそのような動感身体をもつことによって，日常生活やスポーツ活動でより豊かに動けるようになっていく。まさに体育における「身体性」の教育の基本的な考え方がここにあるといってよい。

ここで問題にする「身体性」とは，過去の心身二元論的な身体の意味ではない。それは，フッサールのいう「身体性」のことであり，「世界とかかわりをもつ中でいつも私とともにある身体」が常に問題になってくる。金子は，動きの学習にとって重要なことは，「〈生きられる〉動きは〈自己運動〉として，〈今・ここ〉という〈身体性〉の中で動きの〈かたち〉（動感形態）を成立させることができる」という。ここに体育学習が具体的な動感形相を目標にして，その動感形態を発生，充実させる学習がもっとも重視されなければならない理由がある。

目標となる動感形相（技）の動感形態を発生させることは，自分の身体で動きかたのコツが「わかる」ことであり，同時にひとつのまとまった動感形態が現れ，動感形態が「できる」ようになっていくことを意味している。この「できる」ことの喜びが内的衝動となって，体育で自ら学ぼうとする意欲につながっていく。このような「身体性」の学習こそが「器械運動」の動感指導の基底におかれなければならない。

2 器械運動で育つ動感身体知

器械運動の学習もこの「身体性」という現象学的な立場からの身体教育としてとらえ直す必要がある。金子は「〈身体性〉とは，動ける可能性をもつ身体，いわば，運動を時間化できる可能性をもつ私の身体である」として，その〈動ける身体〉は，技が「できる」「できない」の結果だけが問題になる身体ではないという。また，「〈今ここ〉にいつでも時間化できる可能性をもつ動感志向性を胚胎している身体，つまり，動感身体知こそ，新しい身体教育としての〈体育〉の基柢に据えられなければならない」と強調している。このことは，動感身体をめぐる新しい体育的な意義をもつ身体教育の在り方が器械運動の学習において主題化されなければないのである。

運動を時間化できる身体とは，たった今過ぎ去った動きの感じを今（現前）に生き生きと引き寄せ，まさに来たらんとする未来の情況に即した動きかたを今に感じ取ることのできる身体のことである。人間の運動は，動きつつ感じ，感じつつ動ける身体よって生き生きとした動きのかたちが生み出されてくる。そのとき，〈動く感じ〉〈動ける感じ〉という動感創発身体知の時間化能力の発生が重要になっていく。どんな動感運動にも時間化能力が発生しているのであるが，それをどんな教材によって，子どもの動感意識に働きかけて動感指導をするかは，新しい動感身体知の理論を基にもう一度，器械運動の動感形相（目標技）の動きの構造論と発生論から問い直してみる必要がでてくる。

これまでの器械運動の指導は，図解や示範によって技を説明し，後は自得に委ね，「できる」「できない」の結果によって評価するのが一般的であった。問題は，子どもへの技の指導において，技を身につけるための必要な能力可能性を育てることを明確にしないまま指導してきたことである。それはたとえ，技の系統性を重視する指導であっても，それを学習の順序として学習カードで示すだけでは，子どもの主体性に委ねるというマネージメント的管理指導になってしまうのである。子どもは学習カードにしたがって，いろいろな技に取り組むことになるが，その結果，技の習熟は見られず，「できる」という身体状態感の楽しさを味わうにはほど遠い技能状態のままでいる子どもは決して少なくない。

新しい技を発生させたり，発展技を覚えさせたりするためには，技の系統性による指導や動感アナロゴンをもちいての動感意識（動く感じの意識）に働きかける指導がどうしても必要になってくる。そのためにも技の系統性の考え方の根底にある共通の技術性や意味構造性（どのような動感意識に働きかければ，どんな動きのかたちに変化発展させることでどの発展技につながるのかということ）を十分に理解しておくことが必要になってくる。さらに，動感創発身体知（動きの発生にかかわる動感能力）の構造体系からもどのような動感能力を育てておく必要があるのかも問題になってくる。

3 動感能力を促発する「道しるべ」

技が「できる」ということは，その動感形態（動きかた）の動感能力（私はそのように動けるという能力）を発生させることである。そのためにも指導者には，子どもに動感素材（志向体験によって動きの感じが与えられるもの）をもちいて動感形態の動感発生を促す「道しるべ」を提示できる動感促発身体知が重要になってくる。

ここでの「道しるべ」に必要な動感促発身体知とは，体育における学習指導計画論やスポーツのトレーニング計画論とはまったく異なる知識になる。それは，学習者の動感意識（どんな感じで動くのか）に見合った道しるべを示すことであり，どのような動きの感じを子どもが身につければ，習練対象の動感形態（動きのかたち）を発生させることができるのかという道しるべのことである。その意味から 50 メートルを 8 秒で走るとか，逆上がりができるとか，シュートが打てるとかという技能の到達目標だけでは，動感指導の道しるべにはならないのである。なぜなら，道しるべの道標になるためには，それぞれの習練対象の動感形態におけるその時どきに求められる動感創発身体知をどのような動感素材をもちいて発生させることができるのかということが問題になってくるからである。

たとえば，逆上がりを習練対象にする道しるべは，足の振り上げと後方へ回転する能力や身体を引き寄せる能力がどの程度発生しているのかを観察分析することで，どのような動感形態をどの動感能力で発生させることができるのかを代行身体知で代行形態化する。それを動感身体でわかるようにするためには，どのような動感素材を与えればよいのかといった道しるべ構成化身体知が問題になってくる。そのためにも，逆上がりの形成位相にしたがって重層性（いくつかの階層をもった）の動感素材を道しるべとして順序よく設定する必要があるのである。

マット運動の前転の一般的な指導として，手の着き方や頭の入れ方，そして，できるだけ身体を丸くして転がることに重点をおくボール理論によって指導が行われることが多く見られる。また，学年が進んでもその指導は変わらず，次の技能目標である開脚前転の志向体験へと移っていく。ここで問題になるのは，スムーズに転がるためにはボールのような物体の転がりを知識として理解させ，それができるように鋳型化と反復的によって指導が行われることである。それは前転でスムーズに転がるメカニズムを示しただけで，決して動感指導のための道しるべにはなっていない。

また，前転には，スムーズに転がる順次接触の技術と起き上がりをスピーディに行う伝動技術がある。指導書などには，伝動技術の重要性が述べられていることもあり，知識としてその技術を図解などで教えることもあるが，そのための動感能力を発生させる動感指導はあまり行われていない。それどころか子どもにその技術を取り入れさせようとして，回転に合わない腰角の増大だけを意識させ，膝をかかえ込むタイミングがうまく合わず，立ち上がれないばかりか腰や足を強くマットに打ちつけることになっている。この技術に必要な伝動化能力を身につけないまま学年が進んでいくと，結果として，次の発展技である開脚前転や伸膝前転に挑戦してもうまくいかないことは明らかである。また，倒立前転や跳び前転の場合，高い位置からすぐに身体を丸めようとすると，急激に腰角が狭められて，前方への回転が抑制されて，背中に強い衝撃を受けることになる。それによって，痛さと怖さの気持ちだけが強く残って，マット運動が嫌いになることもある。

問題は前転系の発展技に必要な伝動化能力の発生にかかわって，その道しるべを示しての動感指導が行われていないことである。たしかに，この伝動化能力が未熟でも，前転をすることは可能である。しかし，伝動化能力を発生させる動感指導を行うことによって，伝動化能力のなかには重層構造として動感創発身体知の体感身体知（定位感能力や遠近感能力，気配感能力）や時間化身体知が含まれている。この伝動化能力を発生させる動感素材を習練対象にして道しるべを呈示することで始原身体知も統合され，目標としての動感形態の動感能力が充実していくことになる。

4 動感指導の出発点は「運動遊び」から

前転でスムーズな転がりを教えるために，背中を丸くする動作として「ゆりかご」の指導がよく行われる。この「ゆりかご」の動きは，スムーズに転がるための順次接触の動感形態（動きかた）として小学校の低学年から指導されるものである。しかし，「ゆりかご」には前転系のモナドコツとして，腰角の増大と減少による回転力を生み出す伝動化能力がその中にあることにはあまり注目されていない。モナドコツとは，分割不可能な単一のコツのことで，それは，私の動く感じのなかで意味ある動きかたとして，その核になる動きのことである。そして，モナドコツとしての伝動化能力の発生を日常的な寝返りや仰向け姿勢からの起き上がり形態のなかに，さらに，幼児のでんぐり返しの動きのなかにも認めることができる。

金子は，『コツをつかもうと意図的に志向するとき，その人のあらゆる動感能力を総動員して，コツの発生に向けて，動感の「能動的統合」を行うことになる。とすれば，コツの発生というものは，当然ながら，その前に発生の受動的地平が潜在的に前提されていることになる。われわれはこのような「原発生」という基盤の存在を見逃すわけにいかない』として，「この原発生という受動的地平の根源的世界に切り込まなければ，新しい動きかたを可能にするコツの発生様態に迫ることはむずかしい」という。言い換えれば，コツを身につけるためのもっとも基本になる動きかたとしてのモナドコツは，日常的な動きや遊びで知らず知らずに身につけている動きのなかにある。それがどのような動きの遊びのなかからはじまっているのかを知ることは，その後の指導にとって大切なことになる。

このことからは，受動的地平（自ら積極的に身につけようとしないレベルでの動き）としての寝返りや起き上がり，でんぐり返しに伝動化能力の原発生（もとになる動き）を認めることができる。それを習練の対象として教材化したものが「ゆりかご」なのである。その教材的価値を単に遊び的な楽しさとか，準備運動的なものだけではなく，動感身体知の育成という観点から認識しておくことは，接転技群の技を志向体験させていく上で必要なことになる。すなわち，「ゆりかご」を明確な目的をもつ習練の対象とすることで，能動的な動感能力（自ら意図的に動きの感じをつかもうとすること）が働き出す地盤になる。さらに，伝動化能力のコツを身につけるための道しるべを明らかにすることは，接転技群の技の動感創発身体知を発生・充実させることになっていく。

「ゆりかご」は，かかえ込み座の姿勢から背中を丸くして後方に転がり，後頭部支持の逆位のかかえ込み姿勢になり，前方に転がってふたたびかかえ込み座姿勢になる動感形態である。幼児期や低学年の子どもは，頭が大きく体型的な問題があるため，どうしても体を丸く保つためにボールの形状を模倣させることで，スムーズに転がれるように指導する。ここに，ボール理論の根拠がある。しかし，いくらボールのように転がることを求めても，前後に転がるためには，腰角の増大と減少の動作が転がりのなかに見られるものである。「ゆりかご」の指導をボール理論の鋳型化によって行うのか，伝動化能力の原発生を生かす接転技群のコツの発生に迫る指導を行うのかでは，その後の前転系や後転系の動感創発能力の発生の在り方に大きな違いがでてくることは明らかである。

5　基礎的・基本的な技能としての始原身体知の充実

子どものなかには，指導者の指示通りに「ゆりかご」で膝をしっかりとかかえ込み，背中を丸くするが，なかなか前後にリズミカルに転がれない子どもを見かける。このような子どもは，始原（今ここ）身体知が空虚なままの状態であることが多い。「ゆりかご」で後方や前方へ転がるときには，動感意識に支えられた定位感能力が働くが，それは，〈今ここ〉に転がりつつある自分の身体を〈絶対ゼロ点〉として，どのくらい後方や前方に回転したかを自分の身体で感じ取っているからである。そして，この定位感能力の基底になるのが時間化身体知である。時間化身体知とは，〈今ここ〉という動感意識のなかには，未来予持・現在（原印象）・過去把持をもち，未来も過去もふくむ幅をもつ現在を感じ取ることのできる能力のことである。

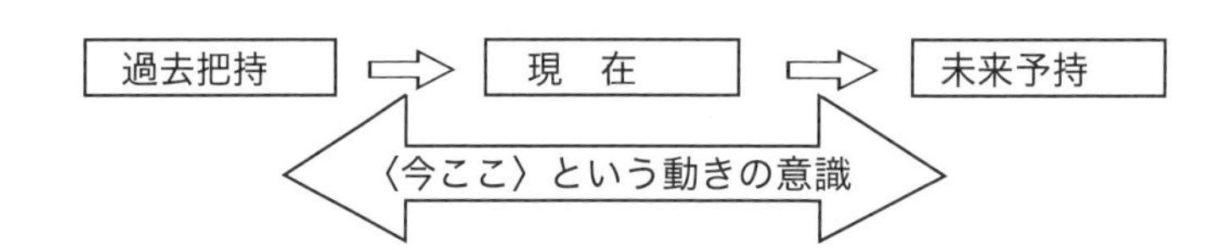

「ゆりかご」の動感意識は受動発生の地平に沈んでいても，今過ぎ去った転がりの感じを直感としてとらえ，さらに，これからの転がる感じを先取り的に予感して，後どれくらい転がれば後頭部がマットに着き，そのとき足はどの位置にもっていけばよいのかなど，その準備をしながら転がっている。もしこの定位感能力と時間化能力が働かなければ，背中を丸くして転がったとしても，今どんな姿勢であるのか，また，マットに頭が着く時機を予測できず，その気配も感じることもできない。その結果，頭を強く打ったり，首への衝撃を受けることになる。また，後ろに転がって，耳の横に手を着くタイミングや前方への転がりを切り返すタイミングを計るのも，この時間化能力によって行われる。

また，この時間化身体知は，前転の伝動技術のコツの発生に向けて，能動的な動感能力の統合を行うためにも重要になってくる。もし，この時間化身体知が空虚な場合，形式だけの腰角の増大になり，それをいくら行ってもうまく転がることができないばかりか，腰や足を打ちつけることになる。この時間化身体知が空虚なために，気がついたらすでに転がって足がマットに着いていたとか，かかえ込みのタイミングをいつ行えばよいのかわからないなど，動感意識が働かずにうまくいかない動感形態（動きかた）が多く見られる。また，「ゆりかご」には，どれくらい腰角を増大して足先を前方に投げ出すかの体感身体知も必要になる。それによって回転スピードに合わせた腰角をコントロールする能力が身についていくのである。

「ゆりかご」は，小学校低学年の運動遊びとして行い，その後は前転の志向体験へと移行していくことになる。しかし，前転系の発展技を習得するには，時間化身体知に支えられた伝動化能力の充実が必要になる。そのためにも「ゆりかご」によって創発身体知の動感能力を高めておくことが接転技群の技を身につけるために大切になる。器械運動の動感形相（技）は，このような動感能力に支えられて，はじめて目標技を覚えることができるので，技を覚えるのに必要な技術を内包した基礎技や動きのアナロゴンに焦点を当てた志向体験が大切になってくる。それによって，学習の連続性と発展性が保証されることになる。また，ここに基礎的・基本的な動感形態や動きのアナロゴンを教材として取り扱う意味がでてくる。

第2部

器械運動の動感指導

I　マット運動

1　前転系の指導

前　転

［1］前転の動感構造

マット運動の前転は，小学校低学年からの習練形態としてもっともポピュラーな動感形態であり，後転や側転などと同じ背中で転がって回転する接転技群に属する技である。低学年では前転がりという名前で「いろいろな方向に転がって楽しむことをねらいに，後ろ転がりや側方転がりと一緒に志向体験することになる。ここでは，転がることの楽しさの他に，いろいろな転がりの動感形態（動きかた）を志向体験（実際にやってみること）することは，モナド的動感メロディーを動感身体で感じ取り，習練形態の前転や後転の動感形態のなかに動感素材として生かすることにある。モナド的動感メロディーとは，それ以上に細分化すると動感メロディーが破壊されてしまうもので，日常生活における習慣身体に息づいているものである。そして，前転がりの動感形態として「私はそのような転がりかたができる」という動感化能力を身につけることで，前転の形態化位相へと導き，いろいろと条件を変えてもできる自在位相へと発展させていくことができるようになる。ここでは前転がりから発展していく前転系の動感形相（目標技）の動感形態（動きかた）のポイントとそのコツを身につけるためにどのような動感創発（覚える）身体知を発生させて充実できるようにしておけばよいかを考えてみる。

前転は，背中を順々にマットに接触させながら前方に回転する動感形態（動きかた）のことであり，一般的には，しゃがみ立ちからマットに手を着き，頭越しに回転して背中を順次接触させながら膝をかかえ込み，上体を起こして立ち上がる動感形相（動きの意味構

図1

造）を前転と呼んでいる。器械運動での習練対象となる技にはそれぞれに運動課題というものがある。そして，それを解決するための動きかたに動感能力が求められるが，そこでの動きかたは決してこうしなければならないといったのものではない。図1のような前転は，一般的な習練形態の目標技のモデルとして取り上げられ，一つの動感形態の前転として理解することになる。

前転の指導では，前転はやさしい動きかたであり，だれにでもできるものとして，運動発達や動きの形成位相の観点から子どもの動きかたをあまりよく観察しないで，モデル化された前転の動感形態（動きかた）を図解やビデオで説明し，指導することがある。ここで特に問題になるのが，前転に“ボール理論”をもちいて指導することである。ボール理論の指導とは，身体をボールのように丸くして転がることを理想として，それを鋳型にはめ込むように，身体の丸め方を繰り返し練習させる指導のことである（図2)。そのとき，子どもにはボールがスムーズに転がることを説明し，身体をボールのように丸くして転がることが正しい転がりかたであると教えるのである。

図2

鋳型化とは，動きかたや体勢，手足の位置まで，型にはめ込むように指導することである。教師にとってはある意味で指導しやすい指導方法であっても，子どもにはつまらない志向形態になってしまう。また，技能的にはステレオタイプ（固定化）が進み，ワンパターンの動感形態（動きかた）の前転しかできない子どもを作り出すことにもなる。これによる弊害は，高学年になって開脚前転や跳び前転などの動感形態を覚えようとするときに，先に覚えたボール型の前転の動感形態（動きかた）がじゃまをして，その動感形態に必要な伝動化能力をなかなか身につけることができなくなる。さらに，伝動化能力を身につけようとしても解消化能力が空虚な場合は，いつまでもボール前転しかできず，高学年になっていろいろな前転系の動感形相（技）を習練対象に志向体験してもなかなか偶発位相に至らないことがある。

［2］前転を覚えるための動感能力

前転の動感形態（動きかた）には，三つの技術としての動きかたを覚える必要があり，その動きかたに求められる動感能力を充実させておくことが必要になってくる。

❶頭越しに前方に回転する局面での動感形態（頭越し回転技術）

頭越しに回転する局面での動きかたは，小学生ぐらいになるとあまり問題にしなくてもよいが，幼児の場合には少し難しい動きかたになる。理由は，頭の大きさに比べ，身体がまだ十分に成長していないという身体の発育・発達上の問題があるからである。それによって，手の間に頭を入れて頭越しに回転しようとしても腰がうまく頭の上に移動せず，前方に転がらないで横に転がってしまうことである。肥満傾向の子どもや体の固い子どもも，スムーズな回転に入れないこともある。

頭越し回転では，どれくらいお尻の位置を上げてから頭を入れ，どんな体勢で回転するのかがわかる時間化身体知と定位感能力を充実させておくことになる。幼児期にでんぐり返しを経験したことのない子どもは，頭が下がるだけで恐怖心をもつことがある。逆さまになる定位感能力が空虚な子どもは，空間的に自分の身体がどうなったのかわからなくなり，感覚的に混乱が起こり怖くなる。このような子どもには形式的な手の着き方や頭の入れ方を指導することも大切ではあるが，まずは前転がりをいろいろな場で多く志向経験させることで，受動的に定位感能力や予感化能力が発生・充実するようにする。それによって逆位になっても自分の身体が今どのような体勢になっているのかがわかるようになる。そのために低学年では，転がりやすい場や逆位の状態から転がる感じをつかむことができる前転がりの動感指導が大切になってくる。小学生になると，身体も大きくなり，手足も伸びるので開始体勢から腰の位置を高くして，頭越しの回転が容易にできるようになる。いろいろな体勢から逆位になることで，どのように転がっているのかを感じ取れる直感化能力も充実させることができる。

しゃがみ立ちから前方に回転することは，多くの子どもにとって比較的やさしい動きかたである。しかし，倒立からの前転や跳び前転などのように高い位置から頭越しの順次接触回転にはいる動きかたでは，手での支えから頭を入れるタイミング，そのときの腰角を保つ体勢など頭越し回転の動きかたは大変に難しくなってくる。そのためにも，低学年では，いろいろと条件を変えても頭越し回転で足がどの位置にあるのかがわかる定位感能力とスムーズに前転がりができるための伝動化能力を充実させること，それらの基盤となる自分の身体がどのような状態から，次にどんな体勢になっていくのかがわかる時間化身体知も充実させておくことも大切になる。ここでの時間化身体知とは，今行った動きかたを感じる直感化能力と，これから行う未来の動きを感じ取っていく予感化能力，さらに直感と予感を瞬時に入れ替える差異的時間化能力のことである。それだけに，頭越し回転の局面では開始体勢からどこに手を着き，どのように頭を入れて転がりはじめたのかを感じながら，次の順次接触回転の局面での足の投げ出しや膝をかかえ込むタイミングなどを計る予感化能力，タイミングよく膝をかかえ込むことができたかがわかる直感化能力も充実させておくことが必要なる。

❷背中を順次接触させて転がる局面での動感形態（順次接触技術）

この局面での動感形態（動きかた）は，スムーズに転がるために背中を丸くすることになる。しかし，ただ単にボール理論にしたがって身体をボールのように丸くすればよいというわけではない。どのような背中の丸め方をすればよいかは，起き上がりに必要な回転力を作り出す伝動化能力との関係で身体の丸め方としての腰角をどの程度に広げた背中の湾曲で転がるかによって決まる。そのためにも，腰角の保ち方がわかる定位感能力の充実が必要になってくる。ここに接転技群の中核的な技術となる動感形態（動きかた）発生を目指す志向体験が重要になる。

前転の指導は，幼稚園や小学校の低学年から行われるが，この時期の子どもは，身体に比べ頭が重いので，あごを引いて背中を丸くすることは筋力的にも大変な努力がいる。さらに，頭越しに回転した後で背中をすばやく丸くすることも難しい動きかたになってくる。そこで，回転のはじめからあごを引き，膝をかかえ込んだボールのように体を丸くしておく動きかたの指導が行われる。ボールをイメージさせることは，子どもにわかりやすく転がる動きかたをつかませるには効果的である。しかし，このボール前転が正しい動きかたとして鋳型にはめ込むような志向体験が長く続くといろいろな問題が生じてくる。

たとえば，前転はボールのように小さくなって転がる動きかたをするものだと思い込んでいる子どもが開脚前転を習練形態にしたとき，ボールのように膝をかかえ込んだ動きかたでは足を一気に伸ばして開くことができない（図3）。そこでどうしても膝を曲げた動きかたになってしまう。

図3

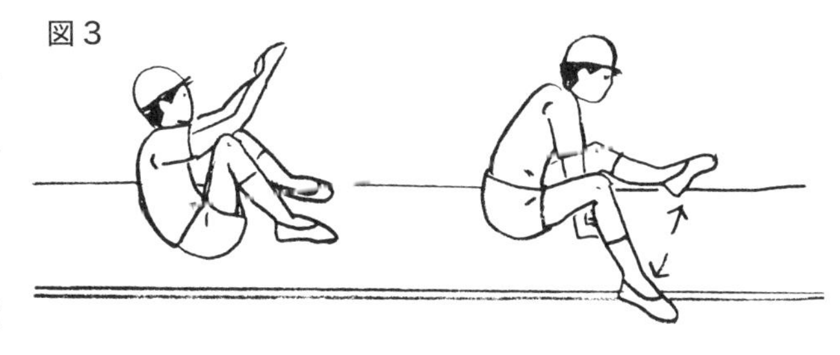

また，跳び前転では，転がる瞬間に膝を一気にかかえ込みボールのように小さく丸くすると，スムーズに転がる動感形態にならずに，ひどい衝撃を背中に受けることになる（図4）。

図4

スムーズに転がるためには，ボールのように小さく膝をかかえ込まなくても，膝を胸から少

し離し，腰角を広く保つ体勢をつくる定位感能力と遠近感能力が充実していれば，スムーズに転がる動感形態を発生させることができる（図5）。むしろ，膝を胸から離し，回転に合わせてタイミングよく膝をかかえ込むことで回転力を高め，回転もコントロールをすることができる時間化身体知に裏づけされた伝動化能力が充実してくるのである。前転の動きかたのもっとも大切なポイントは，この回転力をコントロールできる順次接触回転の動きかた（動感形態）の発生のさせ方にあり，動感指導で始原身体知と伝動化能力をいかに発生・充実させるかにある。

図5

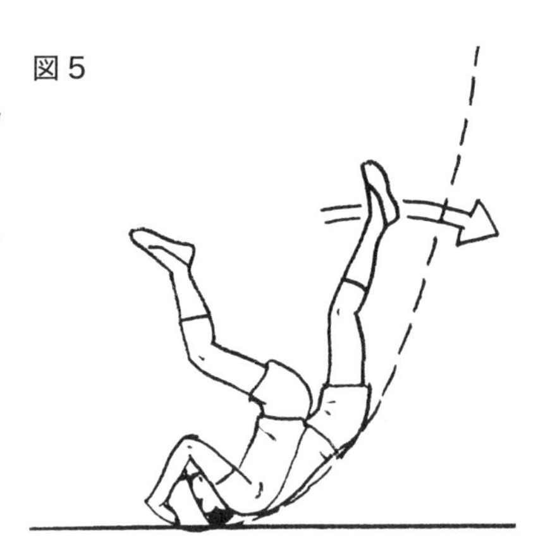

そのためには，すでに受動的地平（すでに身につけている）にあるゆりかごの動感形態（動きかた）のなかで腰角の増大と減少によって回転加速を生み出す伝動化能力を充実できる志向体験をさせることになる。また，前転で手を着く位置をどれくらい前方に着けばよいかの遠近感能力が充実すると，足の蹴りかたの強弱によって頭越しの局面での腰や足がどの位置をあるのかを感じ取る定位感能力も充実してくる。さらに，高い場所や低い場所へ前転する動感形態（動きかた）では，どこに手を着けばもっともスムーズに回転できるかを瞬時に決めるためには時間化身体知と遠近感能力を充実することになる。また，転がるときにいろいろな条件を変えることで手を着く場所を探る予感化能力も充実してくると，回転力に合わせた転がりかたを身につけることができる。子どもにとっても，転がりかたに変化が加わることで動感志向性も高まり，前転の動感形態（動きかた）に動感化能力が充実していくことになる。

❸転がってからスピーディに立ち上がる局面での動感形態（回転加速の技術）

この局面では，回転中に腰角を広く保ち膝を胸から離して，立ち上がるときにすばやく膝をかかえ込む伝動化によって，回転を加速させる回転加速の技術が必要になる。特に開脚前転や伸膝前転には不可欠となる動きかたになるため，いかに伝動化能力を充実させておくかが重要になる。

回転加速の技術とは，前上方への足の投げ出しによるスピードを上体に伝える伝動化能力のことである。転がりのなかで腰角を広げることで足を前上方に投げ出し，足がマットに触れる瞬間に膝をかかえ込むことで下腿にブレーキがかかり，それに合わせて上体を一気に起こすことで，前方への

図6

回転力が大きく生み出される（図6）。自動車が急ブレーキをかけたとき，身体が前に投げ出される原理と同じであるが，それを自分の身体で行うためには伝動化能力が必要になってくる。そして，そのときどれくらい腰角を広げ，どの方向に足を投げ出すかの定位感と遠近感の能力が働くこととなる。すなわち，腰角を何度にするかとか，足先をどの角度に投げ出すといった動きかたを数値的に決めるものではないのである。どのような前転をするかによって，足の投げ出しと腰角の広げ方は常に変わるので，時間化身体知とともに定位感能力と遠近感能力が充実することで回転に合わせた膝をかかえ込む動きができるようになる。そのとき，足のスピードを上体に伝える伝動化能力と時間化身体知とが絡み合ってコツをつかむことになる。

どんな前転でもこの伝動化能力は無意識のなかで発生しているが，今までボール理論を強調するあまり，見過ごされることが多かった。むしろ，ボール理論の指導は，前転の動感形態に重要な動感能力を無視した動きかたを教えていたことになる。

前転は，子どもに親しみやすく，しかも指導も簡単だからといって安易に鋳型化することは，いろいろな技への挑戦や発展のために必要な「覚えるための（動感創発）身体知」の育成を遮断してしまうことになる。特に，低学年での前転がりの動きかた（動感形態）が，その後のマット運動に求められる動感創発身体知の形成に大きな意味をもっているのである。

［3］前転の動感形態の発生と動感素材

前転がりは，幼児が遊びの中で見せる「でんぐり返し」に最初の動感形態（動きかた）の発生が見られる。また，動感形態の類似性から前転がりは前転と同じと考えることができるが，子どもには親しみやすい運動として転がるおもしろさを味わうことをねらいに志向体験をさせる。しかし，子どもの運動発達から見ると，頭越しに転がることや後頭部から背中にかけてスムーズな転がりがまだ発生していないこともある。そこで，いろいろな場で転がる感じをつかませながら，スムーズな順次接触回転の動きかたを覚えることができるようにする。そのとき手の着き方から頭の入れ方，そして，転がるときの膝のかかえ込みかたまで鋳型にはめ込む指導は，鋳型化のはじまりになるので注意をしておく必要がある。

この時期の子どもは，見るもの聞くものどんなことでもすぐに運動に置き換えてしまう活発性をもっている。それだけに，運動の仕方を理屈で説明するより，子どもの始原身体知をいかに育てるかといった観点から，いろいろな場や動きかたを子どもに与えることで，転がる感じや順次接触回転の動感化能力の充実を目指すほうが，子どもにとっても覚えやすいものになる。

それでは，前転の動感形態（動きかた）を「覚えるための（動感創発）身体知」の観点から，どんな動感素材をもちいればよいのかを考えてみる。

【動感素材例】

(1) いろいろな場所で，転がる動きかたの動感素材

転がる場所によって，どのような転がりかたをすればよいのかがはっきりするので，いろいろな場所に応じた順次接触回転の動きかたができるようにする。

1) 平らなマットでしゃがみ立ちから転がる

【動感能力】頭を入れるタイミングや腰の位置など定位感能力，手を着く位置を見定める遠近感能力，転がりのなかで腰，足がマットに着くことを感じる予感化能力が発生，充実してくる。

2) 坂マットでの転がり

【動感能力】回転のスピードに対応できるように時間化身体知が発生，充実してくる。

3) 幅の狭いマットでまっすぐ転がる

【動感能力】横に転がりがずれることを感じる気配感能力と足の位置などがわかる定位感能力とが発生，充実してくる。

4) 高い場所に転がる

【動感能力】足のけりによって腰を引き上げることで腰の位置と逆位の体勢がわかる定位感能力，回転のために腰をどれくらい高く上げればよいかの遠近感能力とが発生，充実してくる。

5) 低い場所に転がる

【動感能力】下に手を着くのにどのあたりに着けばよいかかがわかる遠近感能力，手の支えから頭の入れるときどれくらい逆位の体勢になっているかの定位感能力が発生，充実してくる。

(2) いろいろな手の着き方の前転での動きかたの動感素材

肩幅に手をしっかりと開いて着くワンパターンの指導ではなく，いろいろな手の着きかたを志向体験させることで，手への体重のかけ方と頭を入れるタイミングを覚え，頭越しの回転をスムーズに行えるようにする。

1) グー，チョキ，パーで手を着く前転がり

【動感能力】マットに手の着く瞬間の支え方の違いを感じる直感化能力と動感分化能力が発生，充実してくる。

2) 手の甲の支えでの前転がり

【動感能力】頭を入れるタイミングと後頭部から前転がりをする予感化能力が発生，充実してくる。

3) 手を着かずに前転がり

【動感能力】後頭部を着く場所を探す遠近感能力，後頭部から転がることを感じる時間化身体知が発生，充実してくる。

(3) ゆりかごからの起き上がる動きかたの動感素材

ここでは腰角を広げた腰を伸ばした体勢からスムーズな転がりの中で膝をかかえ込み立ち上がる伝動化能力を発生と充実させることで回転加速の動きかたを身につける。

1）膝頭に手のひらを当ててのゆりかご

【動感能力】背中の丸め方がわかる定位感能力，スムーズな転がりを感じる価値覚能力が発生してくる。

2）背支持倒立から前方に転がり，膝をかかえ込みしゃがみ立ち

【動感能力】腰角を保って転がることがわかる定位感能力，膝のかかえ込みを準備する予感化能力，かかえ込みのタイミングがわかる直感化能力などの時間化身体知が発生，充実してくる。

低学年では技術的なことを教える指導には無理があるので，転がる志向体験の中に具体的な動感素材としての動きかたを与え，動感志向への意欲を引き出しながら，いろいろな転がりの動感形態ができる動感化能力の充実を図るようにする。それによって，マット運動の基礎技能となる始原身体知が発生し充実する。

開脚前転と伸膝前転

［1］開脚前転と伸膝前転の動感構造

前転にはスムーズに転がる順次接触回転の動きかたとスピーディに起き上がるために回転力をつける回転加速の動きかたが必要になる。前転の動感指導ではどうしてもスムーズに転がる動きかたを中心に指導が行われる。しかし，開脚前転や伸膝前転では膝を伸ばしての起き上がりに課題があるために，どうしても起き上がりで回転力を高めることのできる伝動化能力を働かせることが求められる。指導にあたっては，この能力をいかに発生・充実させるかがもっとも大きなポイントになる。たしかに，ボールのように身体を小さく丸くすることは，転がりやすい動きかたになる。しかし，回転力を作り出す動きかたとしてはそれだけでは十分ではない。試しに，子どもにボールのように身体を小さく膝をかかえ込み，できるだけその姿勢を変えないで前転を行わせてみると，スムーズに転がる動きかたになったとしても起き上がりではほとんど回転力のない動きかたとなり，立ち上がることが難しくなる。

回転力を高めるための動きかたは，ボールのような物体の転がりと人間が転がるときの動感形態（動きかた）の違いについて考えてみるとよくわかる。ボールが転がるには，坂など重力の影響で転がっていくか，外から押してもらうなど外力の助けで転がっていく。すなわち，ボール自体は自分で転がるエネルギーを作り出すことはできない。人間はボールと違って自分の足で蹴り，前方への推進力を作り出すことができる。さらに，転がりの中で腰角の増大から一気に減少させる動きかたによって伝動化能力としての回転加速のエ

ネルギーを作り出すことができる。

うまくできない子どもには，よく坂マットをもちいての指導をするが，平らなマットで行うとやはりできないことがある。それは坂マットでボールが転がるのと同じで，自分の力で回転力を作り出す伝動化能力がまだ充実してないからである。最近，いろいろな場を工夫して志向体験の動感指導が行われるが，大切なのは，回転力を作り出すために伝動化能力を発生と充実させる動きかたになっているかどうかである。指導者は観察身体知を働かすことで子どもの動感能力を観察，分析すればこのような問題が起こらなくなる。

うまくできる子どもの前転をよく観察すると，回転力をつけるのには二つの方法をもちいていることがわかる。一つは，助走を利用したり，手を着く位置を少し遠くにして，足の蹴りによる回転前半に回転力をつける方法である。もう一つは，回転の中で腰角を広くして，足の投げ出しと上体を起こすタイミングを合わせる伝動化による回転加速の方法である（図7）。

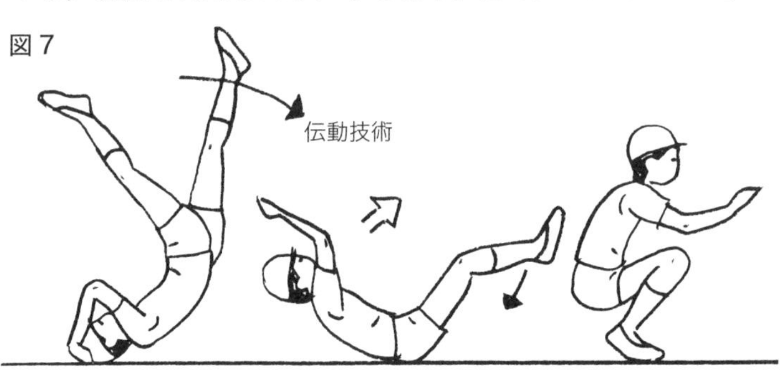

図7

普通の前転では，かかえ込んで腰の近くに踵を引き寄せるだけで十分に立つことができるが，開脚前転と伸膝前転では腰から踵までの距離があるので立ち上がりに大きな回転力が必要になってくる。このことから考えると，いかに起き上がりで回転力を高め，タイミングよく手でマットを押し放し，腰を高く持ち上げることができるか，そのために時間化身体知と伝動化能力の発生と充実が指導のポイントになってくる。それによって開脚前転や伸膝前転の「コツ」をつかまえることができるようにする。

［2］開脚前転と伸膝前転の動感創発能力

開脚前転と伸膝前転は前転から発展した動感形相（目標技）で，開脚前転は足を開いて行うが，伸膝前転は足を閉じて行う。この二つの動感形相の共通する動感形態（動きかた）として膝を伸ばした体勢で立つということがある。

間違いやすいことは，膝が曲がっていても開脚体勢であれば開脚前転だと思っていることである。低学年では，いろいろな前転がりを志向体験するが，立ち上がりのバリエーションの一つとして足を開いて立つことがある。そこでは厳密に伸膝体勢を規定しなくてもよいが，中学年や高学年で志向体験する開脚前転は，厳密には簡潔性から膝を伸ばすことが技の成立条件になる。伸膝で開脚になるために，頭越し回転のなかで膝を伸ばすことがわかる定位感能力を充実させておく必要がある。器械運動では目標となる動感形相の構造からどのような条件を満たしたときに「できた」と判定するのかを決めておかないと評価することができなくなる。さらに，動感形相（目標とする技）の成立条件が明確になっていなければその動感形態（動きかた）を発生させるための道しるべを示すこともできなくなる。

❶開脚前転の二つの動感形態

開脚前転を行うには二つの仕方があることがよく知られている。一つはできるだけ足の開脚度を大きくして，腰と踵の距離をできるだけ短くすることで体重移動を容易にして立つ動感形態（動きかた）の開脚前転である。股関節の柔軟性に優れ，左右開脚が180度近くまで開くことができれば何の問題もなく開脚立ちになることができる。この場合，柔軟性を高めれば解決できるわけであるから，柔軟を高めることを目標にすることが習練対象になる。これまでの体育では体力つくりの柔軟性を高める習練対象として開脚前転を取り上げることがあったが，そこでは，柔軟性を高めることが目的となって，あまり伝動化能力によるコツは問題にされてこなかったのである。そのために身体の固い子どもにとっては，苦痛を伴う動きかたになっていた。

もう一つの開脚前転の動感形態（動きかた）は，腰角の増大と減少による伝動化能力の発生・充実によって回転を加速させ，時間化身体知によって足を開くタイミングと手の押し放しを合わせることで開脚立ちになる動感形態である。回転力を作り出す伝動化能力と手を押し放すタイミングの時間化身体知，前屈動作と手の押し放しの弾力化能力が充実していれば，特別な柔軟性がなくても簡単に開脚立ちになることができる。前転系の技の発展を考えれば，伝動化能力を利用した開脚前転の動感形態を目標に志向経験させるほうがよい。また，習練段階やバリエーションも豊富に用意することで伝動化能力や弾力化能力が発生，充実させることができる。そのためにも，予備的動感形態や動感アナロゴンをもちいて動感素材の教材化を図り，その能力が充実できるようにしておく必要がある。

❷伸膝前転

伸膝前転は，足をそろえて立つことになるため，開脚前転よりも伝動化能力を充実させておく必要がある。回転の中で膝をしっかり伸ばす定位感能力や回転加速のために腰角を増大して前方へ足を投げ出す遠近感能力も充実できるようにしておく。手を着く場所も伸膝前転では足をそろえるために足の外側に着くことになる。また，腰から踵までの距離も遠くなるので，それだけ回転加速や手の押し放しをタイミングよくできる時間化身体知と伝動化能力を充実させることがポイントになる。特に，回転加速のための伝動化能力は，腰角の増大とともに一気に前屈することと，手の押し放しをタイミングよく行うために手を着く場所とマットを押すタイミングの探りを入れる予感化能力を発生，充実させる。それに，今ここで押し放すタイミングがよかったかどうかがわかるためには直感化能力と繰り返すなかでうまくいった動感意識を呼び戻すことのできる再認化能力，さらに，手の押し放しの反動をうまく勢いに変えることができる弾力化能力も発生，充実させておく必要がある。

[3] 開脚前転と伸膝前転の動感形態の発生と動感素材

開脚前転と伸膝前転では，回転力を作り出す伝動化能力と立ち上がりのために手で押し放すタイミングを計る予感化能力，さらに，マットをタイミングよく押すことのできる直感化能力と弾力化能力も充実させることである。そのための動感指導では，素材づくり身体知を働かせて動感形態をどんな感じで行わせるのか，動感としてわかる動きかたの提示やそのような動きかたが発生する場を工夫することになる。

ここでは開脚前転と伸膝前転の動感形態（動きかた）として，どのような「覚えるための（動感創発）身体知」の動感能力が必要になるのかを分析し，そのための動感素材について考えるが，開脚前転と伸膝前転を同じ動きかた（動感形態）として説明する。それは，足を開いて志向体験すれば開脚前転の動感形態（動きかた）となり，足をそろえれば伸膝前転の動感形態（動きかた）になる。

【動感素材例】

(1) 転がりのなかで膝を伸ばす感じがわかる動感素材

立ち上がることへの意識が強く，前転から膝が伸びない子どもをよく見かける。回転しているとき膝が曲がったまま立とうとしても伝動化能力が空虚なままでは，前屈をして手でマットを押しても反動としての弾力化能力も発生，充実しない。はじめは立てなくてもよいから転がりのなかで膝を伸ばす動感意識をもたせるために，回転のどの時点で膝を伸ばすかの定位感能力と同時に時間化身体知を充実させることになる。

1) ゆりかごで膝を伸ばして開脚座や長座

【動感能力】膝が伸びていることがわかる定位感能力，足を開くタイミングを計る予感化能力が充実してくる。

2) 前転から開脚座や伸膝座になる

足の蹴りに合わせて手を着く場所を前のほうにすることによって，マットを足で蹴りながら膝を伸ばして頭越しの回転ができるようにする。

【動感能力】頭越しの回転で膝を伸ばすことがわかる定位感能力，どれくらい回転して，いつマットに足を着くかの時間化身体知が充実する。

(2) 前屈によって手を押し放す感じがわかる動感素材

開脚座や長座で手でマットをもっとも押しやすい位置を探すことができる定位感能力を充実させ，手を着く場所と前屈の仕方がわかるようにする。手を着く位置が確認できれば，いつもその位置に着けるように予感化能力と遠近感能力を充実させておく。ゆりかごや前転から腹部に力を入れ，上体を起こす伝動化能力と，時間化身体知を働かせて手を押すタイミングを志向体験する。それによって押し放すタイミングがよかったか，遅かったなどを直感化能力と価値覚能力でわかるようにする。

1）開脚座や長座で前屈と手の押しで腰を持ち上げる（図 8）

【動感能力】前屈に合わせて手を押す感じによって回転を加速させる伝動化能力と弾力化能力が発生してくる。

2）背支持倒立から開脚座，長座で腰を浮かす

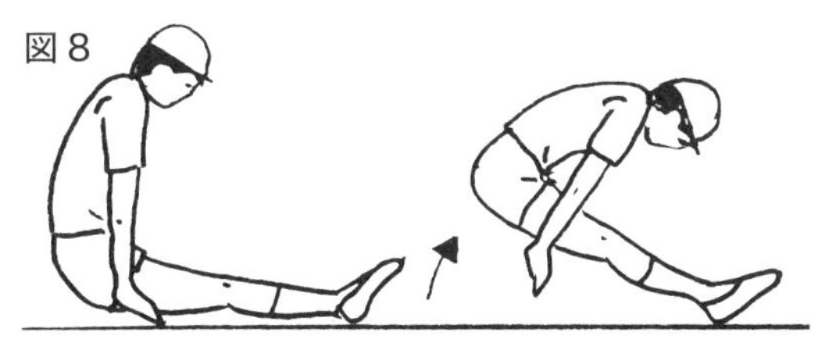
図 8

開脚前転では，転がりながら膝の伸ばしと足を開くタイミングを予測し，足の開きに合わせて手を着き，上体を前屈させてマットを強く押すことで開脚立ちになる。

【動感能力】転がりのなかで伝動化能力を充実させ，予感化能力と定位感能力の働きで手の着く場所を探し，強く前屈して腰を持ち上げることのできる伝動化能力と弾力化能力が充実してくる。

図 9

3）落差のマットを利用してゆりかごから「立てそうな感じ」をつかむ（図 9）

【動感能力】落差マットで腰の位置が高いところにあるのでタイミングよく押し放すことで立てそうな感じを気配感能力で感じ取り，転がりから手の押し放すタイミングがわかる調和化能力が発生，充実してくる。

(3) 開脚前転と伸膝前転を落差マットや坂マットで立つ感じがわかる動きの動感素材

開脚前転と伸膝前転で回転加速のための腰角の増大と減少をさせる動きかたや足の投げ出す方向がわかる遠近感能力と定位感能力を充実させる。回転中は膝を伸びていることを感じる定位感能力を充実させる。立ち上がり局面では，足の開きと手で押し放すために準備する予感化能力と，直感化能力で押し放すタイミングがうまくいったかがわかるなど，開始から終わりまでの正しい動きかたを覚えることになる。ここでは落差マットなどを利用して「できる」動感形態を発生させることで必要な動感能力を充実するとともに，動感形態の全体がうまくいくことがわかる調和化能力が充実してくる。

1）開脚前転から伸膝前転に挑戦

はじめはできるだけゆっくりと行い，立てなくてもよいから膝が伸びていることを確認する。膝が伸びていることを確認できたら，坂マット（マット 2 枚の坂マット→マット 3 枚→マット 2 枚）で立てるようにすることで伝動化能力，時間化能力，弾力化能力の充実

を図っていく。

【動感能力】腰角の増大と減少の伝動化能力，前屈と手の押しのタイミングを合わせる時間化能力と弾力化能力が充実してくる。

(4) 1枚の落差マットで開脚前転，伸膝前転を行う

1) 1，2歩助走からスピードをつけてから行う

【動感能力】予感化能力を働かせて手を着くタイミングを合わせることと直感化能力を働かせてマットを手で押し放すタイミングが遅れないようにする。

2) 助走なしで行う

腰角をできるだけ大きくした前転から，足の投げ出しに合わせて上体を起こし，マットに足が触れる瞬間に身体を前屈させて手の押し放しを行う定位感能力と直感化能力の充実を図っていく。

【動感能力】腰角の増大をさせながら上体の起こしで腰角を減少さる伝動化能力とマットを突き放す時間化能力が充実してくる。

(5) 平らなマットで開脚前転・伸膝前転を行う

1) 1，2歩助走から行う

【動感能力】手を押すタイミングをつかむ時間化身体知が発生，充実してくる。

2) 助走なしで行う

【動感能力】腰角の増大から減少させる伝動化能力が充実してくる。

3) 頭倒立から行う

【動感能力】転がりから上体を起こして手で突き放すタイミングを図る予感化能力が充実してくる。

4) 倒立から行う

【動感能力】倒立から腕を曲げ，後頭部から転がりはじめることがわかる定位感能力が充実してくる。

跳び前転

[1] 跳び前転の技名の表記と動感構造

前転系の動感形相（技）の系統性には，回転後半の起き上がり局面での動きかたに課題がある開脚前転や伸膝前転と回転前半の頭越しに回転する局面（足から手に移動する間）での動きかたに課題がある倒立前転や跳び前転に大別することができる。

「跳び前転」は，「跳び込み前転」や「跳び上がり前転」とも呼ばれることがあるが，それらは同じ動感形相（目標技）のことである。他の運動領域では，学校体育と競技スポーツで使う用語がほとんど同じであるのに対して，器械運動では同じ技であっても小学校と中学校で，また，体操競技での技の名称が異なることがある。これまでの学習指導要領では側方倒立回転を腕立て側転と呼んでいたのはその代表的な例になる。子どもも教師も技の名前が違うと違う技と勘違いしやすく，そのことが指導上でも混乱を招いた。技の名前は，他の技と区別するために運動経過の特徴を端的に表すことができるようにできるだけ統一しておくほうがよいのである。以前の学習指導要領では，技の名前の不統一から指導上の混乱を引き起こしているとの理由から，現在では技の名前を統一化して表記されている。授業で子どもに親しみやすい呼び名や比喩語を使って学習を進めることがあるが，指導者は比喩語で呼ばれる技がどんな正式な技名をもつ技で，どのような動きの意味構造（動感形相）をもって，どのような動きかた（動感形態）をするのかを正しく認識しておく必要がある。それによって系統的な動感指導や動きかた（動感形態）の道しるべを立てる（構成化）身体知を働かせることができる。

「跳び前転」という技の表記は，「前転」に「跳び」という運動経過の特徴をもっていることを表している。「前転」は前方回転の略であるが，回転を厳密にいうと「転がり回転」，もしくは「接触回転」を意味している。そして，「跳び」という運動規定詞がつくと運動経過の中に身体を浮かせた空中局面の動感形態（動きかた）によって成立することを表している。たとえば，「前方倒立回転」（前方ブリッジ）は手か足のどちらかがマットに接しての動きかたであるのに対し，「前方倒立回転跳び」では，倒立位を経過して手から足に重心が移るときに空中に身体が浮いた感じの動きかたになる。これはちょうど「歩」と「走」の動感構造の違いと同じである。

「前転」と「跳び前転」の区別は，前転開始体勢の足から手に重心が移るときに空中で身体が浮いた局面がある動感形態（動きかた）であるかどうかで判断することになる。そして，跳び前転の空中局面をどのような動きかたで行うかによって，跳び前転の難しさや習熟した動きかたであるかどうかを評価することになる。図10のように，①少しでも空中局面がみられる跳び前転，②大きな空中局面がみられる跳び前転，③伸身体勢の空中局面がみられる跳び前転，これらすべてが跳び前転という名前で表される動感形態（動きかた）であるが，どのような空中局面の動きかたを目標にするかによって跳び前転の習熟レベルも異なり，難しさも変わってくる。

図10

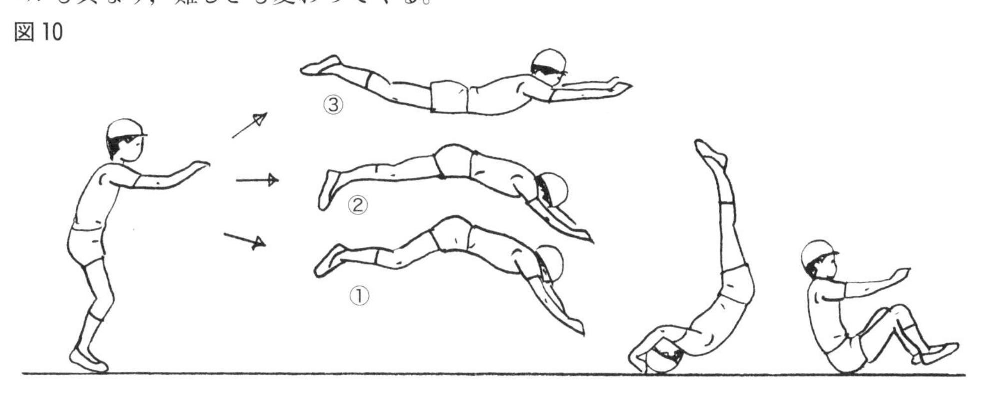

跳び前転の動感形相の特徴が空中局面にあるわけであるが，「できる」「できない」の判定や評価も空中局面をどのような動感形態（動きかた）で行うかによって変わってくる。空中局面での動感形態（動きかた）の目標については，子どもの前転や跳び前転の形成位相の状態や覚えるための（動感創発）能力の発生・充実などを観察・分析した上で設定することになる。それは前転ができるというだけで空中局面を大きくすることは重大な事故につながる危険性があるからである。

［2］跳び前転の動感創発能力

跳び前転の一般的な動感指導は，すでに前転の動感形態が形態化位相のレベルに達していることが前提になる。それによって空中局面での動感形態（動きかた）を作り出すために，手を着く位置を遠くしたり，障害物（跳び箱，人など）を跳び越したりする遠近感能力や定位感能力をより充実させることになる。

低い障害物を跳び越しての前転ではあまり背中に衝撃を受けないが，空中局面を大きくする動感形態（動きかた）から前転を行うと，普通の前転とは比べものにならないくらい首や背中に衝撃を受けることがある。特にボール前転の動感形態（動きかた）しかできない場合は，跳び前転は痛さを我慢し，怖さを克服する克服型の意味構造をもつ技（動感形相）となり，子どもに敬遠されてしまうことになる。

跳び前転では，空中に身体を浮かしてからただ前転をすればよいというわけではない。それは回転のなかで落下のショックを和らげるために，マットに手を着く瞬間に手の支えと前方へ回転をスムーズに行える伝動化能力の充実が必要になってくる。それは手を着いて頭越しに転がるときに身体の力を抜いてしまい，ボールのように体を小さくすることで背中に大きな衝撃を受ける動きかたの例を見かける（図 11)。また，空中で回転が不足するような動感形態（動きかた）では，頭からマットに落ちるような動感形態（動きかた）になり，大変危険な事故につながる恐れがあるからである。跳び前転では，普通に前転ができるという動感化能力だけでは跳び前転のショックを解消することができないことを，指導者はよく認識しておかなければならない。

跳び前転を行うには，踏み切りや空中に跳び上がる動きかたを身につけることはもちろ

図 11

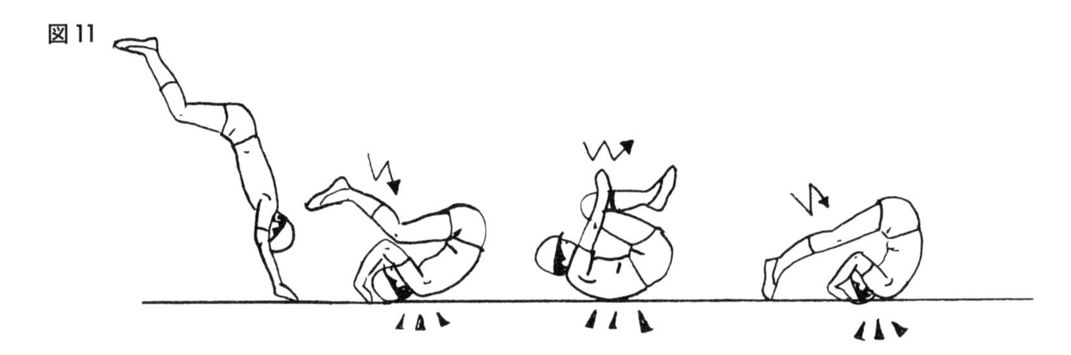

ん大切であるが，他にももっとも大切な動きかたを身につけるために動感能力を充実させおくことが求められてくる。それは，空中から着手して後頭部からスムーズに転がるための動きかたである（図 12）。どこに着手するかといった遠近感能力と予感化能力，さらに頭越し回転のなかで足の投げ出しによって前方への回転力を保ち，タイミングよく足の引き寄せを行い，スムーズに立ち上がる伝動化能力を充実させておくことになる。このような動感能力を充実させた動きかたを身につけることができれば，どんな空中体勢からでも衝撃を受けないでマットの上に安全に転がることができるようになる。跳び前転では，空中局面の動きかたの前に，着手からの頭越し回転がスムーズに転がれる時間化能力に裏づけられた遠近感能力を充実させ，起き上がりで回転スピードをコントロールできる伝動化能力を充実させておくことがまずは大切になってくる。

［3］跳び前転の動感形態の発生と動感素材

❶腰角を広く保ち，足の前方への移動を感じる前転の動きかた

跳び前転でもっとも危険なことは，空中での体勢から頭越しに前転にはいるとき，前方に足の移動ができずに身体が二つに折りたたまれることである。それを防ぐには，着手から頭越しに回転するとき，お腹に力を入れて前方に足を投げ出す動感意識をもって転がることのできる定位感能力と伝動化能力を充実させておく必要がある。

【動感素材例】

(1) 足振り上げからの前転

【動感能力】片足を振り上げながら前転することで腰角を広く保ち，前方へ足を投げ出す感じがわかる定位感能力と，起き上がりで膝をかかえ込むタイミングがわかる時間化能力に裏づけされた伝動化能力が充実してくる。慣れてくれば，2～3 歩歩いてから足の振り上げで勢いをつけるような動きかたで，回転をコントロールできる伝動化能力も充実していく。そこでは定位感能力としてどの程度足を振り上げればどんな体勢になるのか，そのときに回転スピードに合わせて手を着く位置を瞬時に判断できる遠近感能力も充実してくる。

(2) 倒立からの前転

【動感能力】壁登りで倒立になる。倒立から肘を曲げて後頭部からスムーズに転がるために予感化能力と遠近感能力が働くようにする。回転局面ではお腹に力を入れ腰と足が頭より前に移動していることを定位感能力と時間化能力によって感じ取り，どんな体勢から転がりはじめるのかを判断できる再認化能力，背中を打たないようにスムーズに転がって立てる伝動化能力も充実してくる。

❷高い場所から前転

高い場所から低いマット（柔らかいマット）に跳び込みながら手を着く前転の動感形態（動きかた）では，どこにいつ手を着いて転がるかの遠近感能力と時間化身体知が絡み合って行われる。さらに，マットにしっかりと手を着き，手の支えと頭の入れをタイミングよく行うには，弾性化能力を充実させることでショックのない前転を行うことができる。

(1) 台上での膝立ちでマットに手を着いてから前転

【動感能力】高い台から跳び込み前転の動きかたで手を着くことに躊躇（ちゅうちょ）する子どもは遠近感能力が空虚であり，恐怖心さえもっている。はじめは，台上での膝立ちからマットに手を着き，足や膝で台を軽く蹴って前転をする。それによって頭が下に逆位になることがわかる定位感能力や頭越しに回転することの予感化能力が充実してくる。

(2) 目の前に張られたゴムひもを手で押さえて跳び込み前転（図 13）

図 13

【動感能力】台の上にしゃがみ立ち，目の前にあるゴムひもを手で押さえるようにしてマットに手を着き，跳び込み前転をする。空中でゴムひもを押さえることで〈この距離なら手を出せる〉という遠近感能力と手からマットに着く準備としての予感化能力を発生させることになる。ゴムひもの位置を変えることで空中での始原身体知をさらに充実することができる。

❸ゴムひもを跳び越してからの飛び込み前転

【動感能力】台の前に 2 本のゴムひもを張る。手前のゴムひもは跳び越すための目標にする。遠くのゴムひもはすでに志向体験した手で押さえるものであり，手前のゴムひもを跳び越すことで空中からどの場所に手を着くかの遠近感能力とどの程度回転しているかのかがわかる定位感能力を発生させることになる。また，マットに手を着く準備と位置の先取りができる予感化能力が発生，充実してくる。

❹高い場所への跳び上がり前転

【動感能力】助走から高い場所に跳び上がって前転をすることでどれくらの高さに跳び上がることができるかの遠近感能力とそのための踏み切り時の弾みをつける弾性化能力の発生・充実を図る。はじめは跳び箱で台上前転をするが，慣れてくると台の前にゴムひもを張り，それを跳び越して台上前転をすることで始原身体知を充実させておく。次にゴムひもの高さは変えないで跳び箱を低くすることで少しずつ空中局面での体勢をつくることがわかる定位感能力を充実して，最後は，跳び箱をはずして柔らかいマットの上で跳び前転ができるようにする。

❺形成位相に応じた空中体勢の動きかた（動感形態）

【動感能力】柔らかいマットや平らなマットで跳び前転の動感形態（動きかた）が形成位相としての形態化位相（いつでもできる段階）になってくると，空中局面での動きかたを目標に志向体験する。ゴムひもで高さや距離をねらいに志向体験することで定位感能力や遠近感能力と時間化身体知の絡み合いが充実していく。

空中で伸身姿勢をつくる場合には，柔らかいマットを利用して，補助者が膝か腰を持ち上げて前方への回転を助けてやることで再認化能力が充実できるようにする（図14）。このとき上体が高く上がりすぎると失速状態になるので空中では上体より下体のほうが高くなるように補助によって空中で体勢がわかる定位感能力の充実とその違いがわかる動感分化能力を充実させることになる。

図14

2 後転系の指導

後　転

［1］後転の動感構造

「後転ができない子どもの指導はどうするか」との話をよく聞くことがある。授業でもクラスには何人かのできない子どもがいる。前転と違って後転の動感形相（動きの意味構造）にはどのような動感構造の問題があるのであろうか。

後転は前転と同じように背中をマットに接触させながら後方に頭越しに転がって立つ動感形相（技）である。この後方に転がるということは見えない方向に転がるわけであるから，時間化身体知を含んだ定位感能力を充実させることで，どれくらい後方に回転したのかを感じ取ることができる。このときに定位感能力が空虚な場合は，後ろに倒れることで頭を打つのではないかなどの不安が大きく，後方に転がる動きかたを難しくしている。たしかに，大人でも頭を後ろに倒すと上下や前後の定位感に混乱が生じ，力の入れ方や動きの方向がわからなくなることがある。後方への回転に慣れていない子どもは，後転の動感形態（動きのかたち）を図解などで理解したとしてもどんな感じで，どのような動きかたになるのかわからないことが多い。すなわち，動感意識として「できるような気がしない」ので，「何となく嫌な気がする」とか，「見えないので不安になる」など動感的にも形成位相の原志向位相の段階としてのなじみの地平に至っていないのである。

また，後方に転がれるようになったとしても，頭が障害となって途中で回転が止まってしまう子どもがいる。そのような子どもに対して一般的な指導としては，坂マットで転がる回転力を利用して，後転の動感形態（動きかた）が発生できるようにする（図15）。そこでは転がる回転力を高めるために身体を丸くしてボールような転がりかた（動感形態）を求める。

図 15

しかし，坂マットでボールのように身体を丸くして転がることができたとしても，平らなマットで同じような転がりかたができる保証はなく，途中で止まってしまうこともあり，やはりできないことがよくある。ここでも前転で説明したボール理論に基づく指導が正しいと思い込んでいるところに問題がある。指導者は坂マットで後転の動感形態（動きかた）が発生したのだから，平らなマットでも身体の丸め方がまだ足りないとして，後は本人の自得に委ね，やる気の問題として片づけてしまう。しかし，後転の動感形態に必要な回転力は坂によって作り出されたものであり，自分で作り出したものではないのである。そこには後転の動きかたに必要な回転力を生み出す伝動化能力が空虚なままであることに指導者は気づいていない。坂マットでの後転の動きかたは，できない子どもにとって後方に回転する動感形態を作り出す場としては有効であっても，開脚後転や伸膝後転などの発展技（動感形相）を目標に動感形態（動きかた）を覚えていくための動感化能力には，大きな課題を残したままということになる。

[2] 後転の動感創発能力

前転の動感形態（動きかた）では，①頭越しに転がる，②背中を順次接触して転がる，③起き上がるための回転力を高めることの三つの動きかたを覚えるために動感能力の発生と充実が求められた。後転の動感形態（動きかた）では，前転の動きかたとは逆に足上から腰，背中，頭の順序に回転していく。まずは後方への回転力をつけること，次に順次接触して転がること，最後に頭越しに転がることの動きかたを覚えることになる。

特に後転の動感形態の場合は，後方に回転して最後に足で立つときに，頭越し回転で立つことがもっとも大きな課題になる。それは，頭越しの局面で頭が大きな障害となり回転が途中で止まってしまうことである。坂マットでの後転の動感形態では，坂の回転力を利用できるので比較的に立ちやすくなるが，平らなマットでは頭越しの回転に必要な回転力を自分で作り出さなければならない。後転でも前転と同じようにいかに回転力を作り出すことができるかという伝動化能力を身につける必要がある。今までは，この伝動化能力を発生,充実させる動きかたの動感指導が見過ごされることが多かった。頭越しの局面では，回転に合わせて直感化能力を働かせ，手の押し放しによって頭という障害を越して回転する動きかたを身につけなければならない。

❶スムーズに転がることと回転力を高めること

スムーズな後転の転がりかたは，順次接触の動きかた，すなわち，背中を湾曲にして丸くして転がることができる定位感能力を充実させておく。背中を丸くするためにもっともわかりやすい動作は，身体をできるだけ小さくしてボールのようにすることであるが，開始体勢から身体をボールのように小さく丸めた転がりだとスムーズには転がることができても回転力のある動きかたにはならない。回転力のない動きかたでは頭で回転を止めてしまい立つことが難しくなる。うまくできない子どもに坂マットで後転の動感形態を志向体験させるのは，補助的に回転力が得られ，頭越しの回転の動きかたが容易になり，手の押し放しのタイミングがわかる時間化身体知を発生させることにある。

問題はスムーズな転がりの動きかたの中にいかに伝動化能力を充実させた回転力のある動きかたを身につけることができるかどうかである。そのために伝動化能力を発生・充実させる観点から，二つの動きかた（動感形態）に着目してみる（図 16）。

図 16

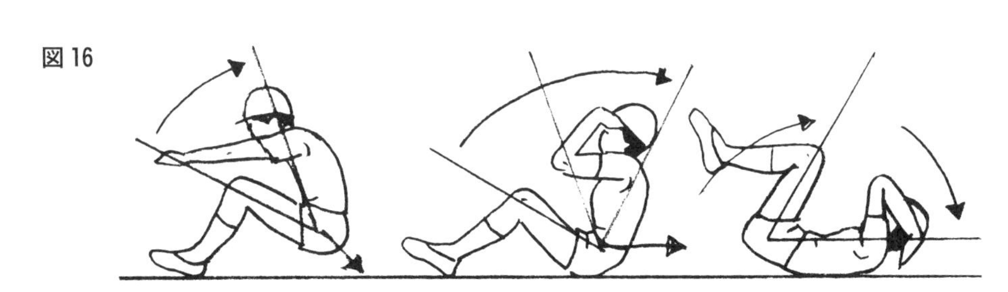

一つめの動きかた（動感形態）は，しゃがみ立ちで腰を後ろに着くように膝を軽く伸ばし，重心を後方に移動させる。しかし，腰を遠くに着だけでは回転力を高める動きかたにならない。

二つめの動きかたとして，重心の移動と上体の後方への倒しによって順次接触の回転へのスムーズな動きかたをすることで伝動化能力が充実してくる。いくら腰を遠くに着いても身体を後方に回転させなければお尻にショックを感じるだけで有効な回転力を生み出すことには結びつかない。後方への回転力を生み出すには，腰を遠くに着く瞬間に上体（背中）をタイミシグよく後方に倒すことができる時間化身体知を充実させることになる。そこでは，上体はただ後ろに倒せばよいのではなく，お腹に力を入れ，首や背中を丸めて転がる動きかたが必要になる。このお腹に力を入れて後ろに転がる動きかたが上体から下体への回転伝動になる。下体（足，膝）を頭の上の方向にすばやく引き寄せる動きかたが，後方への回転力を生み出すことのできる伝動化能力が発生，充実してくる。

坂マットでの後転の動きかたも，ただ体を丸くするだけではなく，上体の倒しと下体の引き寄せをどんなタイミングで行うかの時間化身体知と伝動化能力を充実できる動きかたに変えていくことになる。そのために上体を前屈させてから上体を後ろに倒すと上体から下体への伝動化能力（腰角が広くなってから狭くなる）が発生している感じがわかりやすい動きかたになる。

❷頭越しの回転をスムーズに行う動感形態

背中を丸くすることでスムーズな転がりの動きかたになるが，首まで転がると頭が邪魔をして回転が止まってしまうことになる。しかし，頭を左右どちらかの方向に傾けて，肩越しに行うと簡単に回転することができる。できない子どもの後転の動感形態（動きかた）として肩越し回転の後転も認めることで一回転する動感能力とそれに伴う時間化身体知も発生させることができる。後方への回転に慣れ定位感能力が充実してくると，回転力を高めるために伝動化能力を充実させることで頭越し回転に挑戦できるようにする。

回転を邪魔する頭をどのようにして頭越し回転に結びつけるかは，回転前半の回転力を生み出す伝動化能力を充実させることになるが，もう一つ大切な動きかた（動感形態）として，手の押しで身体を軽く浮かすことで肩口から頭を抜きやすくし，後方に重心を移動できるようにすることである。この回転力に合わせて手の支えで頭を抜くには，いつ体重が手にかかるのかがわかる予感化能力を充実させ，今，という直感化能力でタイミングよく押し放すことができるようにする。

後転では手の着き方は大切な動感指導になるが，手の着き方は，手のひらやゲンコツでも頭の後ろに腕を組んでも後転の動感形態（動きかた）はできる。動感能力として求められるのは，頭越しの逆位で足の位置がどこにあるのかがわかる定位感能力と，足と腰が頭の上を通過する瞬間がわかる時間化身体知を充実させておくことである。低学年の後ろ転がりでは，あまり手の着き方を固定的にしないほうが転がりやすい動きかたになる。しかし，手の着き方はできるだけ肩の近くに手のひらをしっかりと開いて着くことができるように，ゆりかごなどで定位感能力を充実できるようにしておくことになる。

頭越し回転の動きかたとして時間化身体知が充実することでタイミングよく手の押し放しができると，起き上がりがスムーズにできるようになる。手を正しく着いても，スムーズに回転できないことがあるが，手の力が弱いからといって腕立て伏せを行わせることは，指導における動感認識が間違っているのである。それは手の力が弱いのではなく，回転に合わせた伝動化能力が十分に充実せず，腰の反動の取り方がうまくできないからである。手でマットを押すとき，回転方向に腰を軽く伸ばすように腰角を広げると手が押しやすくなり，身体が持ち上がる感じがわかる（図 17)。これは時間化身体知に支えられて腰角を広げることで伝動化能力が充実していき，それほど強い力を入れなくてもよい動きかたになる。この伝動化能力が充実してくると伸膝後転や後転倒立への挑戦が可能になってくる。

後転の動感形態（動きかた）に必要な動感能力をしっかり認識しておくことで，形成位相や動感化能力に合った場づくりや動きかたの指導ができるようになる。それがいろいろな応用技や発展技へ挑戦させることができる後転の動感形態(動きかた）の改善につながる。また，調和化能力，再任化能力などを充実させることが志向努力の楽しさを感じることになる。

図 17

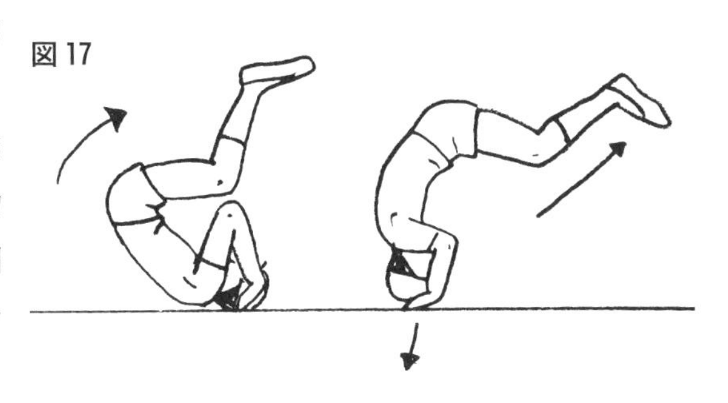

［3］後転の動感形態の発生と動感素材

【動感素材例】

(1) いろいろな手の着き方で転がる動きかた

頭の後ろで手を組んだり，グーで手を着いたりして後方に転がる動きかたに慣れ，時間化身体知を働かせて後頭部が着く前にマットに手が着くようにする。

1）坂マットで後転

【動感能力】坂マットで回転に合わせてタイミングよく手を着く時間化身体知と，手の着きが早い遅いとかの再認化能力が発生，充実してくる。

2）平らなマットでの後転

【動感能力】しゃがみ立ちから腰をマットに下ろすとき，上体の倒しと足の引き寄せで伝動化能力が発生してくる。

(2) ゆりかごから後転（手を着く動感能力）

ゆりかごで後ろに転がるとき手を着く瞬間を確認できる直感化能力が働くようにしてお

く。前に転がって起き上がる反動を利用して後ろに転がり，伝動化能力と予感化能力が充実することで一気に後転をする。

(3) 落差マットの上に腰を下ろして後転（腰を遠くに下ろす動感能力）

しゃがみ立ちから遠近感能力を働かせて膝を伸ばし，腰を下ろす位置を思い切り後ろに下ろし一気に後転することで伝動化能力が充実してくる。

(4) 後転の起き上がりで足を遠くに着く（手の押し放し動感能力）

後転の起き上がりで足の位置をできるだけ遠くに着くために，ゴムひもを越すようにして遠近感能力と時間化身体を充実させて立つことができるようにする（図 18）。そこでは回転に合わせた腰角の増大による伝動化能力と手の押し放しのタイミングがわかる時間化身体知が充実してくる。できるようになれば，ゴムひもの位置を離したり，高くしたりすることで遠近感能力も充実できるようにする。

図 18

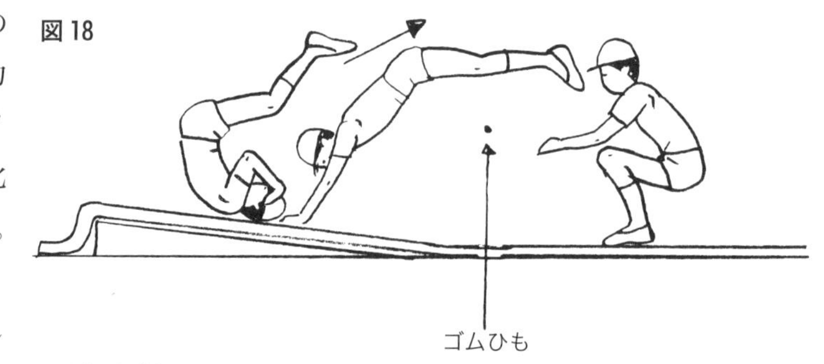

開脚後転

[1] 開脚後転の動感構造と動感創発能力

後転の動感形態（動きかた）ができるようになれば，次は開脚後転を目標にすることになるが，後転で足を開いて立てばよい動感形相（目標技）ではないことに注意する。開脚後転の動感形相（動き意味構造）は，後転から膝を伸ばして開脚立ちになる動感形態（動きかた）が課題となり，正確には伸膝開脚後転と呼ぶことができる。

膝を曲げたままでの開脚後転の動感形態（動きかた）でも「できる」と評価判断することがある。それは開脚後転での目標とする動感形相（動きの意味構造）をあいまいにするばかりではなく，膝を曲げた動きかたで「できる」と考えてしまうと，解消化（身につけた動きかたを消し去る）能力が空虚な状態では，一度身につけた悪いくせが，その後の膝を伸ばす開脚後転の動感形態（動きかた）を覚えることを難しくする。

後転の動感形態（動きかた）が形態位相の状態にある場合は，ただ足を開いて立つ動きかたを行えば，それは後転の動感形態（動きかた）での失敗と見なすことになる。開脚後転では，膝を伸ばそうとして曲がってしまったのか，膝を伸ばす意志がないのかによって，開脚後転の動感形相(動きのかたち)として認めるかどうかの基本的な問題となる。それは，動感意識としての定位感能力と時間化身体知が発生している動きかたなのか，それとも空虚なままでの動きかたなのかとも関係してくる。

器械運動の動感形相（目標技）は，常に非日常的驚異性と姿勢的簡潔性の条件をその動感形相の中に備えもつことになる。そして，他の動感形相と区別することで，はじめて動感形態を発生させるための練習対象になる。さらに，独自の動感形態（動きかた）をもつことによって，はじめて動感形相（動きの意味構造をもつ技）として取り上げられるのである。

後転と開脚後転の区別は，定位感能力による足をそろえるか，開くのかのほかに，膝がかかえ込みか伸膝かのどちらかの体勢を動感意識によって明確に行っているかどうかである。それによって，動感形態の出来映えを評価することができるのである。開脚後転の動感形態では，どうしても膝の体勢規定があいまいになりやすい。指導者は膝が伸びているかどうかがわかる定位感能力といつ膝を伸ばすのかが動感できる時間化身体知が発生，充実しているかを見分ける観察身体知を働かせることになる。

[2] 開脚後転の動感形態の発生と動感素材

開脚後転の動感形態（動きかた）での大切な動感化能力は，膝が伸びているかどうかがわかる定位感能力が発生，充実してくることである。特に回転後半の頭越し回転の動きかたで膝を伸ばして足を開くことのできる定位感能力と，それに合わせて手の押し放しをタイミングよく一気に行うことのできる時間化身体知（タイミングを図る予感化能力と今という直感化能力）を充実することにある。

【動感素材例】

(1) 膝を伸ばす動きかた

【動感能力】開脚後転では，後ろに回転することに動感意識が強く働くことから，膝を伸ばす動感意識が空虚になる。動きかたとしては，膝を伸ばすことが確認できる定位感能力が充実するようにゆりかごを行う。

(2) 回転スピードをつくる動きかた

【動感能力】回転力は，後転と同じように腰の着く位置を後ろにすることができる遠近感能力が充実し，重心移動と上体の後方への倒しをタイミングよく行うことで下腿を回転方向に振り上げ，後方への回転力を生み出す伝動化能力が発生，充実してくる（図19）。

図19

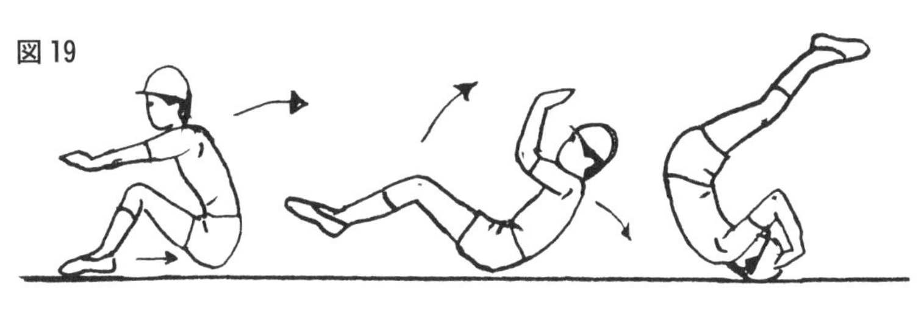

(3) 頭越しに回転する動きかた

【動感能力】頭越し回転での動きかたは，膝を伸ばした開脚立ちになるため，かかえ込みの後転より腰の位置が高くなる。そのために頭越し局面での回転に合わせて腰を軽く伸ばすことのできる伝動化能力とタイミングよい手の押し放しのできる時間化身体知が発生，充実してくる。

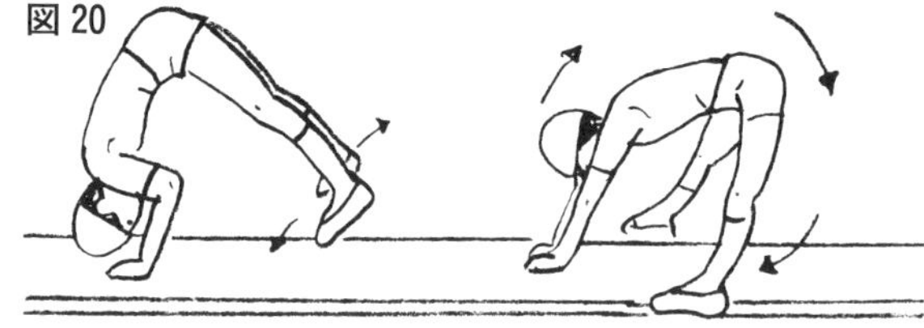
図 20

足を開くタイミングは，できるだけ遅くするが，足の着く場所を探す遠近感能力と予感化能力を働かせてマットに足が触れる瞬間に行うと，腰の位置が低くなるので手は押しやすくなる（図 20）。

(4) 場や動きかたを工夫する

1) 坂マットで行う

【動感能力】坂マットでの回転力を利用して，膝を伸ばす体勢がわかる定位感能力と足を開くタイミングがわかる時間化身体知が充実してくる。

2) 落差を利用したマットで行う

【動感能力】腰がマットに着く瞬間に後方への上体の倒しができる時間化身体知と回転に合わせて下腿を回転方向に持ち上げることのできる伝動化能力，頭越し回転から足の開きがタイミングよくできる時間化身体知が充実してくる。

3) 開脚前転の連続

【動感能力】頭越し回転のときには足を閉じておき，一気に脚を開くことでタイミングよく起き上がり開脚立ちになることができる定位感能力と時間化身体知が充実してくる。

伸膝後転

[1] 伸膝後転の動感創発能力

伸膝後転の動感形相（動きの意味構造）は，開脚後転が伸膝開脚後転であるように，伸膝後転も伸膝閉脚後転と呼ぶことができる。

開脚後転が膝を伸ばしての動きかたになれば，少しずつ開脚度を狭くすることで伸膝後転の動きかたになっていく。技術的には開脚後転とほとんど同じと考えてよいのであるが，立ち上がりでは足をそろえた動きかたになるので腰の位置が高くなる。そのためにも頭越し回転での伝動化能力と手の押し放しがタイミングよくできる時間化身体知を充実させておくことになる。どうしても膝が曲がる動きかたしかできない場合は，膝を伸ばしてのゆりかごなど，もう一度膝を伸ばすことがわかる定位感能力を充実させておく。膝の曲がりに対しては膝が曲がるくせをなくすように動感意識をもって解消化能力を充実させることが必要になる。

伸膝後転と後転の動感形態（動きかた）の区別は，頭越し回転から立つまでの局面を伸膝体勢の動きかたで立つことになるが，開始体勢から伸膝状態ではじめることと，頭越し回転で立つとき，腰の位置が高くなることで手にかかる負担をいかに解決するかということになる。

［2］伸膝後転の動感形態の発生と動感素材

【動感素材例】

(1) 開始体勢での動きかた

開始体勢は，膝を曲げての動きかたであっても，頭越し回転から立つ局面までに膝が伸びた動きかたであれば伸膝後転として認められる。しかし，その反対の場合，開始体勢が伸膝の動きかたで，頭越し回転から立つ局面に膝が曲がる動きかたであれば，伸膝後転とは認められない。これは伸膝後転の動感形相(動きの意味構造)ではなく，後転の動感形態(動きかた）の発展技としてとらえることになる。もちろん，伸膝の状態を保って開始する動きかたは伸膝後転の動きかたとして身につけなければならない動きかたである。

伸膝後転は，開始をしゃがみ立ちから行ってもよいわけであるが，はじめから膝を伸ばして行う伸膝後転ができると，難易度の高い伸膝後転として評価することができる。

伸膝体勢から開始する場合は，腰をマットに下ろしにいく動きかたにポイントがある。しゃがみ立ちの体勢より膝を伸ばしている体勢のほうが腰の位置（重心）が高いところにある。そのため腰を後ろのマットに下ろしにいく動きかた（動感形態）で，お尻を打つことへの恐怖がある。伸膝ではじめるには，立位から上体を前屈させることで重心の位置が低くなるようにする。そして，腰を後ろに下ろすとき指先でマットをなぞるように触れながら手で腰を支えることができる遠近感能力と予感化能力を充実させておく。マットに腰が着くときには，手での弾力化能力を充実させることによってショックを和らげることができるようにする。腰がマットに着く瞬間には直感化能力の発生，充実によって上体のすばやい倒しと同時に下体（脚）を頭の上の方向に引き寄せることのできる伝動化能力を充実させることになる。それによって重心は腰の上に止まらず上体のほうにすばやく移動する動きかたになる。さらに背中がマットに着く瞬間に顎を腹屈（しめる）することで上体にブレーキがかかり，上体から下体に回転力を伝動化によって高めることができる（図21)。

図21

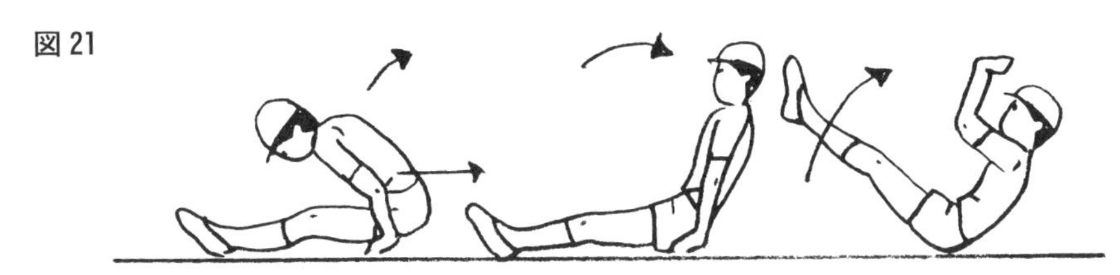

1) 落差を利用したマットでの動きかた

【動感能力】マットを重ねた高い場所で伸膝後転の動感形態（動きかた）をして，低い場所に足が着くようにする。頭越し回転で腰が後方に移動する瞬間に手を押し放すことができる時間化身体知を充実させることで立つ。低いところに足が着き，立ちやすくなるので手の押しを合わせてスムーズに立つことができる調和化能力が発生，充実してくる。

(2) 頭越し回転から立ち上がりの動きかた

回転力をうまく利用して頭越しの回転ができても，伸膝後転の動感形態（動きかた）では膝を伸ばして立つため，足が支え棒のような状態となり足の上に腰が移動せず，前のめりのままでなかなか立ち上がれないことがある。立てない原因は，腕の力が弱いからと腕立て伏せを行わせて腕力をつけることがよく行われる。しかし，回転に合わせた腕の押し放しのタイミングをつかむことのできる時間化身体知とその後で腕を押しながら腰を後ろに引くように前屈体勢を深くすることで重心を移動させることがわかる定位感能力を充実することが必要になる。

腕を押し放すタイミングは，後転の動きかたでも説明した頭越し回転の局面で腰を斜め後方に伸ばす反動を利用してタイミングよく腕を押し放すことができる時間化身体知の充実による。さらに，腰の伸ばしで広がった腰角を手の近くに足を下すことで腰角を減少させる（図22)。この動きかたが伝動化能力の充実として回転力になり，腕の力がなくても楽に腕を伸ばすことができるようになる。

図22

後転倒立

[1] 後転倒立の動感構造と動感創発能力

後転倒立の動感形相（動きの意味構造）は，後転から頭越しに回転する局面での腰の伸ばしと腕の伸ばしをタイミングよく行うことで倒立になる動感形態（動きかた）である。それだけに，これまでの後転で身につけた伝動化能力による回転加速から一気に腰を伸ばすことと定位感能力による腰を伸ばす方向，時間化身体知によっていつ伸ばすのかそのタイミングがわかる動感化能力の発生，充実が動きかたに重要なってくる。また，後転倒立の動感化能力が充実してくると倒立で静止することもできるようになる。はじめは動感形態(動きかた)の中で少しでも倒立体勢を経過したり，手で支えている時間が長くなると「やった」という身体状態感が味わえるので，挑戦欲求をかきたてる動感形相（動きの意味構造をもつ技）のひとつである。

［2］後転倒立の動感形態の発生と動感素材

①後転の動きかた（動感形態）がスムーズにできるようになれば，坂マットでの回転力を利用して，腰を伸ばすタイミングと手の押し放しでゴムひもを跳び越して立てるようにする（図23）。これによって上方に腰を移動させることができる伝動化能力とどの方向に伸ばすかの動感意識として定位感能力が発生してくる。また，腰と手を伸ばすタイミングとして時間化身体知も充実してくる。

図23

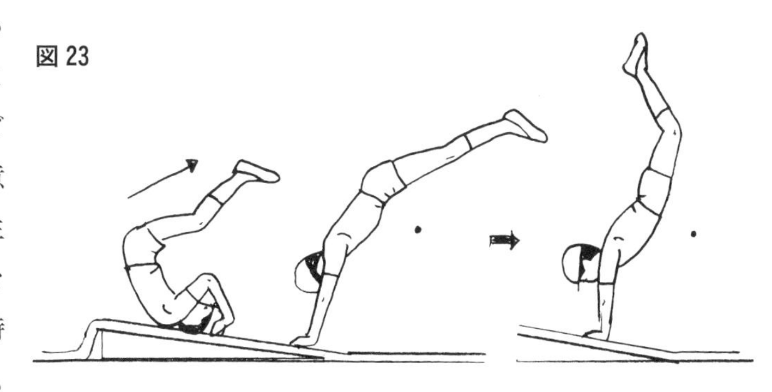

これができると，ゴムひもの位置を少しずつ高くして腰を伸ばす方向とタイミング，さらに，手を伸ばすタイミングが合ってくれば，後転倒立のような動きかた（動感形態）が発生してくる。

②後転倒立の難しいところは，倒立になるために腰を反るように身体を伸ばすと倒立体勢がなかなか安定しないことである。それだけに腰を伸ばす伝動化能力と手の押し放しの時間化身体知がうまく合う調和的能力を充実させることを目指して志向努力する。そのためにも偶発位相から形態化位相へと安定した動きかたを身につけるには，タイミングよく「できる」「できない」ことの違いがわかる動感分化能力とタイミングよくできたときの動感の再認化能力を充実させることが求められる。そのような動きかたが発生，充実するために，幇助者に足を幇助してもらうことで，倒立になる方向への腰の伸ばしがわかる伝動化能力と定位感能力を充実させる。それと同時に，どのタイミングで腰を伸ばすかがわかる時間化身体知も充実させる動感意識をもてるようにする。

3 倒立回転系の指導

側方倒立回転

［1］側方倒立回転の動感構造

側方倒立回転の動感形相（動きの意味構造）は，前転と並んでもっともポピュラーな動感形態として小学校低学年から親しまれている。動感形態（動きかた）に難しい条件をつけなければ，手で身体を支えながら側方に一回転する風車という動感形態が側方倒立回転のはじめての志向形態になると考えてよいであろう。

子どもにとって風車は，手で身体を支えて逆さまになりながら回転するところに動感的なおもしろさがある。手で身体を支えるうさぎ跳びのような動感経験をもっている子どもであれば，風車のような動きかた（動感形態）をすぐに真似をして動感形態を発生させることができる。しかし，側方倒立回転の動感形相（動きの意味構造）は，倒立体勢で身体を伸ばし，鉛直面でまっすぐ回転する動感形態（動きかた）となる。そこでは足の振り上げ方や手の支え方，さらに，倒立位で回転してから立つときの手から足へと体重移動など，動感形態（動きかた）を形成するために必要な動感化能力の発生・充実が求められてくる。

一方，手で身体を支えることの動感経験や逆さになることのできる定位感能力が空虚な場合は，手と足の動かしかたの順序がわからず，風車の動感形態（動きかた）も発生させることができない子どももいる。

側方倒立回転は，側方に倒立位を経過して一回転する動感形態であるが，側方といっても右側，左側の両方があり，あらかじめ優勢化能力を充実させておくことによって，左右どちら側が志向体験しやすいかを決めることになる。動感形態の形成には，利き足，利き腕など優勢化の問題は大変重要な意味をもっており，ボールを投げるにも右利き，左利きがあるように，どちらか片側に動感運動としての優劣を感じ取ることができる。側方倒立回転の動感形態（動きかた）でも，左右どちらの方向が回転しやすいかの優劣を感じる優勢化能力が空虚な状態で，子どもに側方倒立回転を志向体験させていることも少なくない。そのためにも左右どちらの踏み切り足や振り上げ足に優劣を感じるかの動感意識をもたせ，優勢化能力の充実を図る志向体験からはじめることになる。

次に，側方倒立回転は，転がっての回転とは違って，倒立位を経過しながら足から手，手から足へと順番にマットに着いて回転する動きかたであり，側方に倒立回転をする動感構造（しくみ）をもつ。そして，側方に回転するという動きかたには，仮想軸としての身体を前から後ろに貫く前後軸の回転になる。問題は，側方倒立回転を側方への倒立回転と表記の通りに解釈することによって，開始体勢から終末体勢まですべて前後軸回転で行うという動感意識をもつことである。ここに側方倒立回転の動感構造を正しく理解する必要がでてくる。

最初から横向きの体勢で開始することが正しい側方倒立回転と思い込んで動きかた（動感形態）を志向体験させると，動感形態にいろいろな技術的欠点が現れてくる。また，それは身体的な構造から大変に動きにくい動きかたを志向体験させることになる。側方倒立回転の動感構造をよく観察すると，開始体勢から完全な前後軸回転で行うのではなく，倒立位を経過して回転するときだけに特徴的な側方倒立回転の動感形態（動きかた）が見られることに注意をしておく必要がある。むしろ開始体勢から倒立位になるまでの動きかたと倒立から足を下ろして立ち上がる局面の動きかたは，前後軸回転ではなく左右軸回転の動きかたになる。

ここでは，風車と側方倒立回転の動感構造の違いは何かといえば，はっきりと線を引くことは難しいが，あえていえば，回転の運動面が水平運動面に近いか，鉛直運動面に近いかによって区別することができる（図24)。どうしても風車は，足の位置より外側に手を着くか，

図24

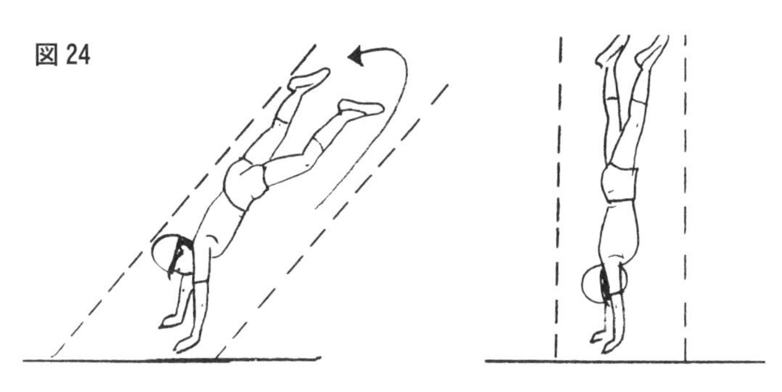

足や腰をあまり高く上げないで回転する動きかたになるので開始から終了までは前後軸回転で行われる。それに比べて，側方倒立回転は，倒立体勢まで足を振り上げてから側方に倒立回転をするので鉛直運動面を経過する動きかたになる。習練形態としては風車からはじめることになるが，風車の水平面運動から鉛直面運動に変更することができる解消化能力の充実によって側方倒立回転では，開始体勢で手の着手から振り上げ局面までの動きかたの発生が動感指導のポイントになってくる。

［2］側方倒立回転の動感創発能力

低学年の子どもの習練形態としての風車の動感形態（動きかた）は，技術的に問題があるとしても，はじめて側方倒立回転を行う子どもにとっては，手で身体を支えて側方に回転する動きかたとしてわかりやすい動感運動である。

まず，手で身体を支えながら側方に回転する動きかたとして，1段の跳び箱の上に手を着かせて足を大きく振り上げながら川跳びをさせる（図25)。マットで行ってもよいが，逆位の定位感能力が空虚な場合，頭の位置を低くすることで手足の位置や上下関係がわからなくなり，怖がる子どもがいる。そのような子どもには，手を着く位置を跳び箱上に着くことで定位感に大きな混乱が生じることが少なくなる。それと跳び箱の上に手を着かせることで，足の振り上げを大きくするために動感的な努力が求められてくる。また，左右両側からも志向体験することで，どちらの方向が動きやすいかの優位性を決めることができる。

図25

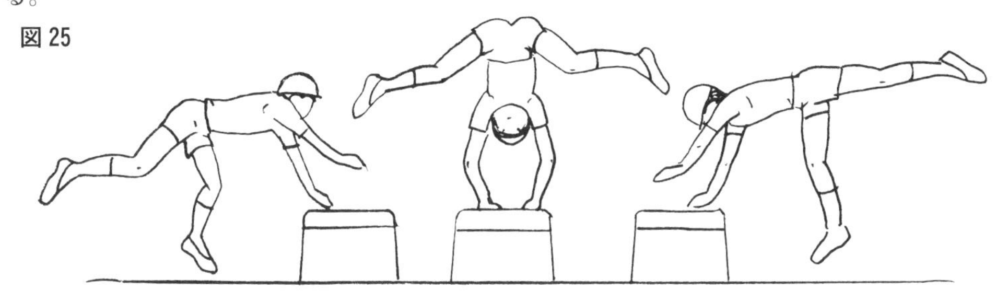

慣れてくれば，立位から片手ずつ着きながら足を振り上げて大きく横に身体を移動させる。立つときも片方の手で押し放し，足を着く位置も遠くに着くことができる遠近感能力と腰を高く上げることがわかる定位感能力が発生，充実してくる。

手の着き方と足の振り上げ方，手の支えで腰と足が横へ移動する動きかたがいつでもできる形態化位相になれば，マットでの志向体験ができるようになる。そこでは円周上に手を着く場所や足を置く場所に足型や手型をおいて遠近感能力と時間化身体知が働くようにする。手足の動きかたにも共鳴化（動感メロディー）能力の発生によって足→手→手→足の順に側方へスムーズな回転ができるようになる（図26）。

図26

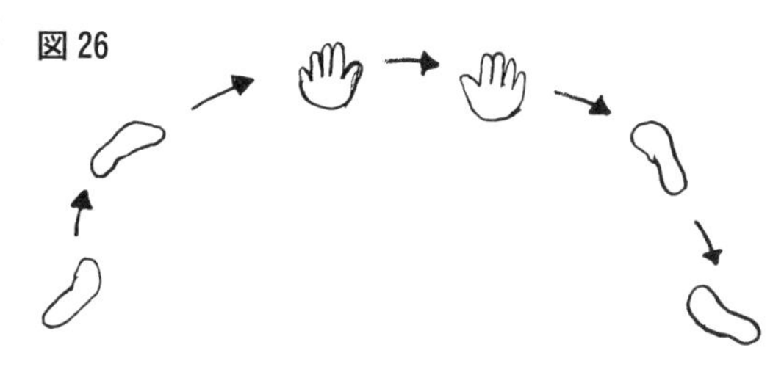

側方倒立回転での視線はどこを見ればよいかという問題があるが，基本的に手と手の間におく。頸反射の問題もあり，頭を中に入れすぎる（腹屈）と背中が丸くなって手の支えが弱くなる。また，頭を起こしすぎる（背屈）と身体が反りやすくなって足が振り上げにくくなる。視線の問題は，方向や前後などがわかる定位感能力とも関係しており，手や足を着くための遠近感能力や予感化能力の発生，充実とも関係してくる。　側方倒立回転の動感形態（動きかた）で側方に回転することはできるが，まっすぐに回転ができなかったり，身体が伸びなかったり，立つときにバランスを崩すような動感形態（動きかた）になることがある。このような動きかたを修正するには洗練統覚化（新しい動きかたを生み出すことのできる）身体知を働かせることになるが，ここでは側方倒立回転の正しい技術的認識に基づいて三つの修正する動きかたを考えてみる。

❶開始体勢から倒立までの動きかた

側方倒立回転の動感形態（動きかた）の成否は，開始体勢から倒立状態になるまでの局面化能力の充実による準備局面での動感意識のもち方が重要になってくる。

人間の身体は解剖学的に見ても側方に曲がりにくい構造になっている。側方に回転するために最初の構えの体勢を進行方向に対して横向きに構え，この体勢を崩さずに床に手を着くことはできない（図27）。たとえ横向きの体勢ではじめても，手を着くとき腰をねじって斜め後ろ下に手を着いたり，足を斜め前下に踏み出して腰をねじるようにして手を着こうとする。しかし，この体勢では足の振り上げが思うようにできないことは志向体験をしてみるとわかる。

図27

むしろ，開始体勢から倒立位になる動きかたは，足先と腰を最初から進行方向に正対するように準備局面での構えを動感意識することである。これによって倒立をするときと同じ動感形態（動きかた）になり，手は着きやすく，足の振り上げも伝動化能力の働きによって，回転方向への回転力を大きく作り出すことができる（図28）。すなわち，前向き体勢で倒立を行うのと同じよ

うにすればよいのであるが，問題は倒立位になる主要局面で，側方倒立回転の動きかたをしなければならないことである。そこで倒立位になりながら後から着く手を進行方向に出すことで前後軸回転に動きかたが作り出されることになる。

図 28

図 29

そのための動きかたを発生させるには，倒立位になると振り上げた足側の手を一歩前に出して，その手の横に足を下ろす志向体験からはじめる（図 29）。次に同じように倒立位になるとき進行方向の線上にまで一気に手を移動させて着くことで倒立位から側方倒立回転の体勢がつくれるようにする。ここではどれくらい足を振り上げて倒立になるのかを遠近感能力と定位感能力を充実させることと，手を前に出すタイミングなど時間化身体知も充実できるようにする。

❷手の着きかた

最初に着く手は，側方倒立回転体勢を作り出すために，手を開いて親指が進行方向に向かうように外向きに着く。後から着く手は，手首を少し内側にねじりながら自分の体側に向けるように着く。わかりやすく説明するなら「ハの字」の形に手を着くようにすることである（図 30）。これによって，次の立ち上がりに手で身体が押しやすく，最後まで押すことができる。後の手を進行方向に向けて着くと逆手の状態となり，手首と肘が伸ばされて押し放すことはできなくなる。起き上がりの動きかたが足で立てずに腰から落ちるのは手の支えと押しが有効に働いていないからである。手をどの場所にどの方向に着くことができるかは遠近感能力と定位感能力を充実できるようにすることにある。

図 30

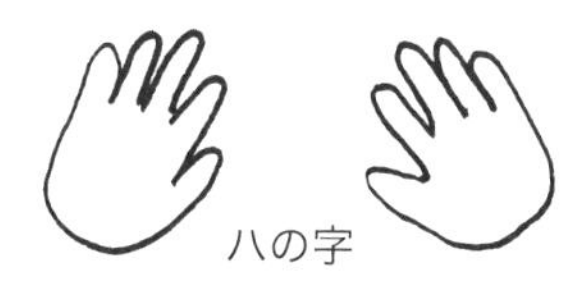

❸立ち上がりでの動きかた

倒立位から足を下ろし立ち上がりの動感形態（動きかた）も開始体勢から倒立になるときと同じように，側方への倒立回転を保ったまま立ち上がろうとしても，腰を体側には大きく曲げることができない。足を下ろしても手より離れたところに着き，起き上がるというより横か後ろに倒れる動感形態（動きかた）になってしまう。また，側方に体を曲げるのは，解剖学上も限度があり，不安定な姿勢で足が背面にずれると身体を反らしてお腹から立つような動きかたになる（図31）。

図31

手の着き方が「ハの字」であれば，はじめに下ろす足先を手の方向に向けることで，腰の内転が誘発される。それによって倒立から足を下ろすのと同じように，腰を曲げることで手の近くに足をコントロールして下ろし，手でしっかりと押し放して上体を起こすことができる。足が床に着いてから上体を起こすときに横向きになることで側方倒立回転体勢での終末になる。ここでは足を床に下ろすときの足先の向きがわかる定位感能と足をどの位置に下ろすかの遠近感能力，さらに起き上がりのためにどのような力を入れるかの力動洗練化身体知を充実できるようにすることになる。

側方倒立回転が形態化位相から自在化位相の子どもの動感形態（動きかた）を観察すると，このような動きかたをしていることがわかる。このような足の下ろしかたをするには，壁倒立から足先の方向を動感意識することと，腰のひねりによって足先を手のほうに向けて下ろすことがわかる定位感能力が発生，充実できるようにする（図32）。

図32
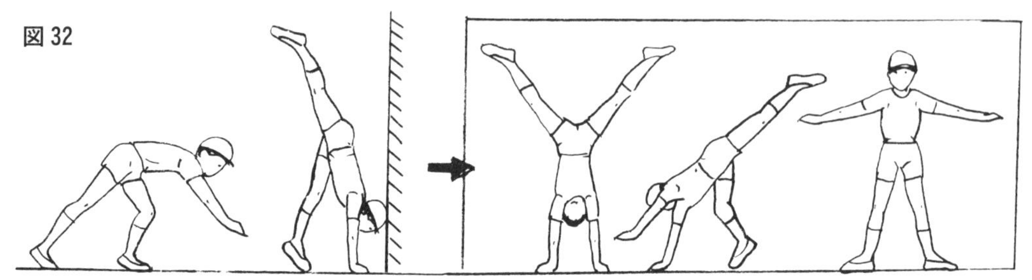

［3］側方倒立回転の動感形態の発生と動感素材

【動感素材例】

(1) 壁を利用しての倒立になる動感素材

立位から壁に向かって足を一歩踏み出し，手を上から振り下ろして着手し，膝をしっかり伸ばして足を振り上げて壁倒立をする。足を下ろすときは，振り上げた足から膝を伸ばして下ろし，手の押し放しによって立つ（図33）。

【動感能力】 ここでは足の踏み出し場所や足から手の順に体重を移動して足を振り上げ

図 33

ているかを動感意識させることで遠近感能力と時間化身体知が充実してくる。足の振り上げと振り下ろして足先の着く向きがわかる定位感能力も充実してくる。

(2) ゴムひもを使って大きな側方倒立回転の動きかた

手を上に伸ばした高さにゴムひもを張り，側方倒立回転をして足先でゴムひもを引っ掛かるようにする。

【動感能力】ここでは足が鉛直面を通過するように足の振り上げ位置を感じる定位感能力と身体を伸ばして高さを感じ取る遠近感能力が充実してくる。

(3) ゴムひもの間で側方倒立回転をする動きかた

肩幅より少し広めにゴムひもを２本張り，その間でゴムひもに触れないように，まっすぐ側方倒立回転をする。

【動感能力】鉛直面の幅を感じその中でゴムひもに触れないようにできる遠近感能力が充実してくる。

(4) 側方倒立回転の連続の動きかた

１回目の側方倒立回転で立つとき，足の向きは手の方向に向けて下ろし，手を強く押し放しながら上体の向きを進行方向に向けて立つ。

【動感能力】２回目の側方倒立回転の準備にはいることができる時間化身体知と局面化能力が充実してくる。

(5) 片手側方倒立回転の動きかた

最初に着く手だけの片手側方倒立回転や後から着く手だけの片手側方倒立回転を行う。

【動感能力】手を着く場所や足の振り上げ方向など始原身体知と時間化身体知，さらに洗練化身体知が充実してくる。

頭はねおき

［1］頭はねおきの動感構造

器械運動では，いろいろな動感形相（動きの意味構造もつ技）の中から習練対象となる動感形相（目標技）を選び，その動感形態（動きかた）を覚え身につけることで達成的な楽しさを味わうことになる。そのためには，習練対象となる動感形相（目標技）がどんな動きの意味構造をもっているのか，動感構造（動きのしくみ）の分析によって明らかにしておくことになる。動感形相（目標技）には，その一つひとつに他の動感形相（目標技）と区別できるように動感形態（動きかた）の特徴を表す技名がつけられている。

「頭はねおき」は，〈はねおき〉という運動基本語によって動感形態（動きかた）の特徴が表されることになる。「首はねおき」も同じ動感構造をもつ動感形相（目標技）として「はねおきファミリー」にまとめられ，「ほん転技群」という中に属している。

ほん転技群には，側方倒立回転や前方倒立回転跳び（前転跳び）などが属していることから，足と手を床に着いて，前後軸や左右軸の回りに伸身体勢で回転する動きかた（動感形態）の構造をもっている。このほん転技群の中で前転跳びが助走の勢いや足の振り上げによって左右軸回転のエネルギーを作り出すのに対して，はねおきファミリーは，身体の屈伸動作によって回転力を作り出すことが特徴になる。

身体の屈伸動作とは，腰を中心にした身体の曲げ伸ばしの動きかたで，この「はね」によって伸身体勢での左右軸回転の回転力を生み出す（図 34）。さらに，はねおき技は，身体のどの部分で支えて回転するかによって，技の名前が違ってくる。すなわち，首で支えれば「首はねおき」になり，頭で支えれば「頭はねおき」という動感形相（動きの意味構造をもつ技）になる。ここでは，首はねおきの志向体験がそのまま頭はねおきの動きかたにつながるので，一緒に説明する。

図 34

[2] はねおきの動感創発能力

はねおき技は，身体の屈伸動作と手の押し放しによって回転力を生み出すことになるが，その動きかたを覚えるためには，動感形態（動きかた）の構造（しくみ）分析からどのような動きかたにポイントがあるかを知っておくことが大切になる。それによって，動きかたの発生や修正に必要な動感能力が明らかになる。

はねおき技には，足をはね上げる動きかた，手の押し放しの動きかた，伸身での回転する動きかたの三つのポイントがある。

❶足をはね上げる（腰を伸ばす）動きかた

はね上げの動きかたは，はねるための準備とはねるタイミングが問題になり，いつどこではねるかの時間化身体知を充実させることになる。はねる準備は足を大きくはね上げるためには腰角を十分に保って，足をはね上げる準備をする。このときどんな体勢になるのかの定位感能力が充実していないと膝が曲がったり，腰角が開いた状態では，力強いはね上げのエネルギーは生まれてこない。もう一つ，はね上げの技術として大切なことは，はねるタイミングである。腰が支持点（首，頭）より前に移動したときにはね上げることになる。支持点より後ろに腰があるときにはね上げても有効な回転力にならず，むしろ回転不足で背中を打ちつけるようになる（図35）。はね上げの動きかた（動感形態）では，はねるタイミングを覚えるために，このタイミングで今はね上げるという直感化能力とタイミングが早いか遅いかがわかる動感分化能力を充実できるようにする。

図 35

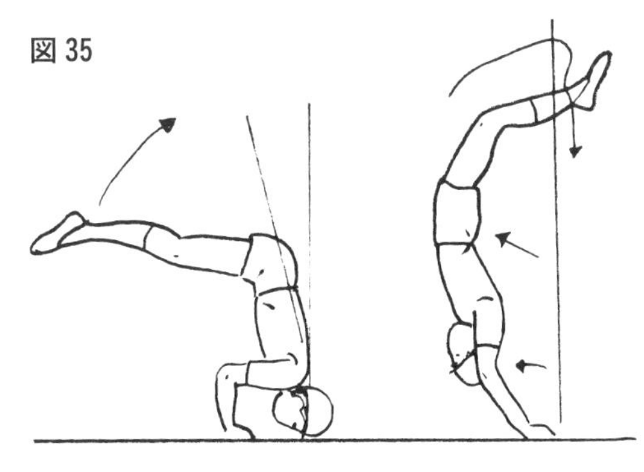

❷手の押し放しの動きかた

足先が前上方に大きな回転弧を描くように足のはね上げを力強く一気に行う動きかたによって重心も前上方に移動する。このときマットを手でタイミングよく強く押し放しを行うことで，さらに前上方への大きな回転力が生み出される（図36）。この手の押し放しがうまくいかないとはね上げ動作も途中で途切れてしまうことになるので，足をはね上げるタイミングと合わせて手の押し放しができている時間化身体知と伝動化能力が充実していくことが大切になる。

図 36

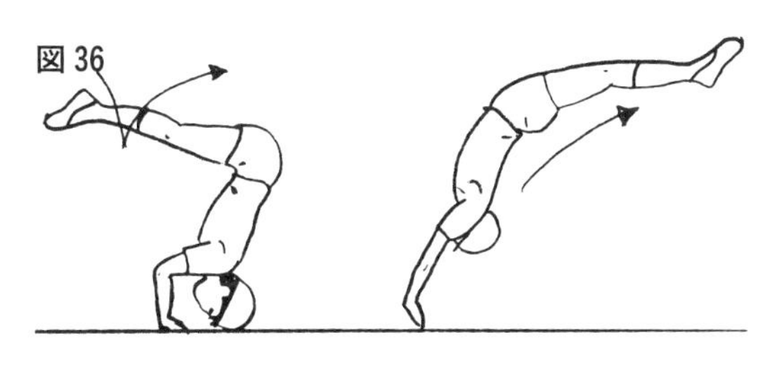

❸身体を反らして回転力を高める動きかた

はねおき技では，起き上がることへの動感意識が強くなりしゃがみ立ちでもよいと考えるが，身体を伸ばして立つためには，この身体を反らすことで回転力を高めることができる。それは足のはね上げと手の押しによって作り出された回転力は，身体を大きく反ることで回転力が助長される。このとき，手の押し放しと頭を背屈することで身体の反りは最後まで保

図 37

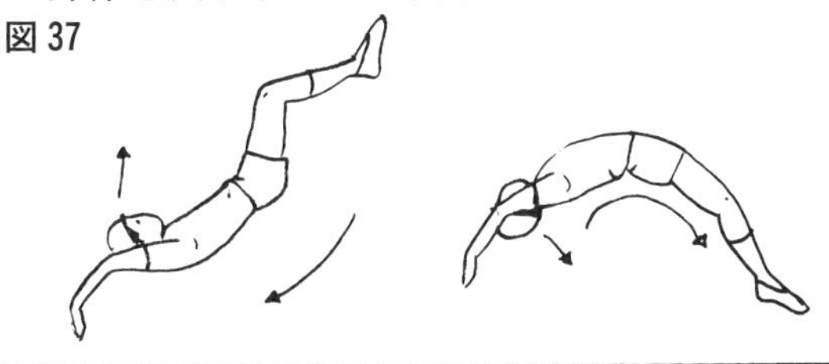

たれ，身体を伸ばして着地できる。これは生理的な緊張性頸反射を利用することになるが，頭を腹屈させると腰が曲がってしまう（図37）。頭の背屈と伸身での反りが動感意識できる定位感能力を充実させること，足先をどの方向に投げ出し，どれくらい空中で伸身体勢を保つと足がマットに着くかの遠近感能力と時間化身体知を働かせることになる。

［3］首はねおきの動感形態の発生と動感素材

【動感素材例】

(1) 長座姿勢から後ろに回転して屈身の首支持になる動きかた

長座で膝をしっかり伸ばし，後方に転がり首支持の体勢から足が頭の後ろの床に着くようにする。手のひらは開いて耳の横で身体を支え，膝が曲がっていないか確かめる。

【動感能力】後ろに転がって足がマットに着いたとき，膝が伸びていることと，腰が首の上にあり，首支持で支えていることがわかる定位感能力が充実してくる。

(2) 前方への転がりからの屈身の首支持になる動きかた

しゃがみ立ち姿勢から手を遠くに着いて頭を手の間に入れ，前方にゆっくりと回転しながら腰を移動させ屈身の首支持になる。

【動感能力】手の間に首を入れ，頭越しの回転に合わせて腰の移動を感じ取る時間化身体知と首支持で屈身姿勢を保持して腰の位置を感じ取ることができる定位感能力が充実してくる。

(3) 前転からブリッジ

前方への転がりから首支持で腰をいったん首の上で止めるようにする。手の支えと腰の伸ばしで足を前上方に投げ出し，身体を反らしてブリッジ姿勢になる（図38）。腰が前に転がらないように首の上で身体をすばやく伸ばせるようにする。

図38

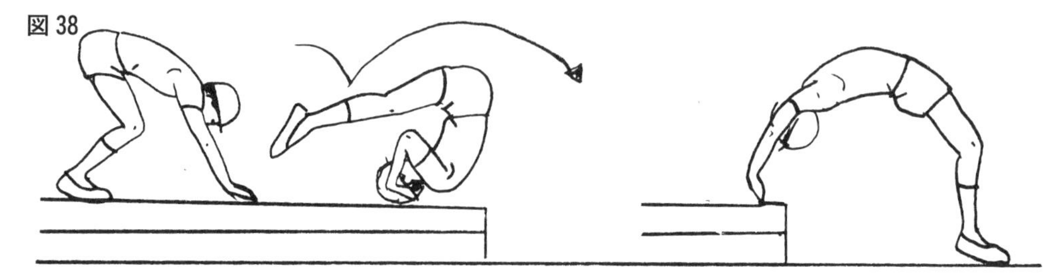

【動感能力】首の上に腰が乗っていることがわかる定位感能力と腰を伸ばすタイミングがわかる時間化身体知が発生，充実してくる。腰を伸ばして前上方に円弧を描くように足を投げ出す方向を感じる遠近感能力と身体を反らすことがわかる定位感能力を充実させる。マットを重ねた高い場所から行うとブリッジになる動感がわかりやすい。

(4) 台上からの屈身の首支持回転下り

2，3段の跳び箱の上で前のほうに手を着き，前方に転がり屈身の首支持になってから柔らかいマットの上に長座姿勢で回転下りをする。

【動感能力】しゃがみ立ちから前方に回転して首支持で腰の位置がどこにあるかが動感意識できるように時間化身体知と定位感能力が充実してくる。

(5) 台上からの首はねおき

台上から前転の回転に合わせて腰のはねと身体の反りを利用して，立つことができる。

【動感能力】はねるタイミングがわかる時間化身体知とはねる方向がわかる遠近感能力を充実させる。また同時に，一気にはねることのできる伝動化能力と身体の反りを感じ取る定位感能力の充実ではねるタイミング，さらに身体が空中で回転することを感じ取れるようにする。

(6) 後転から首はねおき

しゃがみ立ちから後方に回転し，首支持の屈身体勢で腰をできるだけ高い位置に保ち，手は首の横にしっかりと着く。腰角を狭くして足をはね上げるタイミングをはかる。足をはねるときは，一気に斜め前方に大きな円弧を描くようにはね上げ，同時に手で強く床を押し放し，身体を反らして立つ（図 39）。

図 39

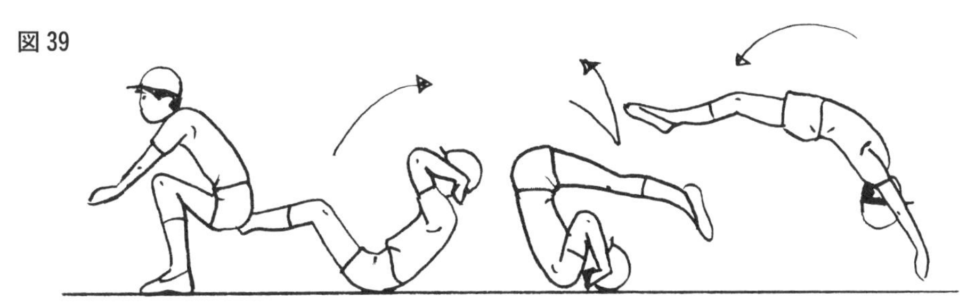

【動感能力】はねる前に屈身体勢がしっかり作れていることがわかる定位感能力と足をはね上げるタイミングがわかる直感化能力，はね上げと身体を最後まで反らして回転力を生み出す伝動化能力と定位感能力が充実してくる。

［4］頭はねおきの動感形態の発生と動感素材

【動感素材例】

首はねおきの動感素材の動きかたで，はねおきの動きかたのコツがわかっているので，ここでは頭で支える動きかたの感じを覚える。

(1) 頭倒立から屈身の頭倒立になる動きかた

図 40

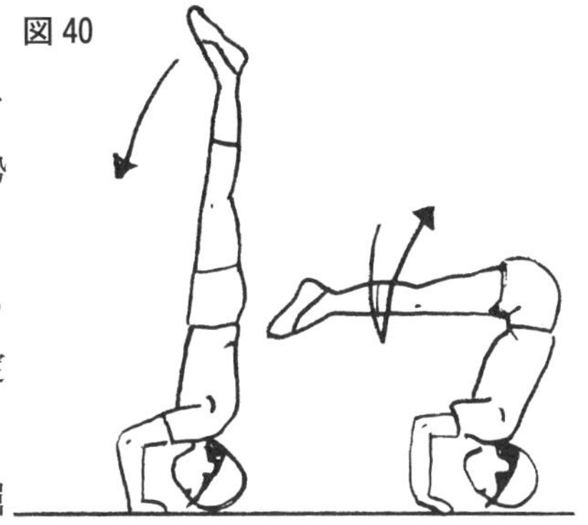

補助者に足を補助してもらい頭倒立になる。足をゆっくり下ろし，腰を 90 度以上に曲げて屈身体勢が作れるようにする（図 40）。

【動感能力】どれくらい腰を曲げるのかがわかることと重心が外れないように腰の位置がわかる定位感能力が充実してくる。

次に，しゃがみ立ちから前に手を着き，一気に屈身頭倒立の体勢になる動きかたをする。頭は前頭部（額，毛の生えぎわ）を着けるようにすることで首は背屈になり，背筋が伸びた体勢で足をはね上げ，身体をしっかりと反らせることができる。

【動感能力】前頭部をマットに着くために首をしっかり背屈していることがわかる定位感能力と背筋を伸ばし身体を反らす準備をすることを感じる予感化能力が充実してくる。

(2) はね上げるタイミングの確認

はねるタイミングは，首はねとびと同じで腰が頭の位置より前に移動したときである。それより早いタイミングではね上げると方向は真上になり，前方への回転力に結びつかない。屈身の頭倒立で補助者に足を支えてもらい，腰が頭より前に移動する位置を動感意識する。

【動感能力】腰が移動することがわかる時間化身体知と腰の位置がわかる定位感能力が充実してくる。また，はねるタイミングの違いがわかる動感分化能力とタイミングのよい動きかたを確認することができる再認化能力も発生，充実してくる。

(3) 台上からのはねおきの動きかた

跳び箱やマットを重ねた高い場所で，しゃがみ立ちから屈身の頭支持で腰が前に移動するタイミングをねらって一気に足をはね上げて頭はねおきをする。落差を利用して身体の反りで立てるようにする。

【動感能力】どの方向に足を投げ出すかの遠近感能力と身体をどれくらい反り，足がマットに着くまで身体の反りを保つために定位感能力と時間化身体知が充実してくる

(4) 反り立ちの練習

どうしても立つときに膝や腰が曲がってしまう動きかたには，跳び箱や壁を利用してブリッジで立つ動きかたをする（図 41）。

【動感能力】身体をどんな反りかたで立つかを感じ取れるために首を背屈して反ることができる定位感能力と起き上がりで腰の上に上体を起こすために胸を反り，肩を移動できる遠近感能力が充実してくる。

図 41

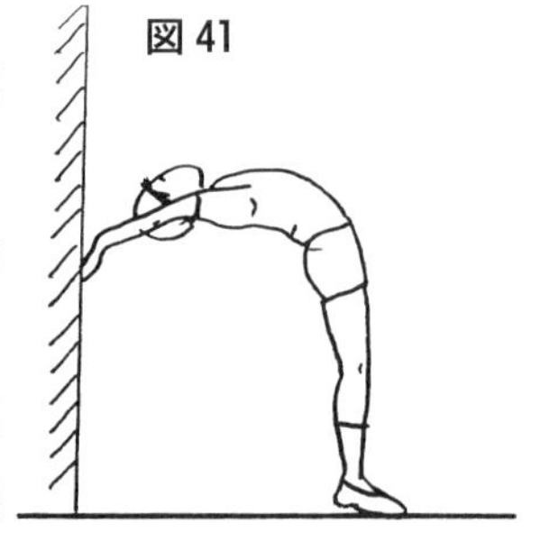

II 跳び箱運動

1 跳び箱運動の特性

［1］跳び箱運動と体力づくり

跳び箱運動とはどんな運動なのかを考えてみると，これまで跳び箱運動は，その特性をめぐって議論がされてきた。

その一つに，器械運動を器械体操と呼び，器械を使っての体操との考えから体力づくりのための教材としてとらえようとする考えかたである。戦前のスウェーデン体操の影響を受けた伝統的な運動認識によって，跳び箱を使って体力づくりや姿勢訓練的な目的のために，跳びかたの姿勢を規定して反復的に訓練する方法が行われたのである。

たとえば，跳上下は，跳び箱の上に跳び上がり跳び下りる運動で，空中での姿勢も決められていた（図1）。また，水平跳び，垂直跳び，斜め跳びなど，跳ぶときの動感形態の姿勢の角度が明確に規定された跳びかたで，全員が整然と順序よく跳ぶことが求められたのである。まさに，形式化と鋳型化による訓練形式の跳び箱運動であった。

学習指導要領での跳び箱運動は，体力づくりのために行うのではなく，ドイツのヤーン

図1

の提唱したトゥルネン（Turnen）に源流をもつ運動である。その特色はいろいろな器械・器具をもちいて巧技的な動感運動を行うことで，動きの意味構造をもつ技（動感形相）を目標に動感形態を発生・充実することで「できる」喜びを味わうスポーツ教材としての運動なのである。

［2］跳び箱運動の特性を考える

スポーツとしての跳び箱運動を考える場合，運動の機能的特性と構造的特性の両方からとらえる必要がある。

運動の機能的特性とは，子どもにとって運動がどんな内在的価値をもっているかという観点からとらえ，跳び箱を跳ぶことでどんな楽しさを味わうことができるのかに着目した特性論である。たとえば，うまく跳べたから楽しい，新しい跳びかたができて嬉しい，怖かったけれど思い切ってできるようになったなど，楽しさの特性を表すものである。

動きの構造的特性とは，運動学的な認識からどんな動きの意味構造（動感形相）を特徴として，どんな課題が動きかたに求められているのか，その動感形態（動きかた）の構造を明らかにすることで特性が示されることになる。

❶克服型と達成型の跳び箱運動

機能的特性からの跳び箱運動は，克服型と達成型の特性でとらえる考えかたがある。克服型での考えかたには，跳び箱を物的障害として考えたり，跳びかたの難しさに克服的な要素を求めたりして，それを克服したときに跳び箱運動の喜びが味わえるとするとらえかたである。たしかに，低学年や跳び箱がうまく跳べない子どもには，跳び箱運動は克服型の特性をもつが，どんな場合もすべて克服型の特性でとらえるには問題がある。ここでは，克服型として学習を進める場合の問題点を指摘しておく。

跳び箱運動を克服型は，克服する課題を跳び箱の高さや新しい跳びかたにおいて志向体験をさせることになる。この場合，挑戦志向の高い子どもには，克服的な楽しさが満たされたとしても，跳び箱に恐怖心をもつ子どもや跳びかたがわからない子どもには，これらの克服的な課題がむしろ原志向位相（やってみたいと思う）のなじみの地平にはほど遠く，動感運動の抑制作用が働くこととなり，なかなか跳ぶ気になれないものである。無理に跳ばせようと叱咤激励しても跳び箱嫌いを作り出すことになり，克服的な楽しさは，すべての子どもに同じように与えられるわけではないのである。

また，開脚跳びが「跳べない」子どもにとって，跳び越すための身体の動きかたがわからず，跳び箱の高さや長さなどに対しても相当の恐怖心をもっている。それが「跳べた」ときの喜びに克服感が満たされることになる。そこでの成功の原因は，単に恐怖心に打ち克つ精神的なものだけではない。むしろ，「跳べそうな気がする」とか，「跳べそうだから思い切って跳んでみよう」という原志向位相における「なじみの地平」から，探索位相を経て偶発位相で偶然にコツに出会い跳ぶという動感形態が発生したのである。

さらに，開脚跳びなどがすでに「跳べる」という形態化位相にある子どもにとっては，「もっとうまく跳びたい」「高い跳び箱に挑戦したい」など，動感形態の修正や洗練化によって，その形成位相を高めることで，さらに新たな原志向位相へと回帰することになる。それによって高さへの挑戦をするにしても踏み切りや手の着きかたに遠近感能力やコツ身体知の充実を目指すための志向努力がはじまることになる。むしろ，跳び箱運動の喜びは，志向体験できる動感形態を動感反復によって試行錯誤することで「うまく跳べるようになった」ときの喜びを感じることになり，他のスポーツと同じ達成型の特性をもつのである。

❷跳び箱で精神力は高まるか

跳び箱運動では，恐怖心に打ち克つ心を育てるとか，最後まで「あきらめない心」を育てるなど精神的な学習態度の育成にねらいがおかれることがよくある。

教師は，すべての子どもに同じ高さの跳び箱で同じ跳びかたを志向体験させるのである。そして，「跳べる」「跳べない」だけの動感形態を問題にして，跳べるようになった子どもは，先生の言うことをよく聞き，よくがんばって努力した子どもと評価される。しかし，跳べない子どもは，「勇気をもって」「最後まであきらめずに」など繰り返し挑戦するように励まされ，そして，授業の終わりには「跳べなくても最後までがんばったのだからその気持ちを忘れないように」と精神面の大切さを指導するだけで終わる。

このような，跳び箱運動の学習では，「跳べる」ことの喜びの学習は二次的に扱い，なにごとも最後まであきらめずに挑戦する学習態度を育てることが大切だとして，人間形成という隠れみのによって指導が正当化されていくのである。当然，跳び箱を跳ぶためには，努力やがんばりが必要になってくるが，だからといって，最後まで努力したのだから「跳べる」喜びが味わえなくてもよいという理由にはならないのである。

このような教材観では「負けない心」「強い心」を育てることができる跳び箱運動の授業として評価されても，本当の跳び箱運動の喜びを学ぶ学習にはならない。むしろ，跳び箱嫌いの子どもをつくることになってしまうのである。

❸跳び箱運動の動感構造の特性

跳び箱運動で使用する跳び箱は，スウェーデンで考案されたもので，段数を変えることで高低を調整することができる特徴をもっている。体育ではいろいろな運動場面に応用することができるが，跳び箱運動では，高低を変えることのできる特徴を利用して，それを跳び越すなかに動きの課題を与えることで他の跳躍系の運動には見られない独自の動感形相（動きの意味構造）を作り出している。

跳び箱運動の動感構造を助走から着地までを見ると，それぞれ動きの要素の異なった動きの組み合わせによって成り立っている。それらは，助走，踏み切り，第一空中局面，着

図2

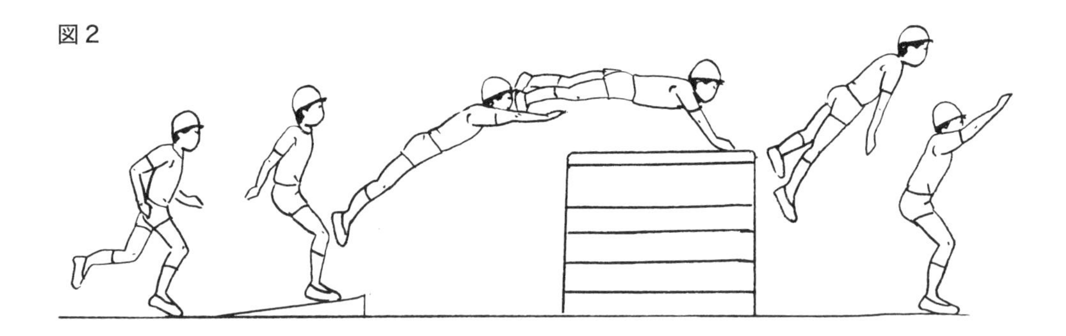

手，第二空中局面，着地の六つの局面に分けることができる（図2)。それぞれの要素は独自の機能をもちながら一連の流れのなかで連続的に行うことで，跳び箱運動は支持跳躍という特徴的な跳びかた（動感形態）になる。助走と踏み切りが組み合わされ，踏み切りのなかに跳び上がりから着手へと動きが連続する融合局面が見られ，先読み身体知の予描先読み（あらかじめ先を読む）能力が働いている。

跳び箱運動のそれぞれの局面は，前の動きから次の動きへジョイントの働きをもっているので，単純に一つひとつの動きが順番に行われるのではなく，前の動きの終わり（終末動作）が次の運動のはじまり（準備動作）へと動きを融合することでつながっていく。これを融合局面，あるいは，中間局面と呼ぶ。

この融合局面の特徴は，言葉で説明すると，「～しながら～する」と表現されるように，二つ以上の動きかたの組み合わせには，必ず見られるものである。問題は，たとえ二つの動きが単純に組み合わされたとしても，そこにある機能は分割できないゲシュタルト（かたち）をもつことになるため，この部分だけ取り出して志向体験することはできない。なぜなら，二つの動きが連続するなかには予描先読みが働く動感形態になっているからである。

動きの融合局面では，後に続く動きがどのような感じで動くのかがわかっていなければならない。次に続く動きかたを動感意識として呼び起こすことができなければ，「感じの呼び込み」ができないことになる。跳べない子どもは「感じの呼び込み」ができないことが多く，思い切って跳んだとしてもその後がどうなるかわからないのである。

跳び箱運動は，助走からタイミングよく踏み切るためには，走ってきて踏み切りの準備にはいる予備踏み切りにタイミングよく移れるかどうかの予感化能力と遠近感能力の充実にかかっている。さらに，踏み切ってジャンプしながら着手の準備をする第一空中局面の動きかたを充実させる遠近感能力も，着手してから手で跳び箱を突き放しながら身体を浮かせ着地にはいる第二空中局面の体勢をつくる定位感能力も跳び箱運動では重要な局面になってくる。このような局面化（局面を感じる）能力を充実させることで融合局面の動感形態を洗練化することができる。

さらに，跳び箱を跳び越す局面では，踏み切り（足）→着手（手）→着地（足）の順番で，

図３

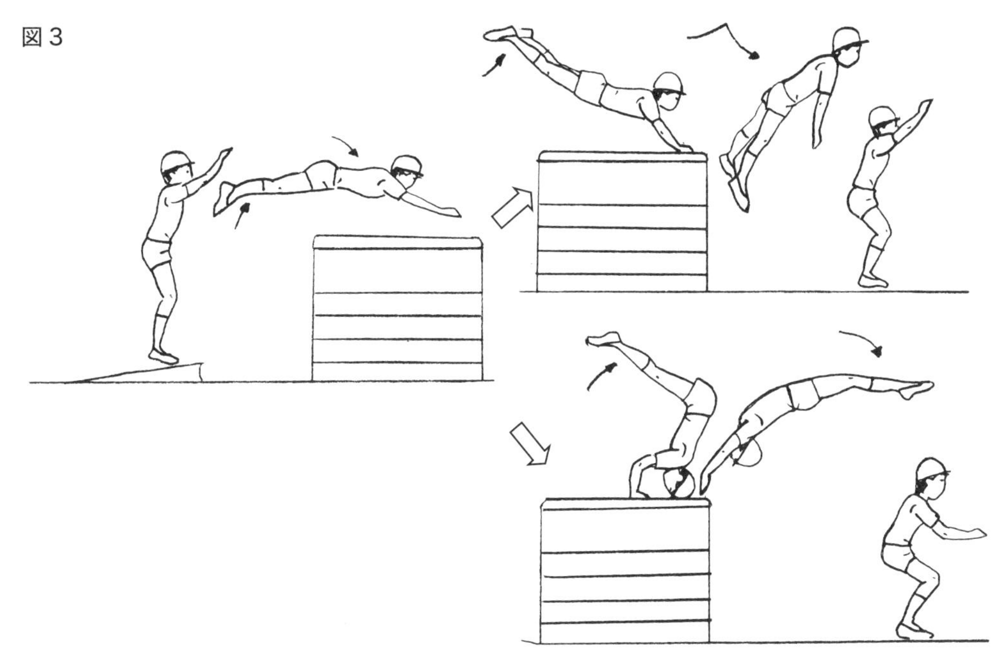

手と足が交互に中核的な働きをする。このことは，跳び箱運動特有の足のジャンプと手によるジャンプの支持跳躍を示している。

また，踏み切って台の上に着手するということは，着手のために上体の前への倒しが必要になり，前方への左右軸回転が生じ，着手後の動きに身体を後方に起こして着地にはいる「切り返し系」の技ファミリーと，着手後もそのまま前方左右軸回転を行い着地にはいる「回転系」の技ファミリーの跳びかた（動感形態）に分かれる（図３)。

この二つの動感形態の構造的な特徴から跳び箱運動は，左右軸回転を伴う手足交互操作のジャンプを特徴にする「支持跳躍」として，他の跳躍系からは区別されることになる。支持跳躍とは，手で跳び箱を支えて跳ぶ運動形態のことであり，ここに跳び箱運動の独自の習練形態としての教材的価値をもつことになる。

❹基礎技能の動感能力の発生

跳び箱運動の指導は難しいとよく言われる。跳び箱運動の指導を難しくしているのは，子どもの遊び環境に問題があったり，運動遊びの内容が貧弱であったりすることによる。それによって，跳び箱運動に必要な基礎技能の動感能力が空虚な状態で小学校に入学することになる。

一般に多様な動感形態の習得は，日常的な遊びの中で受動的に発生する「自由な習得」と体育やクラブなどで能動的に発生させる「指導による習得」の二つによるものとされている。運動発生学習にとっては，どちらも欠くことのできない習得方法になる。

われわれは，機能的なあるまとまり（ゲシュタルト）をもつ意味構造（動感形相）に名前をつけている。それによって，「跳ぶ」という動感形態は，「歩く」や「走る」と区別することができるが，「走る」という動感形態とどこで動感意識の区別がされ，いつ，どのようにして発生させていくのであろうか。子どもは，明確な動きかたの知識や認識がなくても，自分を取り巻く世界（自然，人，物）の中で，身体で応答することで多様な動感形態を受動発生させることができるのである。さらに，恵まれた環境の中で育つことで，就学前には個人差はあるとしても，いろいろな「跳ぶ」という動感形態を発生させているのである。

この「跳ぶ」という動きが体育やスポーツとして取り上げられると，走り幅跳び，走り高跳び，跳び箱運動での跳ぶ運動，いろいろなジャンプ系の運動へと分化・発展して，明確な動感形相としての課題をもち，運動種目としての習練対象になっていく。体育では，このような動感形相を習練対象にして，授業の中で計画的な「指導による習得」によって動感形態の発生，充実を目指すことになる。

跳び箱運動の習練対象の動感形態を効果的に発生させるためには，「自由な習得」によって身につけた基本的な「跳ぶ」という動感化能力を開脚跳びなどの動感形態として「指導による習得」によって分化・発展させることになる。しかし，幼児期や低学年で跳び上がりや跳び下り，手で身体を支える動感形態などの志向体験が乏しい場合は，跳び箱運動を志向体験するための動感化能力が空虚であり，どうしても跳び箱での跳び越す動感形態を発生させることができない子どもも出てくる。

❺遊びから跳び箱運動へ

いろいろな動感形態を創発させる（身につける）動感化能力は，遊びの中で養われるといっても過言ではない。また，遊びが重要なのは，跳べない子どもにとっては遊びが形成位相に応じた動感化能力を発生させる役割を果たすからである。遊びは，同時に遊びという目的的な行為として行われるため，楽しみながら動感能力を高めることになる。

跳び箱運動の授業ですべての子どもに「できる」楽しさが味わえるようにするならば，遊びから出発した動きの系統的・段階的な動感促発化の指導を行う必要がある。特に，子どもが動感として「わかった」「できそうだ」「やってみよう」と思わせる動感アナロゴン（類似的運動例）をできるだけ多く志向体験させることが大切になってくる。たとえば，ケンケンパー，うさぎ跳び，馬跳び，横跳び越し，台上からの支持跳び越し下り（図4），高い場所への支持跳び上がり（図5）などの動感形態である。

図4

図５

これらの動感素材（動感促発化のために処方すべき素材）を志向形態として発生を促すためには，マニュアルにしたがって一斉に指導するわけにはいかない。子どもの動感化能力がどの位相にあるのかを動感促発身体知によって見きわめることで，どのような素材をもちいて，どのように処方するかが問題になってくる。すなわち，開脚跳び，かかえ込み跳び，台上前転，はね跳びなどを，単に習練目標となる動感形相の順序だけを示したり，跳び箱の段数を目標に進めるだけではうまくいかない。

たとえば，開脚跳びが跳べるからといって，次の習練形態のかかえ込み跳びがすぐに跳べるようになるとは限らない。また，台上前転ができたからといって，頭はね跳びがすぐにできるわけでもない。たしかに，開脚跳びや台上前転はかかえ込み跳びや頭はね跳びの基礎的な動感能力を含んでおり，やさしい跳びかたである。しかし，それぞれの動感形態の動感構造のなかには，別の動感能力の要素が加わって，新しい動きかたの「コツ」を発生させることになる。

そのために，どのような動感化能力が発生できるようにしておくのか，その動感化能力はどのような動感アナロゴンによって，どの形成位相まで志向体験させておけばよいのかなど，動きの系統的・段階的観点から志向体験の道しるべを学習カードや学習資料などで示しておくことになる。子ども側からすれば，いろいろな動感形態に含まれた動感アナロゴンを志向体験することで，動きの感じがわかり，その動感能力が発生，充実することで「跳べるような気がする」という探索位相から「跳べる」という偶発位相に形成位相を高めることができるようになる。

跳び箱運動は，決して克服型の運動ではなく，跳べない子どもは，跳び箱運動に対して「動ける身体」をもっていないのである。子どもには跳びたいと思う気持ちがあっても，どのように身体を動かしてよいのかわからないのである。ここで大切なのは，体力面や精神面ばかりに目を向けるのではなく，教師は子どもの動きのパトス的な世界にも共感することであり，指導者の交信身体知が問われてくる。

動感アナロゴンによる系統的・段階的な学習は，必ず子どもの動きのパトス的な世界に通じているものであり，それをいかに子ども側に立ち，処方化身体知によって動感素材を仕組むかが指導者に求められる動感促発身体知になってくる。

2 切り返し系の学習

開脚跳び

[1] 開脚跳びの動感構造と動感創発能力

跳び箱運動が「跳べる」「跳べない」の基準は，開脚跳びによって判断することが多い。開脚跳びの動感形相（動きの意味構造）は学校体育ですべての子どもが志向体験する運動であり，1年生から6年生まで習練対象として目標にされる動感形態でもある（図6）。

開脚跳びの動感形態がまだ発生していない「跳べない」子どもは，その後のかかえ込み跳びや台上前転の動感形相を習練対象にして志向体験することが難しくなってくる。それだけに，指導者にとっても子どもにとっても，開脚跳びの動感形態を発生，充実させることは，体育における基礎的・基本的な動感化能力のひとつになってくる。

図6

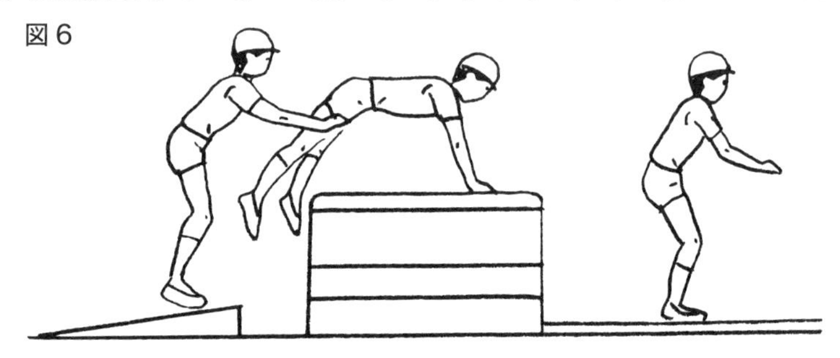

さらに，開脚跳びが跳べない子どもは，跳び箱に対する劣等感をもつだけではなく，体育嫌いの原因にもなるともいわれる。指導者にとって，跳べない子どもの悲しそうな顔を見るのは辛いものであり，たとえ偶発位相の偶然であったとしても開脚跳びの動感形態が発生し，跳べるようになった子どもの顔を見ることは子どもと同じように嬉しいものである。これまで「何分間で跳べるようにする指導」とか，「跳べない子どもの指導法」などが指導者の間で話題になったことからも指導者ができるようにさせたい動感形態のひとつであることには間違いない。

ここで開脚跳びの動感形態の発生，すなわち「跳べる」ということについて少し考えてみる。運動発生学習では具体的な動感形相（意味構造をもった動きのかたち）を習練対象の目標に，その動感形態の発生を目指して志向体験させることになる。そのためにどのような動感形態が発生したときに「できる」と判断するのか，その基準を明らかにしておく必要がある。

体育では，縦向きの4，5段の跳び箱で開脚跳びの動感形態が発生し，偶発位相から「いつでも跳べる」という形態化位相へのレベルになると「跳べる」との判断をする。このことから馬跳びやタイヤ跳びの跳び越し形態がすでに発生していても，跳び箱での開脚跳びの動感形態がまだ発生できていなければ，その子どもは「跳べない」と評価することになる。

しかし，このような子どもは，跳び箱の高さや長さに不安をもっていたり，助走から踏み切って身体を前に投げ出し着手する感じの先読み能力が空虚であったりする。それは，開脚跳びの動感形態の発生に必要な動感能力がまだ空虚なためであり，決して「跳べない」子どもではないのである。馬跳びやタイヤ跳びも開脚跳びと同じ動感構造をもつ動感形態であり，助走から両足で踏み切る動感や踏み切りから上体を前に乗り出す動感などがわかる動感素材を志向体験することで跳び箱での開脚跳びの動感形態を発生させる「コツ」をつかむことができる。すなわち，馬跳びの動感形態から跳び箱での開脚跳びの動感形態を発生させるまでには，いくつかの動感素材をもちいて動感化能力を充実させる必要があるのである。

ここで問題なのは，子どもが開脚跳びの動感形態をどのようにして発生させていくのかという問題意識をもたずに指導にあたることである。それは子どもの〈今ここ〉での動感化能力がどの形成位相にあるのかを観察もしないで，指導者が決めた4，5段の跳び箱で開脚跳びをすべての子どもに習練対象として与え，後は自得によって開脚跳びの動感形態が発生すると思い込んでいることである。そのような指導で開脚跳びの動感形態を発生(跳べる）させることのできる子どもはよいが，動感形態の動感能力が空虚（跳べない）な子どもはただ機械的反復（同じことを繰り返す）をするしかなく，始原身体知やコツ身体知をなかなか充実させることはできない。このような志向体験のさせ方が跳び箱嫌いを作り出すことになる。動感形態の発生には，機械的反復ではなく，動感的反復による一回ごとの動感差異化（違い）に気づき，次にどんな感じで動くか，動きの感じを反復する志向努力性によって動きかたの改善が行われるのである。

開脚跳びは，跳び箱を手で支えて開脚で跳び越すだけの動感形態から手の突き放しで身体の左右軸回転の切り返しで跳ぶ開脚跳びの動感形態まで形成位相のレベルを観察することができる。当然，形態化位相では，洗練化身体知を充実させて切り返しによる第二空中局面の安定した開脚跳びの動感形態へと改善を図ることになる。

［2］開脚跳びの動感形態の発生と動感素材

❶探索位相から偶発位相へと導く動感素材

ここでは，馬跳びやタイヤ跳びは跳べるが，跳び箱では跳べない子どもの指導について考えてみる。開脚跳びは，助走から踏切板の上に両足で踏み切り，身体を前に投げ出しながら着手し，手の突き放しと足の開きによって跳び箱を跳び越す動感形態である。跳べない子どもを観察すると，いくつかのタイプに分けることができる。

①踏切板の前で止まってしまい，跳び箱の上に乗ることすら怖がる子ども。

②踏み切ることはできるが，跳び箱の手前にしか手が着けない子ども。

③手は跳び箱の前のほうに着いているが，手でブレーキをかけるようにして跳び箱の上

で止まってしまう子ども。

このような子どもに，いくら「しっかり走って」とか，「思い切って」「がんばって」とか励ましても，そう簡単には跳ぶことができるようにはならない。子どもも跳びたいのであるが，どのような感じで身体を動かしてよいのか，そのときどんな体勢で，どんな感じで跳び越すのかよくわからないので，身体が思うように動かないのである。いわば，「やろう」としても「できない」という「逆らう身体」に出会っていることになる。「やろう」としても「できない」という動きのパトス（受苦）的世界の中で，どうすればよいのか悩んでいる子どもは，どうしても外側からは「やる気がない」「がんばっていない」ように見え，励ましの言葉かけしかしてもらえない。このような子どもには次のような習練過程で動感形態の発生を促すことになる。

(1) 助走から両足踏み切りができない

ロールマットか跳び箱にマットを掛けた場をつくり，手前に踏切板を置く。はじめは踏切板の上に両足をそろえて乗り，その場跳びのジャンプを２，３回してから台の上に手を着いて馬乗りになる。慣れれば，２，３歩の助走から跳び箱の前方に手を着きながらできるだけ前に乗る。両足で踏み切ることは，跳び箱運動の基礎的な動感能力になる。子どもにはじめから長い助走を求めないで，両足をそろえて踏切板に乗れるために，どれくらいの場所から踏み込み，いつ足をそろえるのかという遠近感能力と定位感能力を受動発生できるように志向体験させる。

(2) 手を前方に着くことができない

１段の跳び箱を２，３台つなげて置く。うさぎ跳びと同じように足で踏み切って台上に手を着き，前方に移動しながら足で立つ，足→手→足の交互操作のタイミングを覚え，リズム化能力を発生させておく（図７）。それによって身体を前に倒し（投げ出し）ながら手を着き，すばやく足を身体の前に引き寄せることができる時間化身体知とリズム化能力が充実してくる。次に，跳び箱１台で手を着く位置と足を置く場所を指定する。少し長めの跳び箱に対して手で支えながら跳び越せる遠近感能力が充実していく。

図７

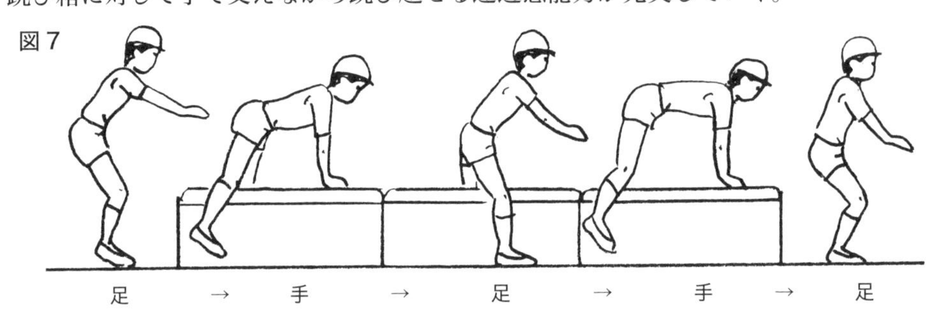

❷形態化位相での動感素材

開脚跳びが跳べるようになると次の志向形態として跳び箱の高さや長さに動感志向をさせることで，克服的な特性を前面に出して志向体験させることがある。しかし，動感形態

(跳びかた）を形成位相の形態化位相に着目すれば，動感形態の安定性や美しさなどの動感の感覚質を求めて志向体験することになる。その習練形態や習練過程には，コツ身体知と洗練化身体知に求められる動感能力を充実させる動感素材をもちいることになる。

ここではより安定した開脚跳びで，切り返し形態がはっきりと発生する動きかたの習練過程を考えてみる。

(1) 安定した着地ができる

動感形態がすでに発生（跳べる）している子どもがうまく跳べるかどうかを観察する視点として，着地体勢が安定して行える定位感能力の充実を目指して志向体験ができるようにする。

【動感能力】跳び箱の着地場所にゴムひもを張り，それを踏みながら着地することで定位能力と遠近感能力の充実を図る（図 8)。空中のゴムひもを踏むことで着地の体勢の先読み能力が発生し，しっかりとマットを踏みつけることで弾性化能力が充実した着地ができるようになる。ゴムひもを少し離したり，高くすることで手の突き放しでの力動洗練化身体知が，第二空中局面での定位感能力が充実してくる。

図 8

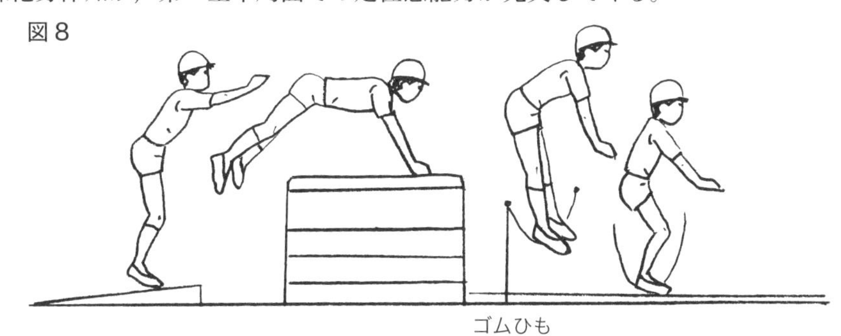

(2) 着手での手の突き放しができる

跳べない子どもに志向体験させるとき，手の着きかたの動感志向について「お尻の下に手をかくようにして跳びなさい」と動感指導をすることがある。問題は，このような手の着きかたは,跳び越すことの動感が空虚な子どもにわかりやすい動感指示になる。しかし，開脚跳びの動感化能力として，すべての子どもに画一的に指導することはできない。

踏み切りから着手にかけて身体の前への乗り出す定位感能力が充実していない場合は，「手のかき」によって前方への移動を助けることになる。しかし，助走のスピードや踏み

図 9

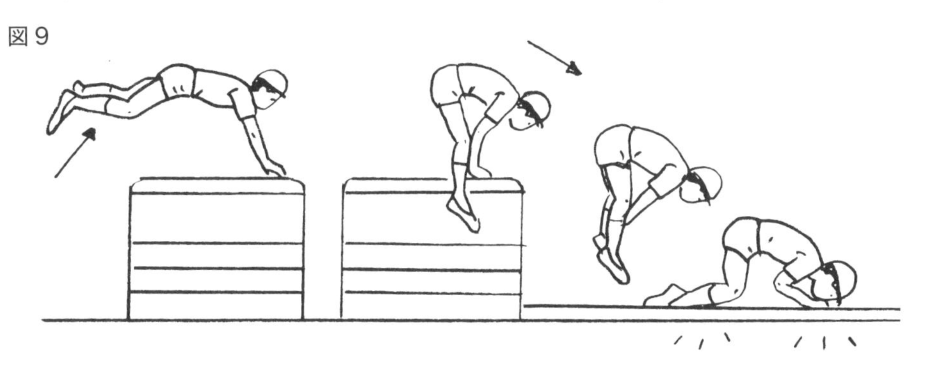

図10

切りの力動洗練化身体知が充実してくると，第一空中局面で足や腰が高く上がるようになってくる。このような子どもに手で跳び箱をかくように動感志向させることは，第二空中局面で上体が起こせず，前のめりのまま着地体勢になり，大変危険な状態になる（図9）。

【動感能力】着地位置を高くした場をつくり，手の突き放しによって上体をしっかり起こして着地できる時間化身体知の裏づけによる局面化能力と着手時の弾性化能力が充実してくる（図10）。

(3) 第一空中局面を大きくする

踏切板と跳び箱の間にゴムひもを張り，踏み切りから着手までの空間を動感意識できるようにする。

【動感能力】上体を起こし着地体勢になる定位感能力が充実してくる。それによって明確な切り返しによる動感形態が発生し，膝や腰を伸ばしたダイナミックな跳びかたとなり，切り返しとともに第二空中局面での身体の浮きを感じ取ることのできる価値覚能力も充実してくる。

かかえ込み跳び

［1］かかえ込み跳びの動感構造

かかえ込み跳びの動感形相（動きの意味構造）は，助走から踏み切り，第一空中局面から着手による手の突き放し（手によるジャンプ）とすばやい膝のかかえ込みによって第二空中局面でかかえ込み体勢をつくり，身体を伸ばしながら着地する動感形態である（図11）。

図11

過去には，腕立て閉脚跳びとも呼ばれた動感形相であるが，それは，開脚跳びの動感形相に対して足を閉じた体勢で跳ぶことからつけられた名称である。しかし，閉脚跳びという技名には，「かかえ込み体勢」「屈身体勢」「伸身体勢」での動感形態がすべてにあてはまることになる。

技名については以前にも述べたが，いろいろとある動感形相（目標技）の中から他の動感形相と区別ができるように，その動感形相がもつ固有の動感形態をできるだけ表記できる技名をつけることになる。ここではかかえ込み体勢で跳ぶ動感形態が習練形態になる。かかえ込み跳びと屈身跳びや伸身跳びは，形相分析から体系的に同じファミリー系に属し，屈身跳びと伸身跳びは，かかえ込み跳びの発展技として上位に位置づけられる（図 12）。

図 12

開脚跳びが足を開いて跳ぶことから跳び箱に足が引っかかる心配をしなくてもよいのに対して，かかえ込み跳びは，手の間を抜くように膝をかかえて跳び箱の上を跳び越す動感形態になる。動感構造からもどうしても膝のかかえ込みや手の突き放しのタイミングなどの動感化能力が空虚な状態では，跳び箱に足が引っかかって顔から落ちそうになる。跳べない子どもにとっては，この怖さがあることからどうしても思い切って跳ぶことができないのである。また，肥満傾向にある子どもは，身体条件からもなかなか跳び箱の上に足を引き上げることが難しくなる。跳べない子どもには開脚跳びに比べて原志向位相のなじみの地平に身体状態感がなれず，指導者も志向体験させることを躊躇してしまう。しかし，足のかかえ込みと手の突き放しのタイミングがうまく合わせることのできる動感化能力を発生させることができれば，跳べない子どもも跳べるようになっていく。

跳べない子どもは，どうしても手の間で足をかかえ込むことができないことが多い。そこでよく志向体験させるのが，凹型の跳び箱や 2 台の跳び箱を横に並べ，手の位置より低いところで足をかかえ込む習練形態を志向体験させる（図 13）。この足抜き型の動感形態を発生させて跳ばせることが，できない子どもの一般的な指導として行われるようになっている。

図 13

たしかに，足は手の間を通すことができるが，手を支えたままの体勢では，もっとも中核的な動感能力としての手を突き放す（手でジャンプする）動感形態は発生してこない。手の突き放しで身体を浮かすことができなければ，跳び箱の凹

型のくぼみを少しずつなくしても，どこかで足が引っかかることになる。これでは，いつまでも普通の跳び箱で跳ぶことはできない。

そこで，普通の跳び箱でできなくても，凹型の跳び箱でかかえ込み跳びと同じ動感形態が発生したのだから，いつかはできると励ますことになる。たしかに，この志向体験では，足が引っかかる心配がないので怖さもない。子どもの中には足のかかえ込みと手の突き放しのタイミングを合わせることで，かかえ込み跳びの動感形態が発生して跳べる子どもも出てくる。しかし，多くの子どもは，凹型の跳び箱で足抜き跳びの動感形態だけを志向経験して終わってしまうことになる。この動感指導では指導者がかかえ込み跳びの動感形態を手の支えで足を抜く跳び越しかたの動感形態と，膝のかかえ込みと手の突き放しで跳ぶ，かかえ込み跳びの動感形態の動感構造の違いを形相分析していないことによるものである。

［2］かかえ込み跳びの動感創発能力と動感素材

開脚跳びと同じ類似核をもつ動感形態に馬跳びとタイヤ跳びがあることは説明した。同じようにかかえ込み跳びと同じ類似核をもつ動感形態としてうさぎ跳びがある。平地でうさぎ跳びをするか，高い台に上に手を着いてうさぎ跳びをするかの違いはあるが，かかえ込み跳びの動感形態の発生（作り出す）には，うさぎ跳びの動感形態にモナド的動感メロディーを含んでいることから動感素材として生かすことになる。

まず，うさぎ跳びで手足の動かしかたを覚え，リズミカルにできるようにする。このうさぎ跳びも，足→手→足の手足交互操作の動感運動なので，はじめは，手が着ける位置に線を引き，少しずつ離しながら，できるだけ遠くに手を着くうさぎ跳びを行うことによって遠近感能力と力動洗練化能力が充実できるようにしておく（図14）。

図14

前方に大きくうさぎ跳びができるようになると，今度は身体の切り返しを動感意識したうさぎ跳びの志向体験をさせる。手はあまり遠くに着かなくてもよいが，手で床をしっかりと突き放し，上体を起こすことで手よりも前に足が出るようにして，しゃがみ立ちになる（図15）。ここでは時間化身体知と弾性化能力の充実を図る。

図15

予備的な動感形態として腕立て横移動回転や手押し車，カエルの逆立ちなどの手で身体を支える動感能力と，腕立て伏せの体勢から腰の反動を利用して足をタイミングよく引き寄せる時間化身体知と伝動化能力の発生，充実を図っておくことになる。

❶跳び箱の上へのうさぎ跳び上がり

うさぎ跳びが形態化位相にある子どもでは，4段ぐらいの横向きの跳び箱でかかえ込み跳びの動感形態をすぐに発生させることができる子どもがいる。ここでは，跳べない子どものために，その前の志向段階として，跳び箱の上にうさぎ跳びで跳び上がる動感形態の志向体験からはじめることになる。

3～4段（子どもの身長によって高さを変える）の跳び箱を縦向きに2台並べておく。この場づくりではステージなどを利用してもよい。跳び箱の真ん中ぐらいにテープなどで手を着く位置を決めておく。はじめは，2，3歩助走から決められた場所に手を着いて，うさぎ跳びの要領で台の上に足を乗せることで高さや距離に対しての遠近感能力が充実してくる。

次に，手を着く場所を跳び箱の手前に着き，ここでは膝の引き寄せによって足が手より前に出るようにして乗る（図16）。膝をすばやくかかえ込むことができる伝動化能力と足が手より前に着くことがわかる定位感を充実させる。手の突き放しのタイミングと膝の引き寄せがうまくできるようになったら，手を着く場所を跳び箱の前のほうにして，2台目の跳び箱の上にしゃがみ立ちになることで弾性化能力と伝動化能力が充実してくる。このように，手を着く場所と足を置く位置が安定してできるようになれば，かかえ込み跳びを跳ぶための動感化能力が充実してきたといってよい。

図16

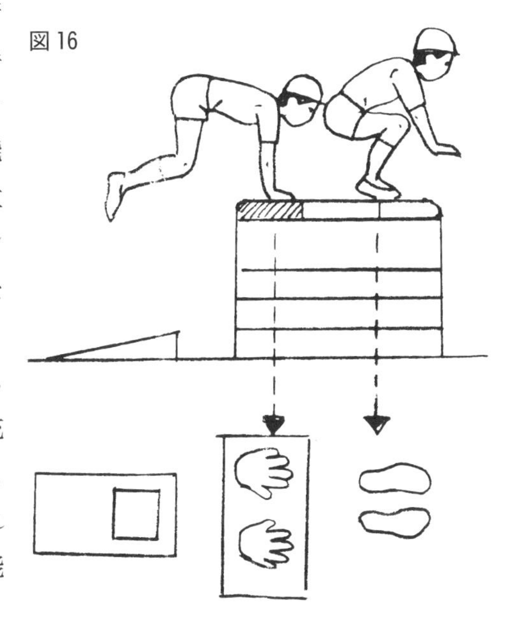

縦向きの跳び箱で手を着く位置より足を前に出して跳び上がることができると，今度は跳び箱を横向きにする。それによって手は跳び箱の上に着き，足は跳び箱の向こう側に位置することになる。後は，着地体勢に入ればよいわけである。怖がる子どもに，最初から跳び箱でかかえ込み跳びを跳ばそうとはしないで，まずは台上へのうさぎ跳び上がりの志向体験からはじめる。それによって探索位相の「できそうな気がする」との感じが発生するまで時間をかけることが大切になってくる。

❷跳び箱へのうさぎ跳び上がりができない子ども

どうしても跳び箱の上にうさぎ跳び上がりができない子どもがいる。跳び箱の上に手を着くことはできるが，跳び箱の上に足を乗せようとすると足が跳び箱に引っかかって，しゃがみ立ちの体勢になることができない。

このような子どもには，無理に跳び箱の上に足を乗せようとはせずに，膝を着いて，跳び箱の上に正座姿勢で乗ることができるようにする（図17）。

図17

この正座姿勢で乗ることができれば，着いた手の位置よりできるだけ前に正座姿勢で乗ることを目標にする。手より前に正座姿勢で乗るためには，やはり手の着き放しと膝を引き寄せる伝動化能力と，そのタイミングをうまく合わせる時間身体知が発生していないと手より前に膝を出すことができない。

着いた手の位置より前に正座で乗れるようになると，跳び箱へのうさぎ跳び上がりと同じように，跳び箱を横向きにして，ソフトマットを跳び箱と同じ高さに積み上げる。その上にマットを掛けると，跳び箱とソフトマットのつなぎ目が隠れて安心感が出てくる。そこで，2，3歩助走から跳び箱の上に手を着き，安全マットの上に正座ができるようにする。確実にソフトマットの上に座ることができれば，かかえ込み跳びを跳ぶことのできる動感化能力が発生したことになる。後は着地をどのようにするのかが問題になり，ソフトマットを少しずつ低くして着地体勢の動感能力を発生させる。このとき，むりやり足で着地をさせなくても，ソフトマットの上なので，手を着いた膝立ちで着地をすることもできる。慣れれば足で立てるように着地場所を低くしたり，補助者が側に立ち，跳び越すときに上腕を軽く持ち上げてやるとスムーズに跳び越すことができる（図18）。

図18

この志向形態で気づくことは，今まで指導者も子どももかかえ込み跳びは，両手の間に足を通して抜かなければならないと思い込んでいたことである。そのため，足（つま先）から先に手の間を抜こうとする動感意識が強くなり，どうしても手を着いたままの体勢で，足だけを抜こうとして跳び箱に足先が引っかかり怖かったのである。

動感構造から分析すれば，足先から抜かなくても膝の引き寄せによって伝動化能力を発生させ，手の間を膝から抜くことで足は後から抜けてくる。着地は身体が跳び箱の上を越してから足を前に出すようにすればよいのである。このような動感形態の発生のさせかたをすることで，身体的な条件（肥満傾向の子ども）で跳び箱の上に足を乗せることのできない子どもでも，かかえ込み跳びに挑戦することができるようになる。

また，前に落ちる怖さがないので，思い切って膝を前に出す動感的な志向努力をさせることができる。さらに，かかえ込み跳びでもっとも重要な手の突き放しの動感化能力も少しずつ充実することができるようになる。

❸縦向きの跳び箱でのかかえ込み跳び

横向きの跳び箱でかかえ込み跳びの動感形態が形態化位相にまで高まっている子どもは，次に，縦向きの跳び箱に挑戦できるようにする。踏切板を離したりゴムひもなど跳び箱の前に張り，目標の距離や高さを作り出し，縦向きの跳び箱を跳び越すことのできる遠近感能力を充実させる。また，手の突き放しに合わせた膝を引き寄せる伝動化能力が充実してくると，「できそうだ」と感じる動感志向性が発生することで縦向きの跳び箱で志向体験ができるようになる。

3 回転系の学習

台上前転

［1］台上前転の動感構造

台上前転の動感形相（動きの意味構造）は，名前のとおり跳び箱の上で前転を行う動感形態である（図 19）。

これまでの学習指導要領では，台上前転は，5，6 年生の高学年で志向体験する動感形態でもあった。しかし，現在の学習指導要領では，3 年生で跳び箱の上での前転がり，4 年生で台上前転を学習するように例示されている。3，4 年生での習練対象になった理由としては，5，6 年生になると身長も高くなり，強く踏み切ると，小学校用の跳び箱では長さがないために，前転で腰が跳び箱の外に出てしまい，腰を打ったり，落ちてしまったりして転がること難しくなる。そこで，手前に手を着いてできるだけ小さな前転をしないとうまく台上で転がることができない。どうしても踏み切りを弱くして窮屈な姿勢で前転を行うことが求められることになる。高学年になると思い切ってできないような動感形態

図 19

は，あまり魅力的な動感運動にはならないのである。

もう一つの理由として，このように動感形態（動きかた）が制限される動感形相（目標技）では，技の発展性が望めないことである。器械運動では，覚えた動感形態（動きかた）をもとに次の習練形態の動感形相（目標技）へと発展させる楽しさがある。また，それによって跳び箱運動を継続的に志向体験することができる。台上前転の動感形相（動きの意味構造）は，回転系の動感構造の特性に属しているので，段階的・系統的な志向体験することで首はね跳びや頭はね跳びの動感形相（目標技）に発展させることができる。小学校の中学年で台上前転を志向経験することによって，動感形相（目標技）の体系からは高学年で首はね跳びや頭はね跳びの動感形態に発展させることができる。

高学年での首はね跳びと頭はね跳びの動感形相（動きの意味構造）は，子どもにとって魅力的で志向意欲がかき立てられる動感形態（動きかた）になるが，「できない」子どもにとっては，逆さになることの定位感能力が空虚なため，怖さや安全面からもなかなか志向体験をさせにくい動感形態でもある。そのためには，どうしても基礎的な動感化能力として台上前転をしっかり志向体験させておく必要がある。ここでは，台上前転の動感形態にどのような動感構造の問題があるのかを考えてみる。

台上前転の動感形態は，マット運動の前転と同じ動感形態であるが，前転をする場所が跳び箱という高さと幅の中で動感形態を発生させることになる。当然，マットでの前転の動感化能力が形態化位相の「できる」状態に達していることが前提条件になってくる。

しかし，マットで前転ができるからといって，跳び箱ですぐに台上前転ができるかといえばそうとは限らない。子どもとの交信能力をもとに，その動感を聞いてみても，「簡単にできる」という動感化能力をもつ子どももいれば，「怖い」とか「横に落ちそうな気がする」など始原身体知が空虚なために不安をもっている子どもも多くいる。それでは，マットの前転は「できる」のに，どうして台上前転になると「怖い」とか「横に落ちそうな気がする」などと原志向位相の「なじみの地平」の状態になっていないのであろうか。

前転は，しゃがみ立ち姿勢から手を着いて頭越しに転がってふたたびしゃがみ立ちになる動感形態である。開始体勢でマットに手を着いて腰を高くすることのできる定位感能力が発生してくれば，それだけで重心位置は頭の上に移動させ，後は手の間に頭を入れるだけで前方に転がることができる。幼児のでんぐり返しの動感形態と同じように手の間に頭を入れることで前転がりの動感形態は発生する。しかし，前に転がる動感形態（動きかた）だけではまだ前転の動感化能力として「できる」段階にはなっていない。低学年の子どもでも，前に転がるとき，背中を丸くしての順次接触回転の動感形態にならず，腰を打ちつけるような転がりかたや腰を曲げて二つにつぶされるような転がりかたをよく見かける。

前転にはスムーズに転がるために順次接触回転の動感形態を発生，充実させることが必要になる。簡単に言えば，「背中を丸くして転がりなさい」という動感言語の呈示となり，そこでよく使われる動感指導の言葉が「ボールのように小さく丸くなりなさい」という「ボール理論」をもちいる動感形態の指導である。これは，転がるために身体を球体にすることをイメージ化させての習練形態にするのである。しかし，ボールのように身体を小さくする動感形態の前転では，台上前転の動感形態（動きかた）に大きな問題が出てくる。

前転にはもう一つ大切な動感化能力がある。それは，伝動化能力による回転を加速させる動感形態を発生させておくことである。首から背中にかけて転がるときに，膝を斜め前方に足を投げ出して，回転力を高めるために腰角度を広げ，この腰角の広がりを立ち上がりのときに，上体の起こしと一気に膝をかかえ込むことでしゃがみ立ちになる伝動化能力のことである。このように，腰角を広めにした前転の動感指導をしておくことが大切になる（図 20）。

図 20

［2］台上前転の動感創発能力

台上前転は，跳び箱の上に手を着いて高い場所に前転する動感形態になるので，マットでの動感形態のように頭を手の間に入れるだけでは回転ははじまらない。どうしても助走から両足踏み切りで，ジャンプをしながら腰を高く引き上げて前転することになる。そのためにジャンプしながら逆さになることがわかる定位感能力と腰をどれくらい引き上げることで逆さになるのかがわかる遠近感能力も発生させておくことになる。今まで，常に頭が上にあるジャンプしか経験していない子どもにとって，どれくらい腰を引き上げれば腰が上で頭が下の逆位体勢になるかがわかる遠近感能力と定位感能力が空虚であると，恐怖心も大きくなる。

このような動感能力を発生させるには，はじめから高い跳び箱で行うのではなく，何枚かマットを重ねた少し高い場所や低い跳び箱から腰を引き上げて，前転ができるように動感能力を発生させる。マットで頭を手の間に入れれば回転ができると思っている子どもには，腰を高く引き上げてから前転する「コツ」をつかませるために，動きかたの違いがわかる動感分化能力や再認化能力を発生，充実させることも大切になる。

次に問題となることは，ボールのように小さく丸くなればよいと「ボール理論」で前転の動感形態を身につけた子どもにとっては，台上前転でも台上に手を着くとすぐに頭を入れてボールのように身体を小さくして転がろうとする

図 21

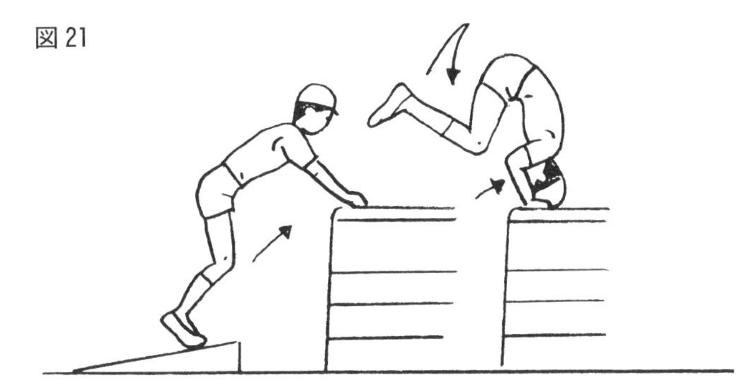

(図21)。そのため腰がまだ十分に上がっていないのに，身体を早くから丸くして回転をすれば，台上で転がるどころか，回転が途中で止まってしまうことになる。たとえ，台上で転がることができたとしても前方に転がるスピードが弱く不安定な動感形態（転がりかた）になり横に落ちそうになる。このような子どもには，「勇気を出して」と励ましても何の解決にはならないことは明らかである。すなわち，ボール理論が台上前転のつまずきの原因になっているのである。そのためには，ボール理論の前転の動感形態（動きかた）から腰角を少し広げた回転が加速できる動感形態に改善することのできる解消化能力を発生，充実させるための動感素材をもちいることになる。腰角度を広げたゆりかごや低い跳び箱から下のマットに手を着いて前転をすることが腰角を広げた動感形態の改善にとって有効に働く（図22）。

図22

台上前転の動感指導では，踏み切ってジャンプしながら足や腰を高く引き上げ，頭を手の間に入れながら前方に回転して台上で前転をすることができるようにする。このような動感化能力が空虚な（できない）子どもにとっては，その「コツ」をつかむことができる動感素材を処方することと，動感言語によって動感能力を発生させることがポイントになる。

［3］台上前転の動感形態の発生と動感素材

ここでは，台上前転の「できない」子どもの動感指導を考えてみる。マットとは違って跳び箱の幅の中で前転をすることになるから，まっすぐに転がることがわかる定位感能力と時間化身体知を充実できるようにする。

❶マットを4枚程度重ねた上に線を引き，跳び上がり前転

膝の伸ばしで腰を高く引き上げてからマット上に引いた線の上を前転する。

【動感能力】横に落ちる心配がないのでまっすぐに転がる感じがわかる定位感能力が発生，充実してくる。

❷跳び箱を2台つなげた上での台上前転

2台の跳び箱を縦につないで並べ，台上での前転をする。ここでは身体を丸めた前転ではなく，腰角度を広げた大きな前転に変えていく。はじめは2段ぐらいから行い，段数を上げていく。

【動感能力】高さに応じて腰を引き上げることができる遠近感能力と腰角を広く保って

まっすぐに転がることのできる定位感能力が充実してくる。

❸跳び箱での台上前転

跳び箱を横に2台並べ，その上にマットをかけて真ん中が凹の溝になるようにしてその間で前転をする。真ん中が溝になっているので横に転がり落ちる心配はない。また，跳び上がって腰を高くしてから前転する「コツ」をつかむために，時間をかけてもしっかり身につける。うまくいかない場合は，指導者が膝頭を軽く持ち上げるように補助をしてやることも必要になる。このように横に落ちるという不安をなくすことで，原志向位相から探索位相への志向体験を保証することになる。

【動感能力】踏み切りを強くして足や腰を高く引き上げることができる遠近感能力と後頭部から転がることがわかる定位感能力が充実してくる。ゴムなどを目標にして，そのゴムを跳び越すようにすることで高さに対して腰をどれくらい引き上げるかがわかる遠近感能力を充実させる。踏み切りから第一空中局面で腰を高く上げることで時空間の局面化能力とタイミングよく腰を引き上げる感じを繰り返すことのできる再認化能力が充実してくる。

子どもは，ここでの動感形態の「コツ」をつかむと跳び箱でやってみようというと原志向位相のなじみの地平となり，動感志向が発生する。そこでの志向体験はできる段数から台上前転を動感指導をすることになる。

このとき同時に，高い場所での前転から着地もできる動感指導をしておく。着地の志向体験は，ステージや跳び箱の上から，ちょうどお尻の真ん中ぐらいにその端が当たるように手を着く場所を決めることのできる遠近感能力と気配感能力を発生，充実させて転がることがようにする。上体を起こしたとき，膝，腰が直角ぐらいになって，いすに腰掛けるような体勢で安定した着地ができるように予感化能力と遠近感能力が充実してくる（図23）。

図23

❹伸膝台上前転

台上前転の動感形態（動きかた）が安定してできる形態化位相の階層になってくれば，跳び箱を高くしての動感志向形態も一つの習練目標になるが，それよりも台上前転での動感形態の姿勢的簡潔性を習練目標にして志向体験できるようにする。

今までは，かかえ込みの台上前転の動感形態であったが，次に目標とする習練形態は伸

図 24

膝台上前転ができるようにすることである（図 24）。伸膝台上前転の動感形相（動きの意味構造）は，回転中に膝を伸ばそうとしてもなかなかうまくいかないので，踏み切りでの腰の引き上げと同時に膝が伸びていることがわかる定位感能力を充実させることになる。それによって着地まで膝を伸ばした台上前転の動感形態を発生させることができる。膝を伸ばして台上前転をするためには，踏み切りで膝を締めて跳び上がることを動感意識できる直感化能力を充実させ，腰を高く引き上げることができるようにする。それによって膝を伸ばしていることがわかる定位感とどの程度腰を高く引き上げるかの遠近感能力も充実してくる。また，台上での回転中も膝への意識がなくなればすぐに曲がったりゆるんだりするので時間化身体知を基盤にして膝を伸ばしていることがわかる定位感能力を充実させる。動感形態が形態化位相から自在位相になると，腰角を保ちながら空間的に大きく，回転スピードも自分でコントロールできるような動感形態になっていく。この伸膝台上前転から腰を一気に伸ばす「はねる」動感形態の発生によって，首はね跳びや頭はね跳びの動感形態に発展していく。この動感化能力を基盤にして，身体の伸びた美しいはね跳びの動感形態を発生，充実することができるようになる。

頭はね跳び

[1] 頭はね跳びの動感構造と動感創発能力

マット運動で「頭はね跳び」の動感形相（動きの意味構造）については，すでに説明をしたが，跳び箱運動の「頭はね跳び」は，マット運動での頭はねおきと同じ動きの意味構造をもつ動感形相である。腰の屈伸動作による「はね」によって，前方への回転力を作り出すことになる。異なる点は，跳び箱の上ではね跳びをするため，助走から踏み切りによって腰を引き上げ，頭部の支持によって頭はね跳びの動感形態を発生させることである（図 25）。

跳び箱運動には，開脚跳びやかかえ込み跳びの動感形態のように，着手時の手の突き放しによって身体の左右軸回転を切り返して跳ぶ切り返し系の運動形態と，台上前転や頭はね跳びの動感形態のように身体全体が前方に一回転して跳ぶ回転系の運動形態に分類することができる。

跳び箱運動での頭はね跳びの動感形相は，頭の支持によって腰が頭越しに回転するとき

図 25

に一気に腰を伸ばし，空中に身体を浮かして伸身体勢で回転して着地をする。そのため，開脚跳びのように着地位置が見えないという怖さがある。また，はねるタイミングが合わず直感化能力が空虚であると早くはねることになり，跳び箱で腰を打ったり，腰を最後まで伸ばすことの伝動化能力が充実していないと回転不足となり腰から落ちたりすることがある。また，指導者側からは，指導が難しく，危険を伴うので教えにくいと敬遠されることもある。たしかに，跳び箱の上で頭支持から「はね動作」をしなければならないので，失敗したときの危険性が高いことも確かである。

しかし，台上前転が安定してできる形態化位相や自在位相の状態であれば，はね動作によって空中に身体を浮かして回転する身体状態感は，切り返し系の動感形態では味わえない動感であり，子どもにとってこの空中で回転することは，とても魅力的な動感形態になる。

マットでの頭はねおきは，平らな場所で行うため，頭で支持する位置と着地する位置が同じであり，落ちる心配をしなくてもよいのであるが，「はねる動作」と手の押し放しのタイミングうまく合わなければ，空間的に回転して立つことが難しくなる。しかし，跳び箱の場合では着地をする場所が低い位置にあるため，腰を「はねる」タイミングさえ合えばその落差によって比較的容易に空間で回転して立つことができる動感構造をもっている。

問題は，マットとは違って，跳び箱の上まで腰を引き上げなければならないことである。そこで，台上前転で腰を高く引き上げて転がることが，頭はね跳びの動感形態にとって基礎的な動感能力になってくる。たしかに，跳び箱を低くすれば，腰は引き上げやすいが，今度は，腰の「はね」から着地までの空間的な落差が少なくなり立つことが難しくなってくる。跳び箱の高さについては，子どもの踏み切りで腰を高く引き上げることのできる遠近感能力や「はねる」体勢とタイミングがわかる定位感能力と時間化身体知がどれくらい充実しているかによって決まってくる。

指導者の中には，「はね動作」など面倒なことをしなくても，一気に足を振り上げて回転する「前転跳び」を志向体験させればよいのではないかと主張する指導者もいる。たしかに，子どもが助走から強く踏み切り，しっかりと足を振り上げることができる動感化能力があればよいが，小学校段階では，それだけの動感化能力がまだ充実していないことが多い。それだけに，台上前転から「首はね跳び」「頭はね跳び」と志向体験をする中で，形成位相にしたがって原志向位相から探索位相へと試行錯誤をしながらも動感能力を充実させていくことに運動発生学習としての意味と価値がある。

［2］頭はね跳びの動感形態の発生と動感素材

頭はね跳びの動感形態は，開脚跳びやかかえ込み跳びのように，動感形相（目標技）を図解などで提示し，それを見て後は志向体験しなさいというわけにはいかない。頭はね跳びの動感形態を発生させようとするなら，それに必要な基礎的な動感能力としての身体を反らして回転することがわかる定位感能力を充実させることになる。そのためにも，次のような道しるべにしたがって基礎的な動感化能力をもとに，頭はね跳びの動感形態を発生させることになる。

①前方に回転するための腰を引き上げることのできる動感形態と初歩的な身体を反らして回転する動感形態を発生させることのできる志向形態。

②頭越しに回転して腰を「はねる」動感形態を発生するために時間化身体知と定位感能力の充実させることのできる志向形態。

③「はね」に合わせた手の突き放しがタイミングよくできる直感化能力と空中での伸身体勢で回転することがわかる定位感能力，着地をすることに探りを入れることのできる予感化能力を発生，充実させることのできる志向形態。

これらの動感能力が発生，充実するために，いくつかの動感素材をもちいて志向体験することで頭はね跳びの動感形態を発生できるようにすることになる。

❶膝伸ばし台上前転

低い台上（1段の跳び箱，数枚重ねたマット）に，踏み切りで膝を伸ばして台上前転をする。跳び箱を高くしても，膝を伸ばした台上前転ができるように踏切板を利用する。

【動感能力】踏切板をしっかりと踏み込むことのできる弾性化能力と膝をしっかりと伸ばしきることがわかる定位感能力を充実させておく。慣れてくれば，踏切板と跳び箱の間にゴムひもを張り，ゴムひもを越して腰を引き上げることができる遠近感能力も充実してくる（図26）。

図26

❷台上からの首はねおき

(1) 前転ブリッジ

まずはじめに後方にゆりかごで転がり，手を耳の横に着き，首支持で足を頭の後ろに下ろした体勢になる。その体勢から足を斜め前方に投げ出しながら身体を反らしてブリッジになる動感形態（動きかた）が発生できるようにする。

次に，坂マットで肩幅に手を着いて坂の上に向かって前転をしながら首支持になる瞬間に足を斜め前方に投げ出して身体を反らしてブリッジ体勢になる。

【動感能力】前転で頭越しの回転をするとき膝を伸ばすことの動感意識をもつ。首支持で支えて屈身体勢になることがわかる定位感能力と前方に転がる前に足を前方にすばやく投げ出すタイミングがわかる時間化身体知，前方に足を円弧を描くように投げ出すことがわかる遠近感能力，身体を反らしてブリッジ体勢をつくることがわかる定位感能力，足の投げ出しに合わせて腰角を広げ，手は耳の横でしっかりと押し，腕を伸ばすことができる伝動化能力が充実してくる。

最後には，ステージや跳び箱を使って，高い場所から首はねおりをする。

【動感能力】前転から膝を伸ばして首支持になることがわかる局面化能力と，腰が首の位置より前に移動したときに一気にはねるタイミングがわかる時間化身体知の予感化能力と直感化能力が充実してくる。特に注意することは，膝を伸ばして，足全体で斜め前方に円弧を描くように，腰が伸びきるまではねることがわかる定位感能力と伝動化能力の充実ができるようにすることである。さらに，それに合わせて，耳の横に着いた手をしっかりと頭の後ろで腕を延ばし，押し放しをする伝動化能力も充実してくる。

(2) 屈身頭倒立からのはね動作でブリッジになる

頭倒立から足を腹部のほうに下ろして腰を曲げた屈身体勢になる。腰を前に倒すように移動させてから足を斜め前方にはね上げて身体を反らしてブリッジになる。

【動感能力】頭倒立で腰を曲げて「く」の字体勢をつくることがわかる定位感能力，はねるために準備をすることのできる局面化能力と時間化身体知を充実させる。腰の曲げから伸ばす反動で斜め前方に足を投げ出しブリッジになることができる伝動化能力と，手の押しのタイミングがわかる時間化身体知も充実してくる。

(3) 着地体勢のつくりかた

壁を背に，少し離れたところに立ち，手を上に上げてゆっくりと後方にブリッジをしながら壁に手を着く。壁に着いた手の肘を軽く曲げてから押し放し，腰が曲がらないように胸と腰を反らせて元の立位の状態になる。

【動感能力】身体を反らせながら起き上がることと膝と腰を軽く曲げて着地体勢になることがわかる定位感能力が充実してくる。壁に手を着く位置を低くした場合は，補助者によって起こしてもらうことで反りながら起き上がる伝動化能力も充実してくる。

❸台上前転から首はね跳び

(1) 横向きの跳び箱で台上前転から首はね跳び

横向きの跳び箱にマットをかけ，着地場所にソフトマットを置く。横向きの跳び箱で台上前転をすると背中で転がる場所がないので落ちながら回転することになる。

【動感能力】背中が落ちる瞬間が「はね」のタイミングになるので時間化身体知を充実することで,「コツ」を感じ取れるようにする。また,どれくらいの落差で落ちるのかの空間と時間を感じ取ることができる遠近感能力と時間化身体知も充実させておく（図27）。

図27

次に,腰の「はね」のタイミングがわかれば,足を前上方に投げ出して腰を一気に伸ばすことで身体を反らして空中で回転しながら着地体勢になる（図28）。

図28

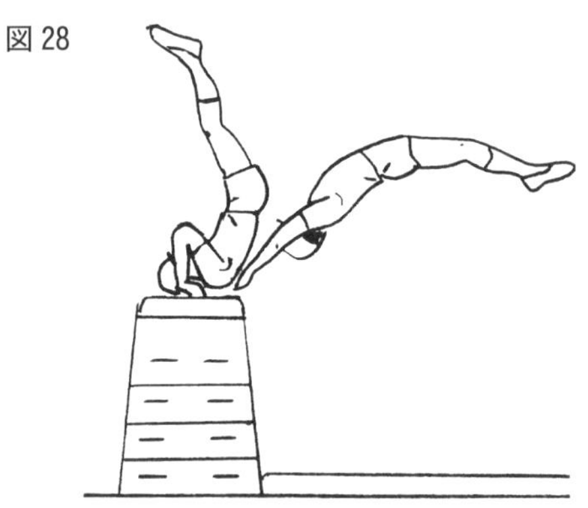

【動感能力】「はね」による足の投げ出しと身体の反らしによって回転力を作り出す伝動化能力を充実させる。はじめは,腰が曲がって着地してもよいが,空中に体が浮くことを感じる気配感と身体を最後まで反らせることができる定位感能力が充実してくる。跳び箱より腰が前に出てから「はねる」ことができる時間化身体知と最後まで腰を伸ばしきることがわかる定位感能力が充実してくる。

(2) 縦向きの跳び箱で膝伸ばし台上前転から首はね跳び

跳び箱の前上方にゴムひもを張り,そのゴムひも足が引っかかるように膝を伸ばし,足先に動感志向意識をもたせて台上前転をする。慣れてくれば,ゴムひもを少し高くして,腰角を大きくしながら勢いよくゴムひもを足全体で押すように動感志向意識をもって台上前転をする（図29）。

【動感能力】台上前転で膝を伸ばし足先が前上方を通過するときにゴムひもに足が引っかかることがわかる時間化身体知と遠近感能力が充実してくる。腰を伸ばし身体を伸ばすことがわかる定位感能力も充実してくる。このとき,腰の伸びに合わせて手で跳び箱を押し放すタイミングがわかるように時間化身体知と定位感能力も発生,充実できるようにしておく。

図29

[3] 頭はね跳びから屈腕前方倒立回転跳びへの動感形態の発生

首はね跳びの動感形態が発生すれば，腰を伸ばすタイミングと足を投げ出す方向に動感意識をもつことで，上手くできたときの動感形態を確認することができる再認化能力を充実させる。さらに，空中での伸身体勢がつくれるように力動洗練化身体知が充実できるようにする。

首はね跳びが形成位相の形態化位相の段階となって安定してできるようになれば，踏み切りから着手までの第一空中局面の空間で腰をさらに高く引き上げられるように遠近感能力が充実できるようにする。そこでは，二つの志向体験の場づくりが考えられる。一つ目は，跳び箱の手前にゴムひもを張り，それを跳び越えるように着手までの局面（第一空中局面）で腰を高く上げことができる踏み切りでの弾力化能力と腰を引き上げることができる遠近感能力を充実できるようにする。

もう一つは，首はね跳びで志向体験した跳び箱よりも跳び箱を低くすることで，手を着く場所が低くなり，結果的に腰が高くなる動感形態を発生できるようにする。腰が高くなれば，空間的には首ではなく頭で支える余裕が出てくるので，後頭部→頭のてっぺん→額の順に，頭の支える部位を変えることがわかる定位感能力の充実によって頭はね跳びの頭の着き方を覚えていく（図 30）。

このとき，特に注意しなければならないことは，腰を「はねる」タイミングは，頭より腰が前方に移動してからになる。そのために，時間化身体知と定位感能力を充実できるようにしておく。特に時間化身体知と定位感能力が空虚なまま志向体験すると，「はね」が早すぎたり，前方への移動を伴わない回転ではねると，跳び箱の上に落ちるという大変危険な志向体験になってしまう。

頭はね跳びの形成位相に応じて動感形態（動きかた）に求められる動感能力をしっかりと観察，交信，代行分析することでどんな動感能力が空虚なのかを見きわめることが大切になる。もし十分に腰が上がらない子どもや「はねる」タイミングの早い子どもがいる場合は，もう一度，腰を移動させる感じをつかませ動感素材の処方について再考することになる。

頭はね跳びの動感形態が形成位相の形態位相から自在位相の段階になれば，手の支えに

図 30

後頭部

頭のてっぺん

額

動感意識をもたせる。それによって，腕を曲げて顔を跳び箱の前に出すことがわかる動感分化能力が充実してくると屈腕前方倒立回転跳びの動感形態を発生することができる。

ここでは踏み切りでの足，膝，腰の弾性化能力が充実することで，腰の引き上げに合わせた足を振り上げることのできる伝動化能力と手でしっかりと支える体勢がわかる定位感能力が充実してくる。それによって，前方への回転スピードを作り出すことができれば，比較的簡単に屈腕前方倒立回転跳びの動感形態を発生させることができる（図31）。回転後半の局面では，最後までしっかりと手で跳び箱を押し放す動感意識をもたせ，着地体勢のための時間化身体知と定位感能力も充実することになる。このような動感能力がさらに充実していくと前方倒立回転跳びの動感形態に発展していくことができる。

図31

鉄棒運動

1 鉄棒運動の特性

［1］鉄棒運動が嫌われる理由

子どもに体育の授業で運動の好き嫌いを聞くと，嫌いな運動の上位に鉄棒運動が挙がってくる。大人でも苦手であまり好きでなかったという人が多いようである。

理由の一つに，名前からくるイメージがある。鉄の棒が冷たく痛そうな感じがすることである。また，その鉄棒にぶら下がったり，支持体勢になったりすることで足が地面から離れることの不安感がある。細い棒上で動くことは，上下，前後の位置関係などの定位感に混乱と不安定さが生じる。また，鉄棒からの下り方がわからないと地面までの遠近感が遠く感じ，落ちたときのことを考えると怖くなり，身体を思うように動かすことができなくなる。

二つ目は，習練対象となる動感形態（動きかた）の「できる」「できない」の評価がはっきりと現れることである。 他の運動領域，たとえば，ボール運動では，ボールを投げたり，受けたりすることに上手下手はあってもいちおうはだれもができる。しかし，鉄棒運動になると，空中にある棒に足をかけて振ったり，身体を支持して回転したりしていろいろな動感形態（動きかた）を発生させることになる。鉄棒運動の習練目標の動感形態（動きかた）は，終末局面を迎えないまま途中で回転が止まり，下に落ちてしまうと「できる」とは評価がされない。子どもも逆上がりをいくらやっても鉄棒の上に上がることができなければ「できる」とは思わない。 器械運動の特性の一つに，技が「できる」「できない」ことがあげられるが，その中でも鉄棒運動が一番はっきりとその特性をもつ種目と言える。

三つ目は，鉄棒にぶら下がり，支持をしての動感形態を発生させるためには，日常的な動感運動（わが身にありありと動きが感じられる私の運動）と異なる動感能力の発生と充実が求められることになる。わたしたちの日常的な動感運動は，頭を上，足を下，身体の前面を前とした定位感によって動感形態を発生させることがあたりまえになっている。このことから考えると，鉄棒上で手や足で身体を支え，逆さになって回転するわけであるから，〈今ここ〉でどのような体勢になっているのかがわかる定位感能力が発生・充実するようにしておく必要がある。鉄棒運動での定位感能力や予感化能力（これから先にどんな感じで動くかがわかる）が空虚な子どもは，不安と怖さを感じながら動感運動を行うことになる。しかし，鉄棒運動が好きで得意な子どもは，この不安や怖さのなかで動感化能力が充実することで動感形態の簡潔性や熟練性を高め，動感運動としての身体状態感に動きの価値意識が働き，喜びを感じることになる。

「遊びと人間」の著書で有名なカイヨアは，遊びの原動力になる楽しさの一つとしてイリンクス（めまい）をあげている。それは，「一時的に知覚の安定を破壊し，明晰であるはずの意識をパニックに陥れるような遊びや身体運動の感覚を楽しむことができる」としている。幼児がおとうさんにヒコウキで身体を高く上げてもらう，ブランコ遊びや遊具などで足が地面から離れた遊びを好むこと，また，遊園地の乗り物にはこのイリンクスの要素をもっていることから，大人になってからでもこの種の遊びに心地よさを感じることからも理解できる。

鉄棒運動では，習練目標の動感形態（動きかた）の中に動感運動として，ぶら下がることや回転することなどの楽しさをもっている。しかし，就学前にこのようなイリンクス的な動感形態をあまり体験していない子どもは，逆さになることや回転することの動感化能力が空虚である。そのために，不安や怖さのほうが先に立って，原志向位相の「なじみの地平」としての「やってみたいと思う」身体状態感にはならないのである。

［2］鉄棒運動の指導

鉄棒運動は，ぶら下がって身体を引き上げたり，支持したりする動感形態で構成されている。そのためこれまで腕の筋力を高めるのに適した体力つくりの運動として取り扱われることが多くあった。今日でもその考えかたがまだまだ残っているが，体力づくりをねらいにするのであれば，何も鉄棒運動でなくてもよいのである。

鉄棒運動での体力づくりという考えかたは，できるだけ筋力の高まりやすい習練形態を選び，それを鋳型化（決められた動きかた）によって反復させることで体力づくりをしようとする。たとえば，逆上がりを行うとき，筋力養成のためにできるだけ反動を使わないでゆっくりと身体を引き寄せ，鉄棒の上に足を上げながら行う動感形態（動きかた）が求められる。たとえ腕の引き寄せと足の振り上げをタイミングよく反動で上がる動感形態の逆上がりを行えば，筋肉への負荷は多くかからないことになる。それでは，生理学的な体力づくりの原理から外れてしまうことになる。また，解剖学的には腕支持になったときの体勢が，肩帯の諸筋を緊張させて鎖骨を水平に保ち，足も後ろにしっかりと伸ばした体勢が求められた。

このような反動を使わない逆上がりが，体力づくりに有効であるとしてすべての子どもに何回も機械的反復をさせたのである。そこでは，鉄棒の前に子どもを横一列に並ばせ，教師の合図にしたがって逆上がりを志向体験させる典型的な一斉型の指導となり，教師の役割は授業マネージメントに重きがおかれることになる。このような授業では，逆上がりの動感形相（動きの意味構造）の分析は行われないままに，動感形態を発生させる動感素材をもちいた動感指導もいっさい行われないのである。できない子どもにとっては何の楽しさも味わうこともなく，ただ苦痛を感じるだけで鉄棒嫌いになるのは目に見えている。

今日では，体力づくりのために鉄棒運動を取り上げるという考えかたは少なくなってはきているが，子どもが鉄棒の前で横一列に並び，教師の合図で一斉に鉄棒運動を行う授業風景はまだ多く見られる。このような指導は教師側から見て，子どもの「できる」「できない」の評価や安全についても確認がしやすいという利点もあり，伝統的に正しい鉄棒運動の指導形態とされてきた。しかし，これは教師側からの指導理論を優先させた指導形態であり，一人ひとりの子どもが動きの形成位相に応じた動感化能力を充実させる学習形態であるとはいえない。そこでの指導は「できた人は鉄棒の前で座り，友だちの運動を見て応援してあげなさい。できなかった人はもう一度後ろに回って練習しなさい」と指示を出すことになる。できない子どもは最後まで残って何回も繰り返し志向体験をすることになるが，そこでは，みんなの前で「できない姿」をさらけ出すとの思いが強くなっていく。鉄棒が嫌いという大人の中には，このような授業を経験している人も少なくない。

教師は，みんなの応援を受けてがんばるところに教育的意義があると考えるのであるが，子どもは「どうすればできるのか」がわからずに，また，動感意識も働かないまま繰り返し努力することが求められる。このことがいっそう惨めさを感じさせ，「鉄棒運動がなければ体育は楽しいのに」と考えるようになっていく。このような指導では，できない原因が子どもの努力不足にあるのではなく，子どもの動きの形成位相に応じた動感形態の発生指導が行われていないことにある。たとえば，探索位相にいる子どもの逆上がりの動きかたを見て，どんな動きの感じがわからないのか，その感じがわかるようにするにはどんな動感素材をもちいて指導するのがよいかなど，指導者の素材づくりの身体知を働かせて動感指導することが求められてくる。鉄棒運動で，全員に同じ習練目標を与え，同じ習練方法で一斉に指導することが，子どもを鉄棒嫌いにしていることに教師は気づくべきである。

鉄棒運動が形式的で訓練的な反復習練にならないためには，鉄棒という運動はどんな特性をもつ運動なのかをまず知っておく必要がある。

[3] 鉄棒運動の特性を考える

木に登ったり，その枝にぶら下がったりしてから登るような動感形態は，ずっと昔から多くの人々に親しまれてきた。鉄棒運動はこのような動感形態の発生から始まったのである。学校体育の鉄棒の原型は，ドイツのヤーンによるハーイゼンハイデの体操場にレックという名の横木の練習器械を作ったのがはじまりとされている。

日本には明治初期に導入されたのであるが，そのときはすでに鉄の棒であり，呼び名も鉄棒と名づけられている。当時は鉄棒運動といえば，ぶら下がって行う懸垂運動を中心に習練目標が設定されることが多く，鉄棒は高鉄棒があたりまえであった。この鉄棒が学校体育に取り入れられるとき，高鉄棒の前段階や導入として低鉄棒が考案されたのである。当時の欧州にはこの低鉄棒はなく，日本独自のものだったそうである。

高鉄棒では，まず，ぶら下がって振るか，上がることからはじめることになる。そこで，鉄棒の上に上がる動感形態として比較的だれにでも容易に志向体験できる動感形相（目標技）として逆上がりが取り上げられた。このことから，低鉄棒でも基本的な習練目標の動感形態（動きかた）として最初に逆上がりを取り上げて指導するのが一般的になっていった。そのことが逆上がりの「できる」「できない」によって鉄棒運動の得意，不得意を判断するようになったと考えられる。鉄棒運動では，この逆上がりの動感形態をまず覚えてから，他の技への志向体験をするという学習順序が子どもたちを悩ますことになる。

体育でもちいられる運動教材は特別な身体能力や特別な習練をしなくてもすべての子どもに志向体験できることが条件になってくる。低鉄棒は，運動教材を発達段階に合わせて習練形態を設定することができる器械的特性がある。低鉄棒では，逆上がりができなくても支持跳び上がりで鉄棒に上がり正面支持になることができる。そこでいろいろな回転や下り方など別の動感形相(目標技)を習練対象にして志向体験をすることもできるのである。

ここで考えておくことは，高鉄棒と低鉄棒の区別によって習練目標の動感形態に運動構造上の違いがあるわけではないが，鉄棒の高さがそこで行われる動感形態に大きな関わりをもつことにある。低鉄棒では，ぶら下がって自由に振ることが難しく，懸垂系の技を取り上げるには無理がある。しかし，高鉄棒では懸垂振動系のいろいろな動感形相（目標技）を志向体験することができ，さらに，低鉄棒での動感形相（目標技）はすべてを行うことができる。問題は高鉄棒では恐怖心がつきまとい，落下時の危険性を考えれば，どうしても学校体育では低鉄棒を中心に授業が進められるようになる。本来は，高鉄棒の補助としての役割であった低鉄棒が学校体育での鉄棒運動イコール低鉄棒という図式ができあがってしまっているのである。今日，小学校では鉄棒運動の基本的な技群である懸垂振動系や下り方はほとんど指導されることはなく，いつのまにか高鉄棒は危険な器械という考えかたが定着してしまい，小学校の校庭から高鉄棒が姿を消してしまっている。

鉄棒運動の習練対象となる動感形相（目標技）を類化形態（類縁性をもつ動感形態）の

体系化から見ると，懸垂振動系の技，支持回転系の技，足かけ回転系の技，足かけ上がり系の技群に大きく分類することができる。しかし，小学校の学習指導要領では，上がる技，回転する技，下りる技に技群をまとめて分類をしている。この類化形態からも習練目標になる技は，マット運動や跳び箱運動よりはるかに多くの動感形態があり，そのなかでも逆上がりの動感形相（動きの意味構造）は子どもたちに志向体験させたい動感運動のひとつになっている。しかし，逆上がりの動感形態が発生できなくても他の動感形相を習練目標にすることで鉄棒運動を十分に楽しむことができる。

類化形態の体系化の中に示される動感形相（動きの意味構造）は，その一つひとつに動感構造としての区別できる動感形態が認められる。それらは習練を通して習得され，習熟していく中に新たな動感形態（動きかた）へと分化発展していく要因をもっている。器械運動では一つの独立した動感形相（目標技）を習練目標に志向体験をするが，そこには技術的に共通したやさしい動感形態を類化形態の体系化にしたがって道しるべを呈示することができる。それによって，どの体系の動感形相（目標技）を習練目標に志向体験しようとしているのか，そのために身につけておくべき基本的な動感形態（動きかた）は何なのかを知ることができる。

鉄棒運動には多くの習練対象になる動感形相（目標技）があるが，上がり技に比べて下り技のほうが多いことに注目してほしい。鉄棒運動では，逆上がりの動感形態が発生しなくても簡単な支持跳び上がりなどで鉄棒に上がることはできる。それによっていろいろな下り方を志向体験することができるのである。鉄棒から安全に下りる動感形態を多く身につけさせることは，恐怖心を取り除き，いろいろな動感形態に対して志向体験してみたいと思う原志向位相へと導くことになる。鉄棒運動でこの原志向位相の身体状態感に導く指導を行わないのは，スキーで止まること教えずに滑り方を教えているのと同じである。いろいろな下り方を志向体験することで，鉄棒運動の基礎的な動感化能力の充実を図ることになっている。

［4］基礎技能としての動感能力の発生

鉄棒運動の苦手な子どもは，はじめから鉄棒に対して嫌な気持ちをもっている。志向体験をするにしても身体がこわばり，「そのように動けるとは思えない」という身体状態感で，なかなか鉄棒運動になじむことができない。それは「やってみたいと思う」原志向位相の「なじみの地平」のレベルに至っていないことを意味している。そこで，体ほぐしの運動の趣旨を生かし，だれもができそうなやさしい動感運動から指導することが求められるが，体ほぐし的な運動と言っても鉄棒運動の習練形態とは関係のない動感素材ではあまり意味がない。

苦手な子どもは，幼児期や小学校低学年で志向体験しておくべき動感運動を体験していないことが多い。そのためにも，遊びの中で自然に身につく動感化能力や仲間と遊ぶ中で動感志向的に出会う動感運動をもう一度見直すことになる。すなわち，子どもが肌で感じとり，「できそうだと思う」動感運動の志向体験から出発しなければ，この問題はなかなか解決することはできない。

特に，ぶら下がったり，身体を安定して支えたり，支持して回転下りをしたりするなどの動感運動は受動発生（いつの間にか）であってもどれだけ身につけているかによって，基礎技能としての動感化能力にも大きく影響してくる。たとえ中学年や高学年になり，体格的に発達したとしても，できない子どもには鉄棒運動の基礎技能となる動感化能力をいろいろな運動遊びを通して発生できるようにしておく必要がある。

器械運動で習練目標の動感形態の発生には，動感素材として志向体験しておくとよい動感アナロゴン（類似した動き）がたくさんある。たとえば,「ふとん干し」や「円盤回り」「足抜き回り」などの動感運動は，正式な習練形態の名称もなく比喩的な名前で呼ばれたりしているが，子どもは鉄棒遊びや友だちの動きを模倣することで志向体験をする。

鉄棒運動はぶら下がったり，支持で回転をしたりする動感形態で構成されている。そこで遊びによるぶら下がりや逆さ体勢でのいろいろな動感形態を志向体験させることは，定位感能力をはじめとする始原身体知を充実させることになる。それによってまねをすることができそうだと感じ，「やってみたいと思う」原志向位相の「なじみの地平」の身体状態感になっていく。このような志向体験をすることによって，形成位相の原志向位相としての学習となっていく。そのためにも手軽に行える動感運動として鉄棒に触れたり，ぶら下がったり，上がり下りをしたりすることからはじめることになる。さらに，ゲーム的な要素も取り入れることで，志向対象への動感意識も高まり基礎技能としての動感能力の発生，充実を図ることができるようになっていく。

また，高学年で新しい技を習練目標に志向体験するにしても，その動感構造に基づいて処方素材を分析し，動感素材になる動感アナロゴンを志向体験させることによって基礎技能の動感化能力の充実を図る。そのためにも，子どもが「やってみたいと思う」「できそうな気がする」という動感志向が湧き起こる動感素材をできるだけ多く準備しておくことが大切になってくる。

ここでは，基礎技能としての動感能力を発生させる動感素材を参考までに示しておく。

【動感素材例】

(1)　ぶら下がり

だれにでもできる動感形態であり，大人がうまく誘導すれば幼児でも楽しんでぶら下がっている姿を見る。ぶら下がりの中には足を振ったり，持ち上げたり，手が外れそうになると握り換えたりすることで鉄棒運動の基礎的な動感能力が高まる。

1)　いろいろなぶら下がりをする

ぶら下がって肩，お腹，足の順で身体の力を抜いて，身体がどれくらい伸びるかを確かめる。片手でぶら下がる。それ以外にも背面ぶら下がりやぶら下がり足ジャンケンなどをする。

2）ぶら下がり足抜き回りをする。背面ぶら下がり尻抜き回りをする

3）ぶら下がって手の握り換え（順手→片逆手→逆手）をする

4）円盤回り（図 1）

足を開いて鉄棒に両膝かけをする。足の間で手をクロスさせて片逆手で握り，足を鉄棒から離して 180 度回転する。

図 1

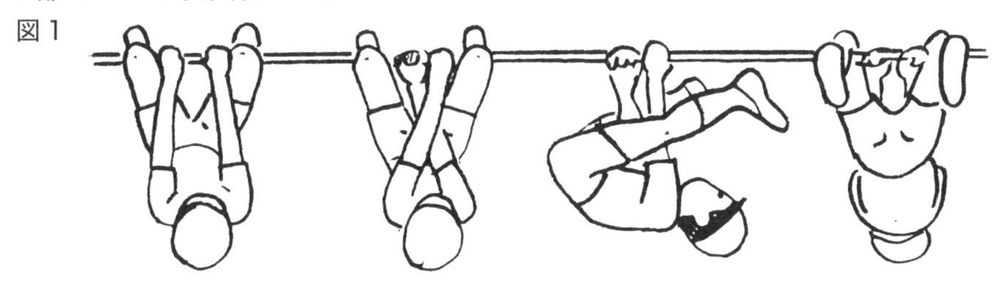

5）雲梯での懸垂体勢から前後に軽く振り，1 欄ずつ片手を前に出しながら移動する

【動感能力】ぶら下がることで，自由に足を動かすことができる。足を伸ばしたり，曲げたりすることで足がどの位置にあるのかがわかる定位感能力が発生する。また，鉄棒に足をかけるためにどれくらい足を上げればよいかなどがわかる遠近感能力も発生する。そこでは正面懸垂や背面懸垂でぶら下がること，足をどの位置まで上げると逆さま（逆懸垂）になったと感じるのか，身体を反らしたり，肘を曲げたりして屈腕懸垂でぶら下がる。頭を前屈，背屈でぶら下がり，力の入れる感じなどがわかる定位感能力と力動感が身体でわかるようにする。雲梯で片手ずつ前に出して前進するときに，振り幅といつ手を出すのかのタイミングがわかる時間化身体知と遠近感能力を充実できるように，いろいろなぶら下がりを志向体験する。また，手の握り方として，しっかり手首を固定して握ったり，指先で握ったり，握り直したりするなどいろいろな握り方の動感化能力が充実していく。

(2) 膝をかけてぶら下がる

鉄棒に膝をかけてぶら下がり，手と膝を支点して肩と足で振ることや逆懸垂体勢になって振る。

1）片膝かけ振動

片膝かけの体勢で伸ばした足を振るのでなく，肩を中心にリズミカルに振れるようにする。

2）両膝かけ振動

両膝かけで頭の前屈と背屈によって肩を振ることができる。

3）両膝かけ長懸垂振動（コウモリ振り）（図 2）

両膝かけ長懸垂になり，腰の曲げ伸ばしと頭の起こしによって前後に軽く振動をする。

図 2

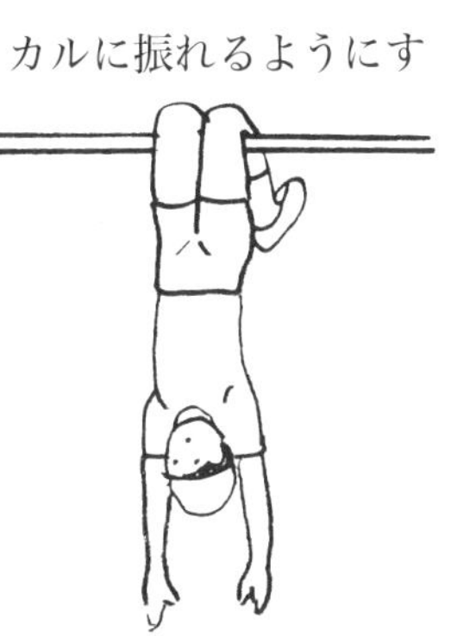

【動感能力】片膝かけ振りで前後に振るとき，伸ばした足の位置がわかる定位感能力と肩の振り幅などを感じ取る遠近感能力を発生させる。どれくらいの振れ幅になると鉄棒に上がることができるかがわかる時間化身体知と気配感能力が発生してくる。また，両膝かけ長懸垂の振りでは背中が前方になることと，どれくらい振れば頭を起こせるのかわかる定位感能力と遠近感能力が発生してくる。

(3) 鉄棒に上がる

鉄棒運動の開始は，いろいろな動感形態の準備局面になるので，鉄棒上で身体を安定した体勢で支えることや足の振り上げや重心の外し方ができるようにする。

1) 跳び上がりで正面支持（ツバメさん）になり跳び下り
2) 跳び上がりから腹かけ支持（ふとん干し）
3) 正面支持で足を後ろに振り上げて足たたき（図3）
4) 片ももかけ座から方向転換
5) 両ももかけ座（図4）
6) 鉄棒に片足を乗せて鉄棒の上にしゃがみ立ち（補助つき）をしてから鉄棒の上に立ってから前に下りる（図5）。

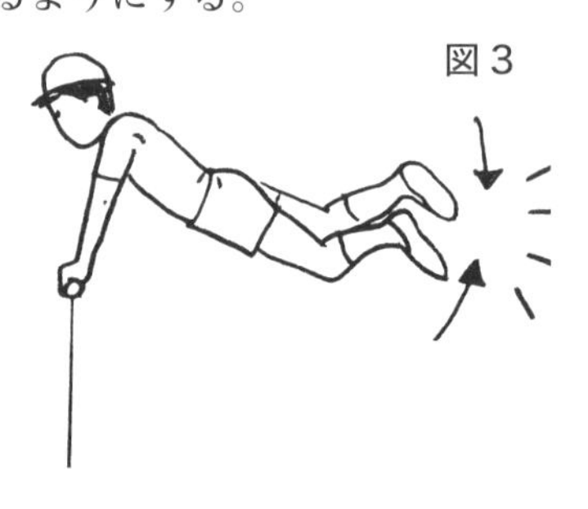
図3

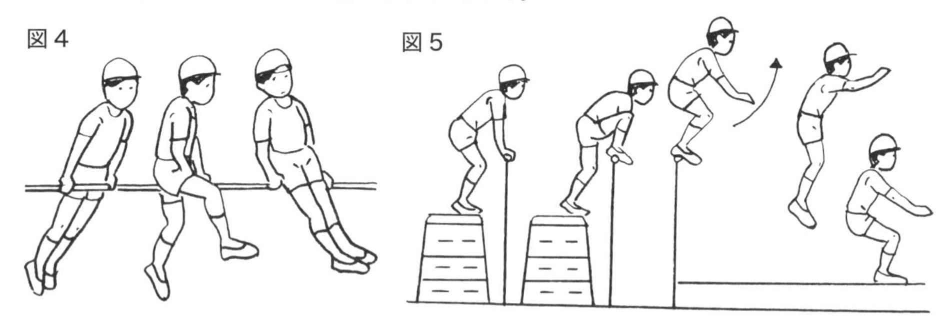
図4　図5

【動感能力】正面支持で上体の安定した保ち方ができる定位感能力を発生させておく。4)の片ももかけ座で鉄棒にバランスよく座るにはもものどの位置で支えるのか，また，⑥の鉄棒に片足を乗せて片膝立ちの体勢になるとき，バランスの取り方などがわかる時間化身体知と定位感能力や遠近感能力を発生させる。また，鉄棒から跳び下りるときにも空中で安全に下りる体勢をつくることができる定位感能力とどれくらいの高さから跳びおり，着地体勢の準備をする時間化身体知と遠近感能力が発生する。

2　下り技系の学習

[1] 下り技の動感構造

鉄棒運動では，鉄棒の上にどのように上がることができるかに関心が集まる。そこで，逆上がりや片膝かけ上がり，背面逆上がり（尻上がり），け上がり，振り上がりなどの動感形態を習練目標に志向体験をする。たしかに，〈上がる〉動感形態は，いろいろな技術要因や体力的な要素が求められるので，運動発生学習の習練対象として目標をもたせやすいことと，鉄棒に上がることができなければ鉄棒運動がはじまらないと考える。

一方，〈下りる〉動感形態については，最初からあまり習練対象として取り上げられることがなかった。それは〈下りる〉ことは〈上がる〉こととセットとして行われるのだから，安全面の動感志向意識を促すだけで，最初から〈下りる〉動感形態（動きかた）に対して促発（教える）指導をしなくてもよいと考えられていた。また，〈下りる〉動感形態としての振り跳び下りや後方足裏支持回転振り出し下り（飛行機跳び）などは難しい動感形相（目標技）であり，鉄棒運動の体系からもいろいろな〈上がる技群〉や〈回転系〉の動感形態の発生，充実をさせた後に志向体験をさせるものとされた。

しかし，今日の小学校の鉄棒運動は低鉄棒を中心に志向体験が行われる。鉄棒の〈上がる〉動感形態のなかには高鉄棒に比べて簡単にできる動感形態もある。たとえば，跳び上がり正面支持はもっとも単純な〈上がる〉動感形態になるが，鉄棒が肩より高くなるとその動感形態は難しくなる。胸より低い鉄棒では，跳び上がりと鉄棒を手で押さえるタイミングが合えばだれもが正面支持体勢になることができる。子どもの中には腕で支える力が弱く，うまくいかない子どももいるが，補助や台をもちいれば正面支持に容易になることができる。

鉄棒運動では，最初の習練対象になる動感形相（目標技）として逆上がりの動感形態から促発（教える）するという考えがある。逆上がりで正面支持になれば，次の習練目標として片膝かけ振り上がりや片膝かけ回転，後方支持回転（後転）や前方支持回転（前転）の動感形態の発生に向けての志向体験がはじまる。しかし，最初の志向体験で鉄棒に手でぶら下がることと跳び上がり正面支持の動感形態が発生させることができれば，いろいろな〈下りる〉動感形態を志向体験させることが鉄棒運動に必要な体感身体知（定位感能力，遠近感能力，気配感能力）と時間化身体知（直感化能力，予感化能力，差異的時間化能力）の発生・充実につながり，安全で安定した〈下りる〉動感形態を身につけることができるようになる。

学習指導要領でも鉄棒運動は，上がり技→回転技→下り技といった動感形態の組み合わせを習練対象に志向体験することを求めている。そこでは上がり技と回転技の動感形態が発生してから，下り技の志向体験をするようにすることが正しい指導順序であると考えてしまう。しかし，ひとつの〈上がる〉動感形態を発生させることができれば，〈下りる〉動感形態の発生も同時に志向体験ができる指導も大切になってくる。それは，鉄棒運動に上がれば必ず下りるという動感運動が必要となるからである。また，回転技の志向体験でうまくできないときや途中で回転が止まってしまったとき，必ず鉄棒から下りることになるが，そこでの〈下りる〉動感形態が安全に足から下りることができるかどうかが問題になってくる。

［2］「下りる」動感化能力の空虚さと鉄棒の怖さ

鉄棒から安全に〈下りる〉動感形態（動きかた）は，鉄棒運動では必ず身につけておくべき動感化能力になる。特に，鉄棒運動は，地面から足が離れ，手や足の支えによって行われる動感運動であり，運動経過で逆位体勢の動感形態（動きかた）になることが動感構造の特徴となる。どうしても,子どもの身体意識の中には落ちたときの不安感が出てくる。鉄棒から下りるにしても，下りるための動感化能力（そのように動くことができる）が充実して安全に下りることができるのと，その動感化能力が空虚なままでバランスを崩して下りるのとは大きな違いがでてくる。それは，「下りる」と「落ちる」の違いであり，できない子どもにとっては，この「落ちる」ことが鉄棒運動の恐怖心になっている。いくら先生や友だちが「がんばって」とか「思い切って」と励ましたとしても，落ちたときのことを想像すると思うように身体を動かすことができなくなってしまうのである。

そのためにも鉄棒でどんな体勢になったとき，どんな動感形態（動きかた）で下りることができるのかを習練対象に志向体験をすることは，〈下りる〉動感形態の動感化能力を発生，充実させることにつながっていく。鉄棒の得意な子どもは，ジャングルジムや雲梯，棒登り，鉄棒遊びの中で，身体をコントロールする動感能力を受動発生によって身につけ，安全な体勢で下りることができるようになっている。

鉄棒運動の促発指導の基本的な考えかたとして，上がり技や回転系の技を習練対象に志向体験させるときは，その習練対象の動感形相（目標技）に対応する〈下りる〉動感形態（動きかた）を必ず志向体験できるようにしておく必要がある。それによって，うまくいかないときや失敗したときに，どのような動感形態（動きかた）で下りればよいか，即興的に偶発先読み能力を働かせることができる。どうしても，できるようになることだけを中心に促発指導をするが，失敗したときの動きかた（動感形態）の発生をねらいにした志向体験もさせておくことも大切になる。人間業とは思われないような技を行う体操競技選手も動感形相（目標技）を志向体験する中で，必ず失敗したときの落ち方の志向体験からはじめている。自分の安全を確保できる動感能力の発生,充実を確認することで,はじめて「やってみたい」「思い切ってできそうだ」など原志向位相から探索位相への試行錯誤が可能になっていくのである。

このように考えると，鉄棒運動が苦手な子どもは身体的条件や体力的な問題があるにしても，「落ちたらどうしよう」と動感志向意識の不安感が先に立ち，「動きたいが動くことができない」というパトス的悩みをもっていることがわかる。われわれの日常生活の動作は，動感化能力の支えによって無意識のうちにシンボル化能力を働かせ，周りの情況に合わせて身体を動かしている。それによって行為として「何々をしよう」と動感志向すれば，その動感形態が呼び起こされて，自然に行動に移ることができる。たとえ，うまくできなかったとしても，動きかたを変えたり，改善したりしてその都度，動感形態に修正を加えている。そのときには怖さなどの不安感をもつことはない。しかし，今までやったことのない動感形態（動きかた）や失敗したときに痛みや怖さを感じるような動感運動では，「やろう」としても「できない」など思うように身体を動かすことができなくなる。また，このような動感運動に出会うときには，動感抑止作用が働き，どうしても動くことのできない「反逆する身体」をもつことに気づくことになる。

［3］「下り方」の動感形態の発生と動感素材

鉄棒運動で志向意欲がなく，なかなかやろうとしない子どもや鉄棒に上がることを怖がる子どもは，やる気がないのではなく，落ちたときのことを考えてどうすればよいか悩んでいるのである。私たちの動感運動は，未来の動きの感じを取り込んで〈今ここ〉で動くことになる。それによって目的に合った動感形態を発生させて行動しているのである。鉄棒に上がったとしても下り方がわからなければ，なかなか「やろう」という気にはならない。このような子どもたちには，安全な下り方や，いろいろな体勢から〈下りる〉動感形態（動きかた）を志向体験させることからはじめることになる。

いろいろな〈下りる〉動感形態（動きかた）を志向体験することは，鉄棒に必要な動感化能力を発生，充実させることになる。それがいろいろな目標技を覚えようとするときに欠かせない動感素材としての動感アナロゴンとなり，動感能力の発生，充実につながっていくのである。

ここでは，どんな〈下りる〉動感形態を志向体験させればよいか考えてみる。はじめは，まねができる動きかた（動感形態）から志向体験させることで，不安感を取り除き，鉄棒に必要な始原身体知を充実させていく。できるようになれば，少しずつ動感能力が充実するように発展的な動感素材を与えていくことになる。

❶跳び上がり正面支持から後ろ跳び下り

跳び上がることのできる高さからはじめる。この動感形態には鉄棒運動の基本的な技術が含まれている。それは跳び上がって支持体勢で身体をしっかりと支えるには，手の握り直しが必要になることである。この握り直しによって手のひらで鉄棒を上から押さえ，安定した正面支持の体勢を保つことができる定位感能力が発生する。次に，跳び下りるときには，3，4 回足を後ろに軽く振ってから足を大きく振り上げ，手で鉄棒を押すタイミングに合わせて，跳び下りる。安全に着地できることを第一のねらいにする。どのような体勢で身体を支えるのかがわかる定位感能力とどれくらい足を振り上げるかの遠近感能力，手で鉄棒を押し放すタイミングがわかる時間化身体知が充実していく。

【動感素材例】

(1) 着地する場所を決めて，そこにバランスを崩さないように跳び下りる（図 6）

【動感能力】足を振り上げるとき，身体を前傾させることがわかる定位感能力，着地場所までの距離や高低差などがわかる遠近感能力が充実してくる。鉄棒を突き放して安定した着地のために空中で身体を起こすことがわかる定位感能力も発生する。

(2) 足の後ろ振り上げで足打ちをして跳び下りる

【動感能力】足を振り上げたとき腕に上体が乗っていることがわかり，空間での足の位置がわかる定位感能力，足打ちから着地までに着地体勢が作れる時間化身体知と遠近感能力が発生，充実していく。これらの動感能力は後方支持回転の後ろ振り上げの動感素材になる。

図6

(3) ゴムひもをめあてに高さを決め，後ろ振り上げで足がゴムひもを跳び越して下りる（図7）

【動感能力】振り上げ足の高さがわかり，その振り上げを調整できる遠近感能力と予感化能力が充実してくる。また，正面支持で足を軽く前後に予備振動をしてから一気に振り上げることのできる伝動化能力も発生していく。

図7　図8

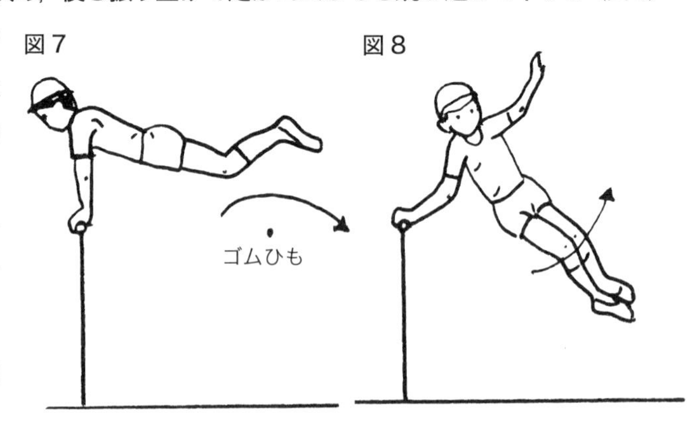

(4) 身体を1/2ひねり，1回ひねりながら跳び下りる（図8）

【動感能力】空中で鉄棒と身体の位置関係と体勢がわかる定位感能力と着地をする場所の予感化能力を充実させる。

❷跳び上がり正面支持から前回り下り

跳び上がり正面支持からゆっくりと前に回転し，腰で鉄棒にぶら下がる体勢になってから下りる。慣れてくれば，腕を伸ばして支持をする。胸を張った体勢を保って前に倒れるように前回り下りをする。着地するまで手は離さない。

(1) 前回り下りをゆっくりと行い，腰で鉄棒にぶら下がってから下りる

最後まで肘を曲げ，足をゆっくりと地面に着ける（図9）。

【動感能力】腰でぶら下がることと腰が鉄棒から離れるときに肘を曲げてぶら下がる体

勢がわかる定位感能力，足が地面に着きそうになるまでぶら下がることのできる気配感能力が充実していく。このぶら下がりでわきを締めることがわかる定位感能力は逆上がりの肩角を狭めて鉄棒への引き寄せがわかる動感素材になる。

図 9

(2) 鉄棒の真下より後ろに足を置き，鉄棒から腰が早く離れにないようにする（図 10）

図 10

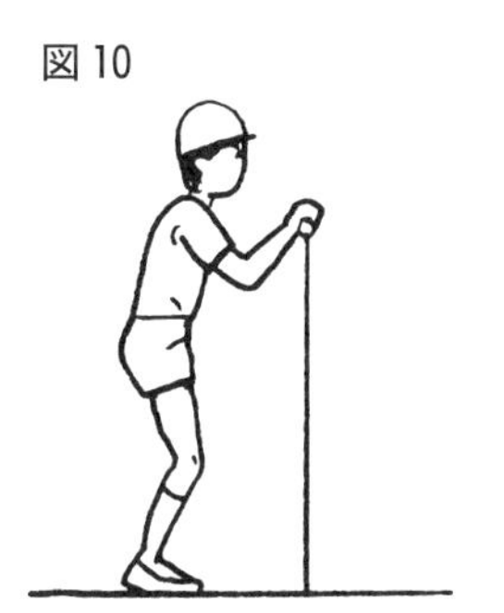

【動感能力】肩が鉄棒の真下を通過するまで腰でぶら下がって回転することがわかる時間化身体知と肩の位置がどこまで回転したのかがわかる定位感能力が充実してくる。前方支持回転で腰が鉄棒から離れないで回転する感じがわかる動感素材になる。

(3) 前回り下りで，肩が鉄棒の上まで回転してから下りる

回転開始で胸を張り大きく前に倒れるように回転し，真下を通過するとき腰角を 90 度に保ってぶら下がり，腰が鉄棒から離れないように上体の上昇回転を感じてから下りる（図 11）。

図 11

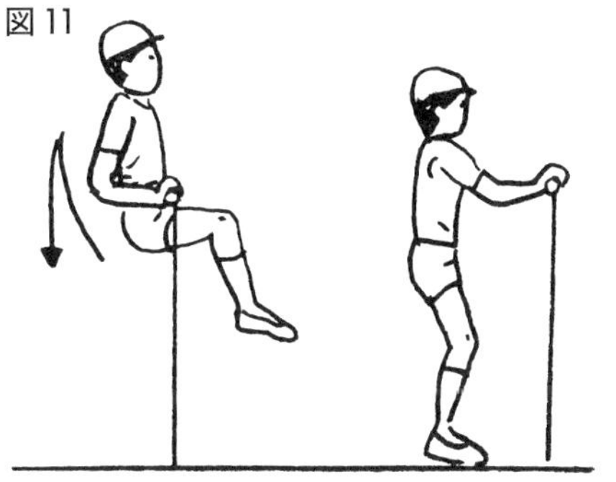

【動感能力】正面支持体勢で腕をしっかり伸ばし，胸を張ることのできる定位感能力と頭，胸をできるだけ前方に倒し，回転することができる遠近感能力，肩をできるだけ前上方に伸ばす感じがもてる徒手伸長性能力が発生してくる。真下を過ぎるときに腰角を狭めて上昇回転がつくれる伝動化能力が発生していく。これらの動感能力は前方支持回転での回転スピードを作り出す動感素材になる。

❸足抜き回り下り

鉄棒にぶら下がり，膝を引き上げ，足を両手の間を通して後方に回転して立つ。さらに，お尻を引き上げ，足を両手の間を抜いて正面立ちになる。

【動感能力】膝を丸めて引き上げ，両手の間を通すことができる定位感能力と鉄棒までの距離がわかる遠近感能力を充実させる。この動感能力は，逆上がりで後方への回転する動感素材になる。足かけ上がりで手の間を通して鉄棒に足をかける動感素材になる。

❹両膝かけ倒立下り（コウモリ下り）

両膝を鉄棒にかけていることを確認してから手を離して地面に手を着き，両膝かけ長懸垂になる。手で身体を支えて，前方に手で歩き，手で支えてから足を離して倒立下りをする（図12）。

図12

【動感能力】手を離して両膝かけ長懸垂になるとき，地面までの距離がわかる遠近感能力の発生によって，頭や手を地面にぶつけないようにする。逆位の体勢では背中のほうが前方になり，前方に手で歩くことがわかる定位感能力が発生してくる。両膝かけ長懸垂振動下りの振りの方向がわかる定位感能力とどれくらい前方に歩けば足を外しても大丈夫かを感じる気配感能力と遠近感能力が発生していく。

❺転向前下り

正面支持から片足を前に出し，大腿上部にバランスよく片ももかけ座になる。前に出した足側の手を逆手に握り換え体重をかけ，後ろの足を前に回しながら跳び下りる。跳び下りるとき，逆手の手は最後まで離さないようにする（図13）。

図13

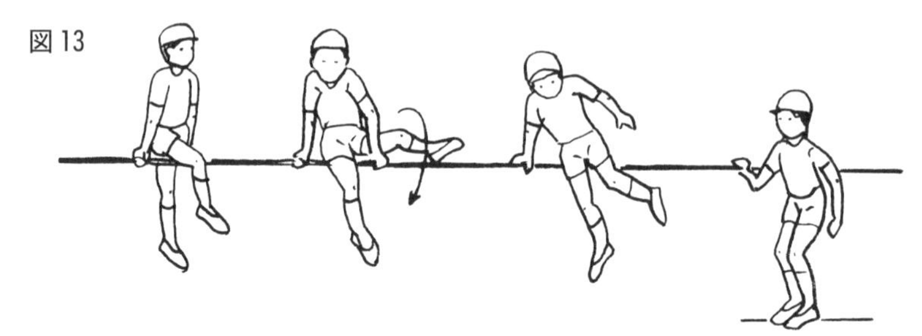

【動感能力】足を前に出してバランスを取り，安定した片ももかけ座になる定位感能力が発生する。片膝かけ回転の開始体勢が安定してできる定位感能力，回転後の下り方の時間化身体と定位感能力が発生してくる。左右どちらの足がかけやすいかの優劣化能力を発生させる動感素材になる。

❻正面支持から片足ずつ前に出して背面支持，足を前に軽く振り上げて前に跳び下り

正面支持から最初の足を前に出し，片ももかけ支持座になり手を足の外側に握り換える。バランスが取れたことを確認してから反対側の足を前に出して背面支持になる。反対側の足を前に出すとき，上体をまたぐ足の方向に向けておくとよい。背面支持になると腕でしっかりと支え，足を軽く前後に振り，手の押しによって前に跳び下りる（図14）。

図 14

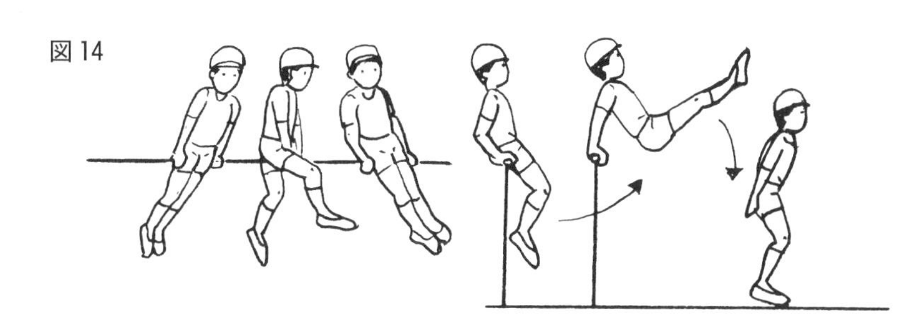

【動感能力】ここではバランスを取ることのできる定位感能力と前に跳び下りるタイミングがわかる時間化身体知と遠近感能力が発生，充実していく。両膝かけ支持回転の開始体勢や回転後の下り方の動感素材になる。

❼両膝かけ支持から両膝かけ後ろ回り下りと両膝かけ前回り下り

両膝かけ支持座でバランスが取れると膝に鉄棒がかかるまで腰をゆっくりと後ろに腰を引き，後方に回転しながら下りる（図 15）。また，腕の支えで腰を軽く浮かしながら膝に鉄棒をかけ前に回りながら下りる（図 16）。

【動感能力】腰をどのように移動させることで膝に鉄棒をかけるかがわかる定位感能力と遠近感能力，いつか回転がはじまり，肩が真下を通過することがわかる時間化身体知が充実してくる。両膝かけ回転の動感素材になる。

図 15

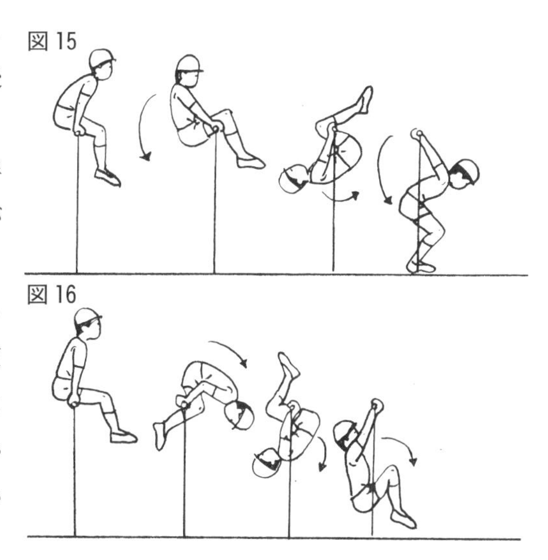

図 16

❽踏み越し下り

片逆手の正面支持から逆手側の足を鉄棒の上に乗せ，足で鉄棒を踏みながら腰を上げ上体を順手側に乗り出すようにして後ろの足を大きく横に回して跳び下りる（図 17）。

【動感能力】片足を鉄棒の上に乗せても上体のバランスを取ることのできる定位感能力とどれくらいお尻を持ち上げることで後ろの足が鉄棒を越すことがわかる遠近感能力，跳び下りるタイミングがわかる時間化身体知が発生してくる。

図 17

下り方の動感形態は他にもたくさんある。たとえば，振り跳び下りや足裏支持回転下り(飛行機跳び)，両膝かけ長懸垂振動下り（コウモリ振り下り）などがあるが，ここに示した下り方の動感形態は，前方支持回転や後方支持回転，片膝かけ支持回転を志向体験するときの動感素材になる。また,失敗したときに安全に下りることのできる動感能力となり,組み合わせの下り方としての動感形態にもなる。

両膝かけ（長懸垂）振動下り

［1］両膝かけ（長懸垂）振動下りの動感構造

学習指導要領には鉄棒運動の例示に両膝かけ振動下りの動感形相〈目標技〉が示されている。この動感形相は,「コウモリ振り下り」の愛称で親しまれている動感運動であるが,この動感形態は，逆さの体勢で手も離すことになるので，だれもが危険を伴う動感形態(動きかた）ではないかと考える。

このような動感形相（目標技）がどうして例示の中に示されているのかは，二つの理由がある。

一つは，解説書で器械運動は，『すべての児童が「技」の達成の喜びを味わえるようにするためには，一人ひとりの児童が自己の技能の程度に応じた「技」を選んだり，課題がやさしくなるような場や補助具を活用して取り組めるようにすることが大切である』としている。そのため，すべての子どもに同じ技を目標に授業を進めるのではなく，できるだけ自分の能力に合わせて，技が選べるようにする。自分が選んだ技は，それができるようにするために，練習の仕方や場を工夫して取り組むことになる。それ自体を学習として認めることで，器械運動としての思考・判断を重視する授業を展開することができるようになる。そのためにもいろいろな動感形相（目標技）を志向体験できるようにしておくことになる。

そこでは，どんな動感形相（目標技）でもよいかといえば，子どもの運動発達の状態に合わせて，学習の適時性という観点から動感形相を示すことになる。一つの基礎的な動感形態（動きかた）を発生することががぐきれば，さらに動感志向努力によって，高度な動感形態（動きかた）に発展する動感可能性をもつことも重要な要素になる。そのような動感形相（目標技）は子どもにとって魅力的であり，いろいろな動感的な工夫や努力を惜しみなく費やすことになる。このことが運動発生学習としての課題解決力も養われることになっていく。

もう一つは，小学生にとって挑戦欲求を駆り立て，単元計画を通して学習が完結する内容であるかどうかも問題になる。その点，これまでの多くの実践例が示すように，両膝かけ振動下り（コウモリ振り下り）は，子どもたちにとって魅力的な運動であり，段階的な志向体験や基礎的な動感能力を発生することができれば，単元内で十分にできる喜びを味わうことのできる動感運動である。

「両膝かけ（長懸垂）振動下り」の動感構造を分析することで，その動感素材になる動感運動を形成位相に応じて志向体験させることができる。また，場づくりや友だちとの教え合い（補助）などを効果的に行うことで，子どもにとっての魅力的な動感運動になっていく。

［2］両膝かけ（長懸垂）振動下りの動感創発能力

鉄棒運動では，懸垂系と支持系の動感形相（目標技）に区別することができる。後方支持回転や前方支持回転は支持系になり，鉄棒にぶら下がって前後に振りながら，自分の身体を操作する動感形態（動きかた）は懸垂系ということになる。体操競技では，この懸垂系の運動が中心になっていろいろな車輪や宙返りなどの動感形相に発展している。

鉄棒運動では，懸垂振動がもっとも初歩的で基礎的な動感化能力といえる。それは，幼児はまず鉄棒にぶら下がることからはじめ，ぶら下がって身体を揺らして喜んでいる姿をよく目にする。ぶら下がるためには，自分の頭より鉄棒が高いところにあるほうがぶら下がりやすくなる。

しかし，小学校に設置してある鉄棒は，そのほとんどが低鉄棒である。低鉄棒では膝を曲げてぶら下がることはできても，身体を振るには窮屈でほとんど振ることができない。これでは懸垂系の動感形相（目標技）を志向体験するには無理がある。しかし，高鉄棒は，恐怖感があり，落下をした場合の危険を考えると，学校体育での鉄棒は，高鉄棒の補助手段として利用してきた低鉄棒に置き換えられてしまったのである。

それによって今日の学校体育では，高鉄棒で行う懸垂系の動感形相（目標技）は姿を消してしまっている。低学年の場合，身体が小さいので鉄棒や雲梯などでぶら下がる動感形態を発生させることができるが，学年が上がるにつれて身長が伸び，懸垂系の動感形態を志向体験することが難しくなってくる。

小学校の鉄棒運動で懸垂系の動感形態を志向体験させようとすると，両膝かけ長懸垂振動下りがある。この動感形相は，両膝を鉄棒にかけてぶら下がることから，肩ぐらいの高さの低鉄棒でもぶら下がって身体を振ることができる（図18）。

また，逆さまになってぶら下がることは，多くの子どもたちにとって未体験の動感運動であり，それだけに怖さもあるが，興味と挑戦欲求をもつことになる。さらに，手でぶら下がるためには，自分の身体の重さを手で支えることになるが，手の力が弱く長くぶら下がれない子どもには，手より膝のほうが長くぶら下がることができる。それ

図18

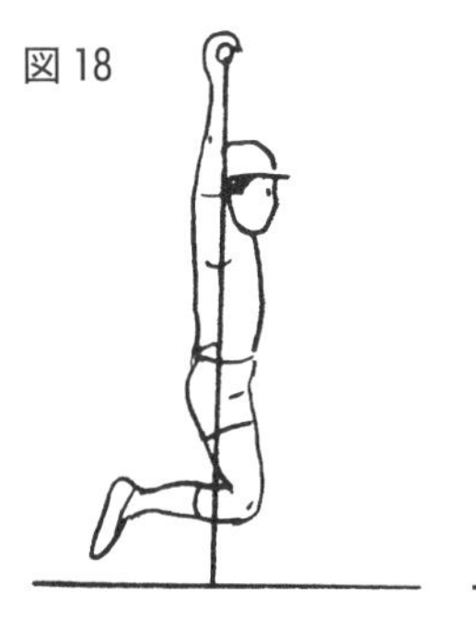

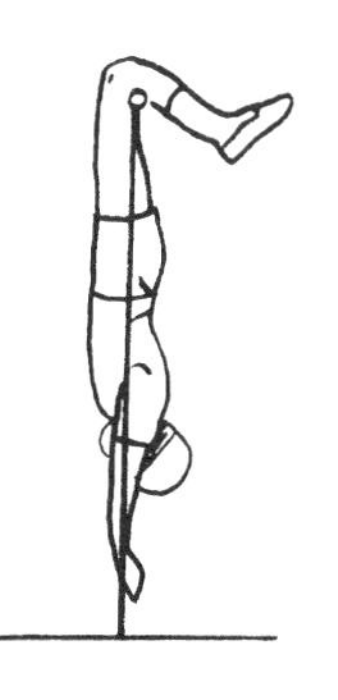

は足のほうが太くて常に自分の身体を支えているため手より強いからである。

両膝かけ振動下りは，小学校3年生ぐらいから，予備運動として膝でぶら下がることに慣れてくると，高学年では振ることができる志向体験をさせる。それによって両膝かけ振動下りへと発展させていくことができるので，子どもにとって魅力的な動感運動になってくる。

問題は，指導者が経験していないことや危険であるとの思い込みで，教えることに尻込みしてしまうことがある。ここでは，初歩的な段階から指導の順を追って説明をする。はじめの段階は鉄棒運動の導入としても使え，他の動感形態の基礎的な動感能力にもなる。

［3］両膝かけ（長懸垂）振動下りの動感形態の発生と動感素材

❶両膝かけ長懸垂から手で身体を支えて下りる

鉄棒運動では常に万一のことを考え，安全に対する身のこなし方を教えておくことが大切になる。そのためには下り方から志向体験をさせる。

(1) 足抜き回り下り

肩より高い鉄棒で握っている両手の間に膝をかかえ込むように足を入れ，後方に足抜き回りをして，足が地面に着いてから手を離して立つ。慣れたら，肩より高い鉄棒で足抜き回りをして，足が地面に着く前に手を離して，空中で回転して下りる動感をつかむ。

【動感能力】手でぶら下がり，足を上げながら一回転することでどんな体勢からいつ逆さになり，着地のために足をどこまで回転させればよいかがわかる時間化身体知と定位感能力が充実してくる。

(2) 補助倒立から下りる動きかた

補助による倒立をする。倒立になったら，軽く足を押してもらって足から下りる。そのとき，手でしっかり支えて，頭をしっかり起こし，視線は手より50cmくらい前を見て，はじめは片方の足ずつ下ろす。慣れたら，両足同時に腰を曲げ手に近いところに下ろす。補助倒立から2，3歩手で歩いてから，補助者に手を離してもらって，足から安全に下りられるようにする（図19）。

【動感能力】倒立体勢で頭を起こし前方がわかる定位感能力と手でしっかりと支持してから手の近くに足を下ろすことのできる遠近感能力を充実させる。足を下ろしたショックを足首と膝で和らげることができる弾力化能力も発生するようにしておく。

図19

(3) 両膝かけ倒立から下りる

両膝かけ長懸垂でぶら下がり，友だちに軽く足を押さえてもらう。鉄棒から両手を離して地面に手を着く（図 20）。

手で支えてから膝を伸ばして鉄棒から足を離し，手と足で着地する。はじめは片足ずつ下ろしてもよいが，できれば両足同時に下ろすことができるようにする（図 21）。

【動感能力】両足かけ長懸垂ぶら下がりから手で支えて逆さになり，前後，上下がわかる定位感能力と足を鉄棒から離して足の置く場所がわかる遠近感能力が充実してくる。

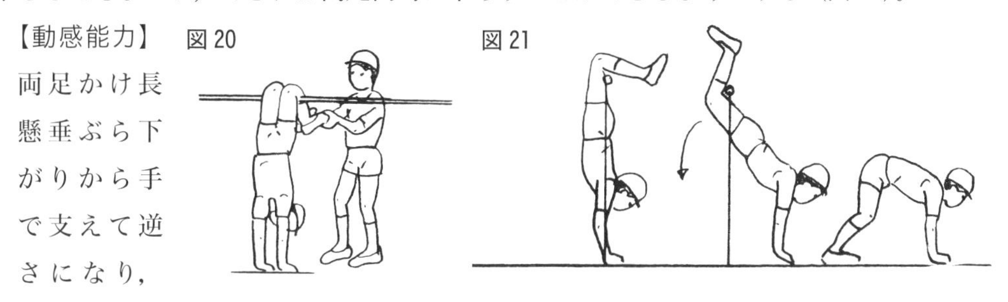
図 20　図 21

❷両膝かけ長懸垂で前後振りの動きかた

(1) 両膝かけ長懸垂で前後に振る

両膝かけ長懸垂で振動するタイミングがうまくとることができない場合は，友だちに軽く前後に肩を押してもらって振れるようにする。このとき，前に振れるときは頭を起こし，後方に振るときはあごを引くようにする。

【動感能力】背中先行で振れる方向が前方であり，前方への振れに合わせて頭を起こす。前後と上がわかる定位感能力が充実していく。

(2) 両膝かけ（長懸垂）振動（コウモリ振り）

両膝かけから手を離して両膝かけ長懸垂になる。はじめは，地面に手を着いて，前に 3，4 歩手で歩く。身体が前に振れたところで地面から手を離し，軽く後ろへの振れ戻りを覚える（図 22）。これを繰り返す。次に，頭と手の軽い反動を利用して，前方に振れたとき，頭を起こし背中を反らして前に振る。このとき，手も同時に頭の上に振り上げてタイミングを合わせる。後ろ振りでは・，真下を通過するとき，あごを引き，手も胸の前に振り上げる。

図 22

【動感能力】前方に振れるときには，身体を反らして頭を起こし，前方を見ることのできる定位感能力が充実してくる。後方に振れるときは，あごを引いて軽く腰を曲げることで肩の後上方への振れを作る伝動化能力が充実していく。

(3) 両膝かけ長懸垂で振動の幅を大きくする

友だちに鉄棒の前でひざまずいて手を出してもらい，その手にタッチできるように振りを大きくする（図 23）。

【動感能力】前方に振れるとき，手を顔の前に振り上げながら身体を反らすことで頭を起こし，前を見ることができる時間化身体知と定位感能力が発生してくる。

図 23

❸両膝かけ（長懸垂）振動下りの動きかた

(1) 補助をしてもらって下りる

両膝かけ（長懸垂）振動で前方に振れたところを友だちに両わきを抱えるように補助してもらい，前方に頭を起こし上体を反らすように引き上げる。頭と身体が十分に起きたところで，膝を鉄棒から離してとび下りる。鉄棒の下にマットやソフトマットを置いておくとよい（図 24）。

図 24

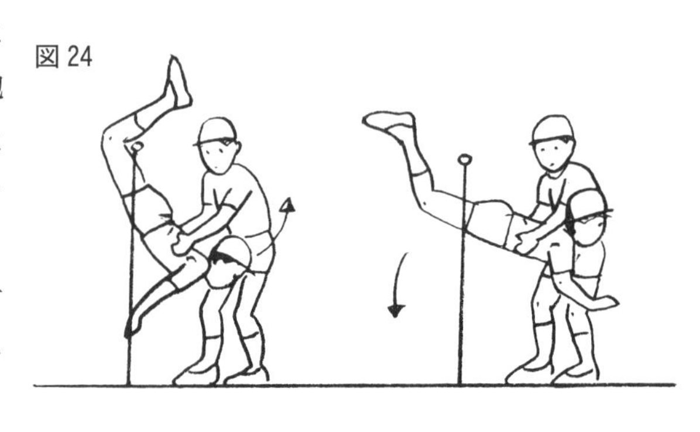

【動感能力】前方にもっとも振れるタイミングで膝を伸ばして下りることができる時間化身体知と定位感能力を発生させる。鉄棒から足が離れて，空中で着地する場所がわかる遠近感能力も発生してくる。

(2) 自分一人で行う

両膝かけ長懸垂を何回か振動して，振り幅を大きくすることができる。もっとも前方に振れたところで膝を伸ばし鉄棒から足を離してとび下りる。足を離す前に顔は前方を見るようにして身体をしっかりと反っておく。それによって空中に身体が浮く感じの気配感能力を発生させる。

【動感能力】何回か振動をしているときに，次がもっとも大きな振れ幅になることがわかる気配感能力と時間化身体知が充実してくる。足が離れる前に顔を起こして身体がしっかりと反って，空中で身体が一瞬に停滞する感じがわかる定位感能力と足を離して着地までの遠近感能力が充実していく。

(3) 後方両膝かけ回転から両膝かけ（長懸垂）振動下り

両膝かけ支持から鉄棒を手で支えて腰を後ろに引き，あごを引いた体勢で膝に鉄棒をかける。肩を大きく後方に回転するときに手を離し，肩の後方への回転に合

図 25

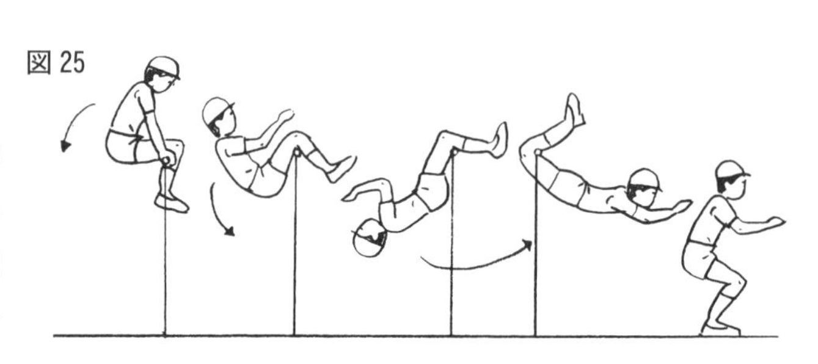

わせて身体を伸ばす。真下を過ぎると頭を起こして身体を反らしてから膝を伸ばして着地体勢に入る（図 25）。

【動感能力】両膝かけて支持から後方に腰を一気に引くことができる時間化身体知と体勢がわかる定位感能力が充実してくる。手を離して後方に肩を回転することを気配感能力と時間化身体知によって感じ，どれくらい肩を後ろに倒すかがわかる遠近感能力，足を鉄棒から離す前に身体をしっかりと反らせていることがわかる定位感能力が充実してくる。

3 後方回転系の学習

逆上がり

［1］逆上がりの運動教材としての価値

逆上がりは学習指導要領の例示に指導すべき技の一つとして示されている。極端な言い方をすれば，「できる」「できない」は別にしてもすべての子どもが逆上がりを志向体験することになる。教師も逆上がりができるようになってほしいと思っている動感形相（目標技）である。

過去の体力・運動能力テストでは，連続逆上がりがテスト項目の一つとして設定されていたことから，すべての子どもに逆上がりができることを求めていた。そこでは，調整力や筋力を測定できる運動として，逆上がりの動感形態は 10 歳ぐらいになるとできるようになって当然との考えがあった。しかし，逆上がりのできない子どもが多くなり，調査項目としては適切でないとの理由から新体力・運動能力テストの項目から連続逆上がりが削除されることになったのである。

また，学習指導要領の改訂でも鉄棒運動の 3，4 年の上がり技の例示では，「片膝かけ振り上がり，補助逆上がり，逆上がり」が示されている。補助逆上がりは動感形相（技）ではなく，動感形態（動きかた）を発生させるための動感素材であり，いろいろな補助逆上がりがある。この補助逆上がりが例示に示されたことは，いきなり逆上がりを志向体験するにしても動感形態（動きかた）の発生に必要な動感能力が空虚で，どのように動いてよいかわからない子どもが多くなったことにある。さらに，逆上がりの動感形態の発生については，動感素材をもちいた動感指導の必要性からも補助逆上がりが例示として示された。また，逆上がりができなくてもいろいろな補助逆上がりを志向体験することで，鉄棒に対して「なじみの地平」の身体状態感となり，鉄棒嫌いになる子どもを少なくすることができる。

逆上がりは小学生の子どもに志向体験させるのに大変価値のある運動教材のひとつであることには間違いない。指導者は「子どもにぜひともできるようにしたい運動」の一つに逆上がりをあげている。また，子どもの作文などの中に逆上がりができたときの感激や喜びを思い出に書かれることも多く見られる。「何回も練習しているうちに，ある日，突然，身体が空中で逆さになり，鉄棒の上にくるっと上がることができた」など。それは，子どもにとって新しい世界の発見なのである。

このような逆上がりは，「できない」子どもにはいやな思い出を，「できるようになった」子どもには新しい世界を発見する喜びを与える動感運動としての特性をもつ動感形態といえる。問題は，逆上がりが運動嫌いを作るのではなく，逆上がりはできることがあたりまえという教師の考えかたができない子どもを苦しめているのである。そこには，教師の逆上がりに対する指導のあり方が問題として浮かび上がってくる。

［2］逆上がりの指導の問題

逆上がりの指導で問題なのは，逆上がりという動感形態は，見ればすぐにどんな運動であるかがわかるとして，志向体験での動きかたなどをあまり説明せずに，すぐにやってみるように指示を出すことである。そこでの指導は，「もう少しがんばればできる」とか「最後まであきらめずに」などの励ましの言葉かけだけで，子どもに意欲をもたせて取り組ませようとする。このような指導で「できる」ようになればよいが，一生懸命に取り組み努力しても「できない」子どもが必ずいるのである。このような子どもは，できるようになりたくてがんばっているが，どんな感じで身体を動かせばよいのか，どこで力を入れればよいのかわからず，友だちと同じようにやっても動感形態（動きかた）の「コツ」がうまくつかめず悩んでいる。このような子どもには，励ましだけの指導ではできるようにならないのである。

逆上がりのように，外から見て動感形態が比較的にやさしいと思われる動感形相ほど「コツ」をつかむための動感指導がいい加減にされやすい。子どもの悩みを教師が理解せずにただ励ますだけでは，子どもはいくらがんばっても自分には逆上がりはできないのだと最後にはあきらめてしまう。励ましによる指導は，運動指導でもっとも大切なことであるが，精神論的な指導になりやすく，できないことを子どもの努力不足と考えてしまうことになる。

［3］逆上がりの動感構造

逆上がりは，手で身体を上方に引き上げ，後方に回転しながら鉄棒に上がっていく動感形相（動きの意味構造）である（図26）。それだけに，走ったり，跳んだり，ボールを投げたり受けたりする動感運動とは違って，日常的に行われる動感運動ではない。日常的によく行われる動感運動は，5，6歳ぐらいまでにいつの間にか基本となる動感形態（動きかた）ができるようになってくる。このような動感運動は，上手下手は別にしても特別な指導を受けなくても受動発生によって身につけることになる。

しかし，逆上がりなどの器械運動の動感形態は，日常的な運動ではなくすべての子どもが動感形態（動きかた）を受動発生によってできるようになるというわけにはいかない。子どもによっては，小学校ではじめて動感形態の発生の志向体験をする子どももいる。そのため，逆上がりの動感形態（動きかた）も指導によってはじめて発生させることになる。

図26

逆上がりは，日常生活で必要とされなくても人間の動きの能力可能性として，巧技的な楽しみとして歴史的に伝承されてきた運動財である。それだけに，動感志向意識をもって志向努力することで「できる」ようになるところに喜びや楽しさがあるといってもよい。このことが「できない」ことを「できる」ようにする運動発生学習としての教材的価値をもっている。

たしかに，指導をしなくてもすでにできる子どもは多くいる。そのような子どもは，過去に指導を受けたり，また，運動遊びの中で逆上がりの動感化現象に必要な基礎的な動感能力をすでに受動発生させており，やろうとすればすぐにできる身体状態感であったと考えられる。

しかし，逆上がりは，［できない］ことを「できる」ようにすること，さらに，「よりよくできる」ようにするところに志向体験としての意味と価値があり，決して体力づくりのための運動ではない。

逆上がりは，上方への移動と後方への回転のためには，腕の力と腹筋が必要になるが，いくら腕の力と腹筋を養っても逆上がりの動感形態を発生させることができるとは限らない。動感構造から動感形態の経過を見ると，身体を鉄棒に引き寄せながら足を上に振り上げ，さらに，足を振り上げながら後方に回転して鉄棒に上がり，正面支持になる。逆上がりで難しいのは，この「～しながら～する」ことで，特に，身体が空間で逆位の体勢になるため，定位感能力が空虚な身体状態感では自分がどのような体勢になっているかがわからなくなってしまうことである。

鉄棒に身体を引き寄せることのできない子どもは，腕の力が必要になる。また，足を上に振り上げられない子どもは，足を振り上げる腹筋力も必要になる。しかし，逆上がりの動感形態が発生させることのできない子どもの多くは，「～しながら～する」ことの動感能力が空虚であるといえる。それは，いつどのタイミングでどこに力を入れればよいのか，そのタイミングや身体の動かしかたがわからないこと，さらに，後方へ回転するために，頭を後ろに倒さなければならないことである。この頭の背屈は，頸反射として腕や身体が反りやすい体勢を作り出すことから，逆上がりをやろうとしてすぐに身体を反らしてしまう子どもを見かける。また，すぐに腕が伸びて腰を鉄棒に近づけることのできない子どももいる。このことからも逆上がりは決してやさしい動感形態（動きかた）ではないことがわかる。

そうなると，子どもたちの身体状態感や過去の動感運動の経験の有無，今どの形成位相でどのような動感形態を発生させようとしているのかなど，子どもの逆上がりの動感形態（動きかた）から観察や交信分析をすることが必要になってくる。それによって志向体験させる動感素材を道しるべとして子どもに示すことになる。

ここでは，逆上がりに必要な動感能力を高める動感素材としての動きのアナロゴン（類似の運動）を紹介しておく。

［4］逆上がりの動感形態の発生と動感素材

❶逆上がりの基礎的な動感能力の発生

ここでは動感素材をもちいて，わきを締めて鉄棒に身体を引き上げることのできる動感能力の発生，充実を図る。遊び的要素を取り入れて楽しく志向体験できるようにする。

【動感素材例】

(1) だんご虫

肘を曲げてぶら下がり膝を胸にかかえ込む。肘を最初から曲げてぶら下がってもよいが，次の段階では肘を伸ばしてぶら下がり，肘を曲げて体を引き上げながら膝をかかえ込む。肘を曲げてぶら下がったとき，あごを上げ後ろを見るように頭を起こしても力を入れることができる。

【動感能力】肘を伸ばしてぶら下がり，肘を曲げてわきを締めるとき，いつどこで力を入れるかの時間化身体知の発生と膝を身体に引き寄せた体勢を作ることができる定位感能力の発生，ぶら下がって頭を起こすことで後方に回転する感じとしての気配感能力を発生させ，わきの締めを強くする力動感能力も充実してくる。

(2) 空中自転車こぎ

肘を曲げてぶら下がり，足は自転車をこぐように上下に動かす（図 27）。

図 27

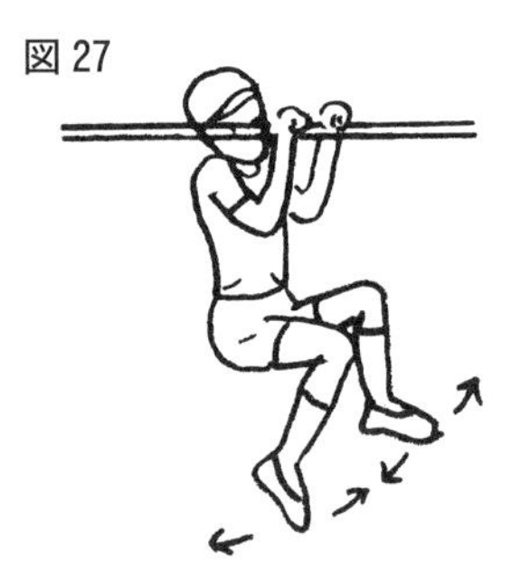

【動感能力】足を自転車のようにこぐことで，足を引き上げるために，どこまで足を持ち上がるかがわかる遠近感能力と膝のかかえ込み体勢がわかる定位感能力が発生していく。

(3) 両膝かけから地球回り

ぶら下がって鉄棒に両膝をかける。両膝をかけることで頭が腰より下になり，逆さになって足をコントロールできるようにする。次に地球回りをする。

【動感能力】逆位の体勢で足の位置がわかる定位感能力と地球回りで足がどこを回っているときに手の握り換えをするかがわかる時間化身体知が充実してくる。

❷後方に回転する動感能力の発生

後方に回転するために頭を背屈するが，頸反射によって身体が反りやすくなるので背中を丸くしておく。後方への回転に合わせて足を頭上に上げることのできる動感能力の発生，充実を図る。

【動感素材例】

(1) 足抜き回り

鉄棒にぶら下がり，膝をかかえ込みながら足を手の間を通して後方に回転する。

【動感能力】膝をかかえ込むことで手の間に足を通すことのできる遠近感能力と頭を背屈して逆さになり，後方に回転することがわかる定位感能力，いつ足を下ろすかがわかる時間化身体知が充実してくる。

(2) 登り棒での後ろ回り

手のところにゴムひもを張り，足でゴムひもを引っかけるように足を高く上げながら後ろに回転する（図28）。

図28

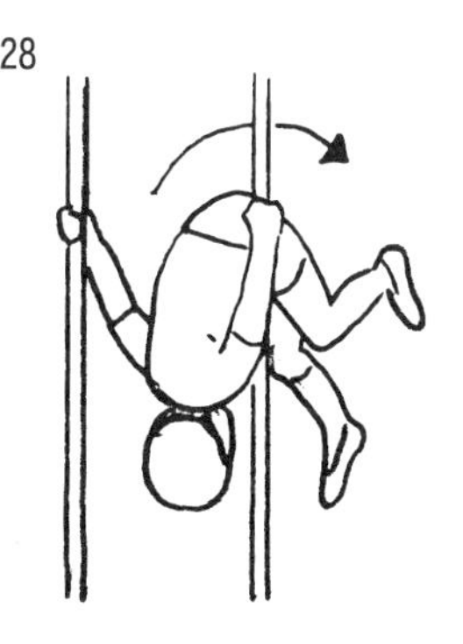

【動感能力】片足踏み切りで振り上げ足がゴムひもにかかるように上げることができる遠近感能力とどちらの足が振り上げやすいかがわかる優勢化能力が発生する。足の振り上げに合わせて腰が頭の上を通過することで後方へ回転することがわかる時間化身体と定位感能力が充実してくる。

❸逆上がりの動感アナロゴンによる動感能力の発生

逆上がりに類似している動感形態を志向体験させることでコツがつかめるようにする。

【動感素材例】

(1) 前回り下り

前回り下りの動感形態は，逆上がりと逆の動感形態になるので，できるだけゆっくりと前に回りながら下りる。

腰でのぶら下がる感じや足や腰を鉄棒からすぐに離れないように回転して下ろしていく。足を地面に下ろすときも肘を曲げ，わきを締めてゆっくりと下ろす（図29）。

図29

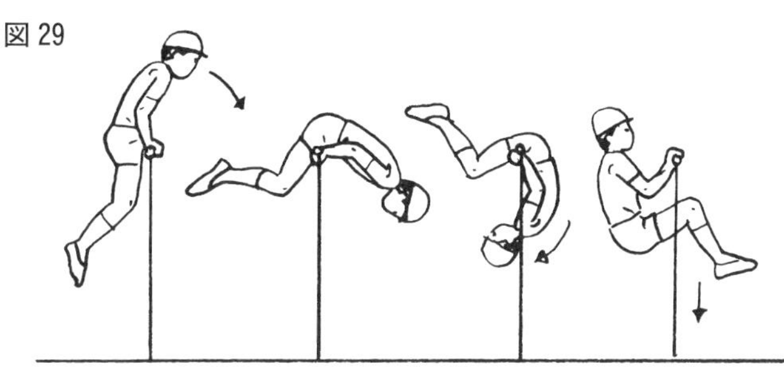

【動感能力】前方に回転下りをするとき，肘を曲げて腰を鉄棒の近くを通って下りることがわかる遠近感能力が発生することで，逆上がりでも鉄棒と腰の位置がわかる遠近感能力を充実させる。最後はだんご虫の体勢になって，肘で引き寄せた体勢がわかる定位感能力を充実させる。

(2) 腹かけ懸垂（ふとん干し）から起き上がる

腹かけ懸垂から手を握り換えて頭を起こし，正面支持の体勢になる。逆上がりの後半に上体の起こしに合わせて手の握り換えを覚える。

【動感能力】逆位の体勢から正面支持になる体勢の変化がわかる定位感能と手の握り換えのタイミングがわかる時間化身体知が充実してくる。

❹足の振り上げの動感能力の発生

逆上がりでの足の振り上げは，肩の後方への回転に合わせて行うことで，後方回転しながら腰を鉄棒上にあげるために必要な動きかたになる。そのためにも軸足のけりと振り上げ足のタイミングが合った動感形態を発生できるようにする。

【動感素材例】

(1) 正面立で足を前に一歩踏み出し，反対側の足を顔の前に振り上げる

一歩踏み出した足でしっかりと地面を踏みしめた状態で，肘を曲げて鉄棒に胸を近づけながら振り上げ足を顔の前に振り上げる（図30）。

図30

【動感能力】足の踏み出しから振り上げのタイミングがわかる時間化身体知とどの方向に振り上げるかがわかると遠近感能力，足を伸ばして振り上げることがわかる定位感能力が発生していく。

(2) 肘を曲げ，わきを締めて斜め懸垂体勢から片足を上に振り上げ，ボールを蹴る

わきを締めて胸を鉄棒に近づけ斜め懸垂の体勢を保ち，前につるされたボールを蹴るように足を振り上げる（図31）。

図31

【動感能力】わきを締め，鉄棒に胸を引き寄せ，腹に力を入れ腰が落ちない体勢が保つことがわかる定位感能力とボールに足が届くように振り上げることができる遠近感能力が発生していく。

❺補助逆上がり

補助具や補助者によって，逆上がりの動感形態（動きかた）を知るために正面立ちから補助逆上がりを行う。それによって，身体がどのように鉄棒の上に上がっていくのか，また，どのような動きかたで逆上がりができるのかを知る。

(1) 補助をしてもらって

横に立つ補助者に逆上がりの足の振り上げと回転に合わせて腰と大腿部の補助をしてもらう。補助者は腰を鉄棒に近づけ，後方への回転に合わせて足が鉄棒の上を通過するように補助をする。

【動感能力】逆上がりは足の振り上げとわきの締めで腰を鉄棒に近づけることがわかる遠近感能力と後方に回転して上がる動感形態であることわかる時間化身体知と定位感能力が発生してくる。

(2) ロープや柔道帯をもちいて

図 32

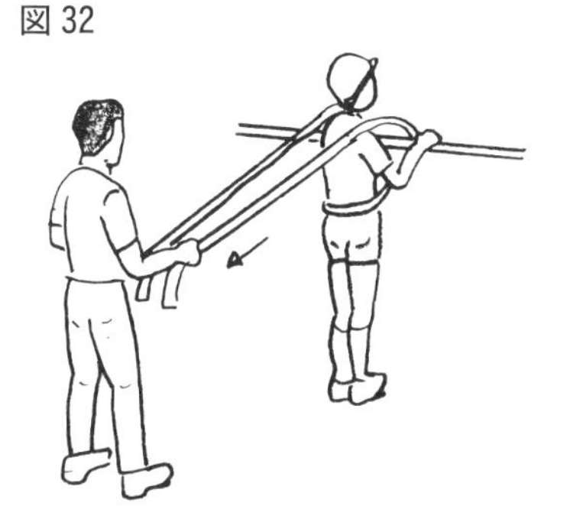

腰に柔道の帯を巻き，鉄棒の前を通して肩口から後方に帯を張る。逆上がりの動感形態（動きかた）に合わせて帯を引くことで腰が鉄棒に近づき逆上がりができる(図 32)。

【動感能力】足をどの方向にどれくらい振り上げるのか，いつ頭を返して一回転するのかがわかる遠近感と定位感が発生してくる。

(3) 逆上がり補助器を使って

逆上がり補助器を利用して逆上がりを行う。腕を曲げて腰を鉄棒に近づけながら補助器の面を足で登り，腰が鉄棒と同じ高さになる場所で足を鉄棒の上に振り上げて逆上がりをする。

【動感能力】補助器の面を足で登りながら手で鉄棒に身体を引き寄せることのできる時間化身体知，後方に回転しながら腰を鉄棒に近づけることがわかる遠近感能力が発生してくる。

(4) 跳び箱と踏切板を使って

図 33

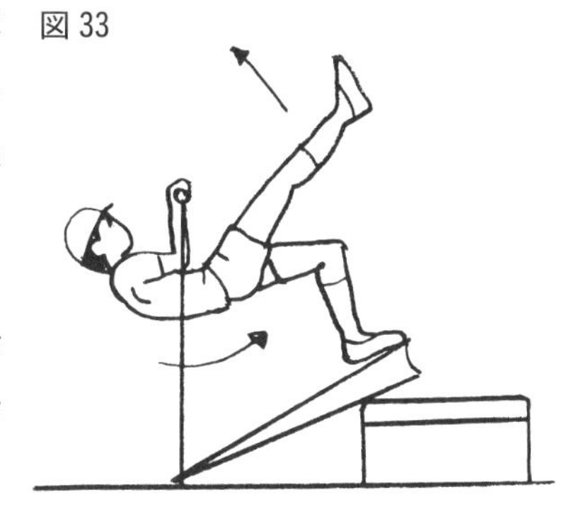

跳び箱と踏切板で傾斜を作り，わきを締め腕で鉄棒を押さえるようにする。斜めの踏切板に足を踏み出し，1，2 歩登り，足の振り上げと踏み切り足で後方に回転して逆上がりを行う（図 33)。

【動感能力】踏み切り足をどこに置くのかがわかる遠近感能力とわきを締めて逆位の体勢になりながら足を振り上げていく方向がわかる定位感能力が発生してくる。

❻逆上がり

(1) 一人でできる

はじめは，胸ぐらいの鉄棒でわきを締め，鉄棒を下に押さえる準備した体勢から足を一歩前に踏み出す。肘を曲げ，わきの締めを強くして足を大きく鉄棒の上に振り上げる。このとき踏み出した足でしっかりと地面を蹴り，頭を後ろに倒し肩を後方に回転させる。上体の回転で振り上げ足が鉄棒の上を通過して鉄棒に腰がかかる。手の握り換えよって正面支持の体勢になる。この一連の動感形態をスムーズに行う。

【動感能力】足を前に踏み出し，わきを締めることがわかる時間化身体知と足の振り上げる方向と強さがわかる遠近感能力，腰が鉄棒に近づきながら回転することがわかる定位感能力，手の握り換えがタイミングよくできる時間化身体知を充実させる。

(2) 肩より高い鉄棒で

肩より高い鉄棒では，軽くジャンプをして肘を曲げてわきを締め屈腕体勢になる。身体を上方に引き上げる。上体の引き上げと足の振り上げに合わせて頭を背屈することで後方に回転して上がる（図34）。

【動感能力】屈腕体勢でわきの締めに合わせて足を振り上げることのできる定位感能力と伝動化能力，鉄棒の上まで足を振り上げことがわかる遠近感能力と後方に回転するタイミングがわかる時間化身体知を充実させる。

図34

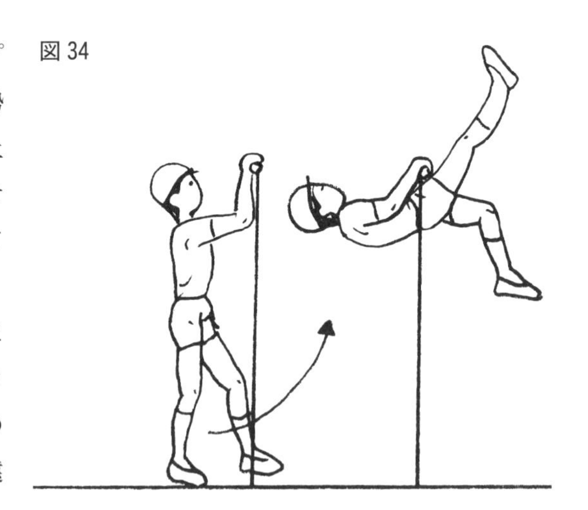

後方支持回転

［1］後方支持回転の動感構造

後方支持回転は，正面支持から後方に一回転して，再び正面支持になる動感形態（動きかた）で，腕立て後転とか後転という呼び名で親しまれてきた動感形相（目標技）である（図35）。

子どもたちは，この動感形態を空中逆上がりとも呼んでいる。この空中逆上がりという呼び名は，逆上がりと後方支持回転の関係をうまく言い表している。逆上がりとは地面に足を着いた正面立ちの開始体勢からはじまるが，一方の後方支持回転の動感形態は，鉄棒上の正面支持からはじまる。そのことが子どもにとっては空中で行う逆上がりと感じるの

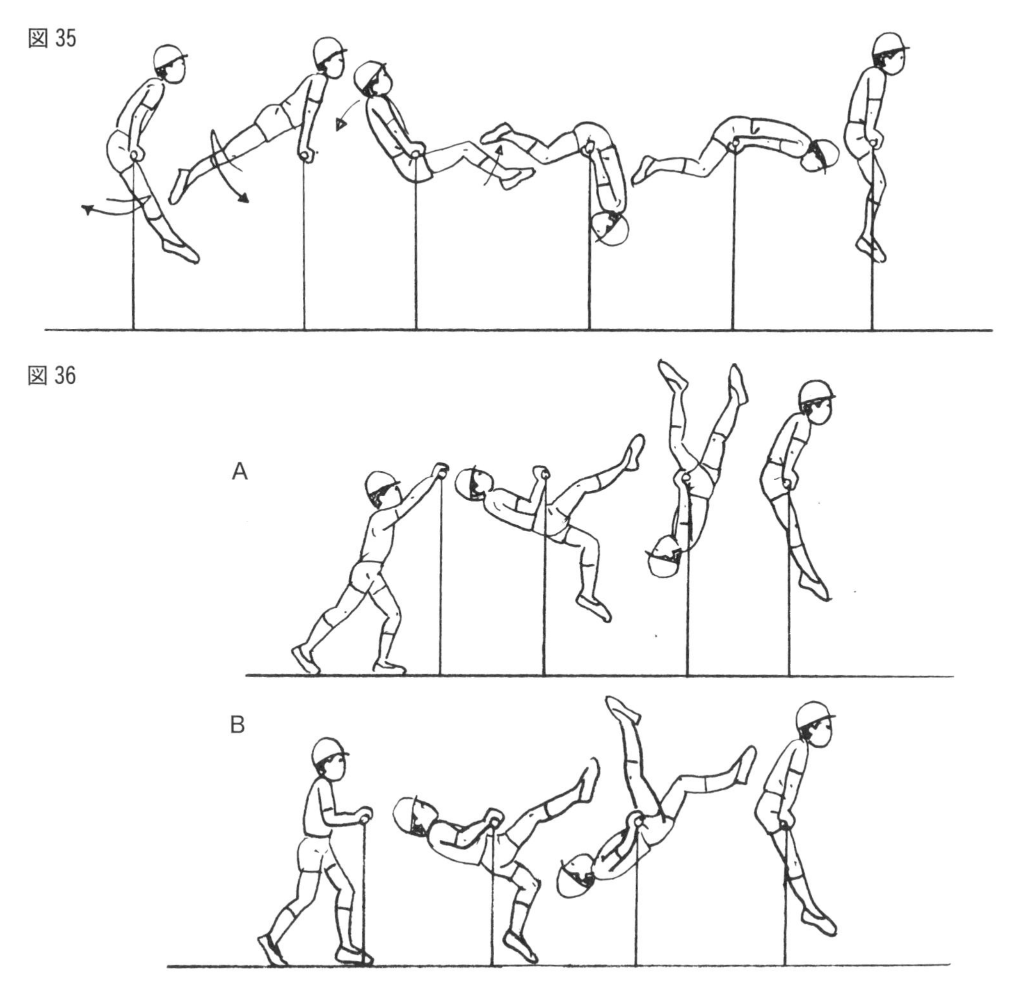

である。動感構造から見ても，後方支持回転と逆上がりは類化形態として同じ体系に属す動感形相である。

今日の逆上がりの動感形態は，低鉄棒で行うことがあたり前になっており，肩か胸の高さより低い鉄棒で行う逆上がりは，開始条件を変えることで後方支持回転とほとんど区別がつかなくなる。

図 36 の A の逆上がりは，開始体勢が肩の位置より高い鉄棒ではじめる。そこでは，身体の引き上げと足の振り上げによる身体の上方へ移動と後方への回転を融合させることがポイントになる。

B の逆上がりは，開始体勢で肩より低い位置に鉄棒がある。身体を上方に移動させる必要がなく，鉄棒に腰を近づけてスムーズに後方への回転にはいることがポイントになる。

逆上がりは，逆さになりながら上がるというイメージがあるために，腕で身体を引き寄せることや足を振り上げることが技術ポイントとして強調される。しかし，逆上がりのもう一つの技術ポイントは，後方回転の要素であり，この後方回転の動感形態（動きかた）は後方支持回転と同じ技術的な動感形態をもっている。すなわち，逆上がりの開始条件を変えて肩より低い鉄棒で志向体験すると後方回転としての動感意識が強くなり，後方支持回転と同じ動感形態になっていく。ここで注意しておくことは，鉄棒を低くするといっても，直立して肘の高さぐらいで実施することであり，それ以上低い鉄棒をもちいると，今度は頭を地面にぶつける危険性がでてくる。

逆上がりの動感形相は，上方に移動しながら後方に回転して正面支持になるという動きの意味構造をもつ独自な動感形態である。しかし，低鉄棒での逆上がりは上方移動が見られない動感形態になることから，後方支持回転の動感形態と同じ類化形態の体系（ファミリー）でとらえることができる。このことは低鉄棒での逆上がりが存在価値として，他の形態に置き換えることのできない独自の意味形態を消滅させてしまうことになる。それによって後方支持回転の動感素材としての意味しかもたなくなることに注意をしておく必要がある。

低鉄棒の逆上がりで身につけた動感化能力を後方支持回転の動感形態の発生の動感素材としてもちいることもできる。このことは，低鉄棒での逆上がりができなければ後方支持回転ができないのかというとそうではない。逆上がりができない子どもにも後方支持回転ができる子どもはいる。低鉄棒での逆上がりと後方支持回転の動感形態は動感構造上の類似形態にあるので，どちらかができれば，動感移調性が働き，どちらかのできない動感形態も発生させることができるようになっていく。

後方支持回転の志向体験には，逆上がりの基礎的な動感能力や動感アナロゴンなどが，そのまま後方支持回転の動感素材にもなる。

[2] 後方支持回転の動感創発能力

後方支持回転は，逆上がりとの類縁形態にあるからといって，逆上がりだけの志向体験で後方支持回転ができるようになるかといえばそうではない。それは，開始体勢での回転の作り出し方に違いがあり，この回転開始局面での動感形態（動きかた）が後方支持回転の正否を決定するといってもよい。そのためには，まず回転開始技術について指導者は理解しておく必要がある。

開始局面での動感形態（動きかた）は，正面支持から足を後ろに振り上げ，その振り下ろしの勢いを利用して，鉄棒に足を巻き込むように後方への回転力を作り出していく。しかし，この足の振り下ろしのスピードは大きければよいかといえばそうではない。足を大きく振り上げすぎると，逆に肩が前に出過ぎて肩と足の回転のタイミングが合わず，せっかくの足の振り込みが役に立たないこと

図37

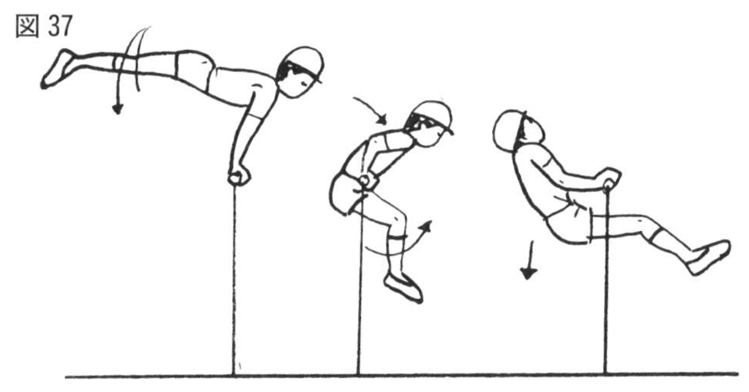

がある（図 37)。足の振り上げは，あまり大きくしないで肩の回転のタイミングがつかめる予感化能力と回転方向を感じ取る気配感能力が充実していくようにする。

肩の回転をスムーズにタイミングよく行うには，1 回の足の後ろ振り上げからすぐに後方回転にはいることができればよいが，普通は 2，3 回，足を後ろ振り上げる導入動作を行う（図 38)。このような導入動作では，どのタイミングでいつ後方への回転に入ればよいかの“感じの呼び込み”としての気配感能力と予感化能力を充実させることになる。足の振り上げ回数をあまり多くすると今度はタイミングが合わなくなることがある。

図 38

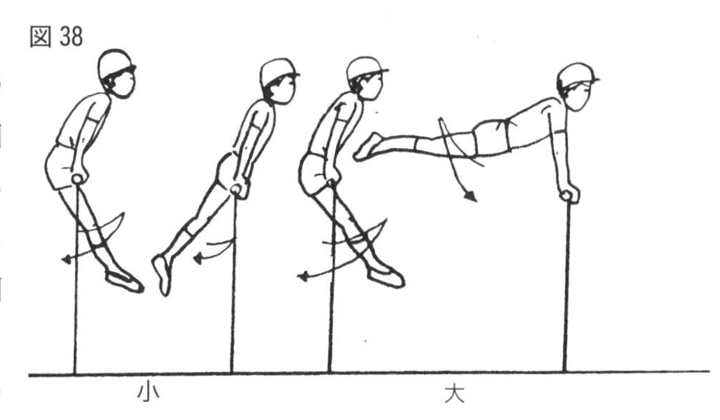

足の後ろ振り上げの予備振動による導入動作が前提になって，次には肩の回転を加速させる動きかた，言い換えれば，肩回転加速技術が後方支持回転で一番大切な動感形態（動きかた）になる。つまり，導入動作での予備振動による足の振り上げから足を振り下し，鉄棒に足を巻き込むことで回転の先導役を果たすが，一気に身体を回転させるエネルギーは肩の回転のさせかた(動感形態)にある(図 39)。ある意味では，この肩回転加速技術の“コツ”を身につけることが後方支持回転の正否を決めることになる。

肩回転加速技術は，肘をしっかりと伸ばして，後方に肩の回転弧を大きくする動感形態（動きかた）のことである。しかし，後方に回転することは，頭側の見えない方向に倒れていくことになり，どうしても最初に行うときにどの方向に肩を倒すのか，それによってどんな体勢になるのかなど，気配感能力と定位感能力が空虚な子どもには恐怖心が出てしまう。また，肩だけを後ろに倒しても，足の振り込みが弱かったり，止めてしまったりすると，途中で腰が鉄棒から離れてしまい身体が下に落ちてしまう。

図 39

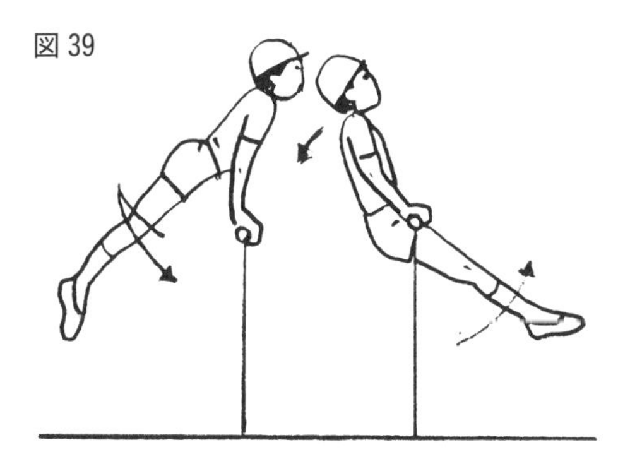

肩を後ろに倒す恐怖心をなくすには，足の振り込みに合わせてタイミングよく肩を倒して回転させる“コツ”をつかむことがもっとも大きなポイントになる。そのためにも足の後ろ振り上げの導入動作から行う後方支持回転の志向体験ばかりではなく，逆上がりの応用練習や補助具をもちいて後方に回転する志向体験の必要がでてくる。

特に，後方支持回転のできない子どもには，いろいろな動感素材をもちいて動感形態を発生させる志向体験が大切になってくる。後方への恐怖心は，そのような志向体験から「できそうな気がする」と身体で感じ取ることで思い切ってできるようになっていく。器械運動には，技に挑戦するために克服すべき勇気が求められるが，そのときの「やろう」とする強い気持ちは，自分の身体状態感として「できそうな気がする」という動感を感じ取れる段階に達したときである。そのために基礎的な動感能力や動感アナロゴン，そして，場の工夫や仲間の補助によって恐怖心を動感化能力に換えることができる志向体験をすることが必要になる。

［3］後方支持回転の動感形態の発生と動感素材

❶後方支持回転の基礎的な動感能力の発生

後方支持回転は開始体勢での予備振動の動感形態の発生，充実を図るためにも正面支持でいろいろな体勢での動感化能力を充実できるようにしておく。

【動感素材例】

(1) 正面支持で横に移動

正面支持の体勢で左右どちらでもよいから，片方の手を動かしながら横に移動する。このとき，鉄棒をしっか握りすぎないように親指と人差し指の間の親指球で鉄棒を押さえるようにする。

【動感能力】正面支持から移動するとき上体のバランスを取ることと手のひらのどこで支えているかがわかる定位感能力が充実してくる。

(2) 鉄棒に腕を伸ばして跳び上がり

肘の高さの鉄棒に両足踏み切りで跳び上がる。跳び上がるときに肘を曲げてもよいが，慣れてきたら肘を伸ばして一気に正面支持になる。

【動感能力】跳び上がりで鉄棒を下に押さえ，わきを締めながら鉄棒の上に上体を乗り出し，支持になることができる時間化身体知と遠近感能力が充実してくる。

(3) 正面支持で足の後ろ振り上げ

正面支持で足を2，3回軽く後ろに振り上げて予備振動をする。足の振り上げと腕の支えのタイミングを合わせて後上方に振り上げ，正面支持にもどる。慣れてきたら，1，2回目の足の振り上げは小さく，最後の1回を大きく振る（図40）。

【動感能力】足の振り上げ幅が動感意識できる遠近感能力と最後の大きく振り上げるタイミングがわかる時間化身体知が充実していく。そのとき足を大きく振り上げるためには，正面支持で上体と足を少し前に出し，「く」の字の前屈体勢から一気に振り上げることができる伝動化能力も発生してくる。

図40

(4) 腹かけ懸垂（ふとん干し）から正面支持

正面支持からゆっくりと前に倒れ，ふとん干しの状態になる。あごを締めて背中から起き上がる。手首を返すために手を握り換え，鉄棒を押しながら正面支持になる。

【動感能力】上体の起こしに合わせて手を握り換え，鉄棒を押さえるタイミングがわかる時間身体知と正面支持の体勢に素早くなることができる定位感能力が充実してくる(図 41)。

図 41

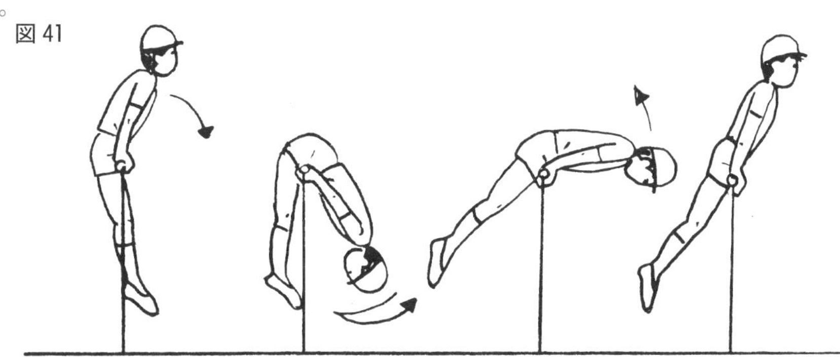

❷後方支持回転の動感アナロゴン

後方に回転をするために，頭や肩が回転する感じがわかる類似の動感運動で志向体験する。

【動感素材例】

(1) 肘の高さの鉄棒で逆上がり

ふとん干しで頭が地面に着かないことを確かめてから行う。できるだけ鉄棒に近い位置に立ち，上体を鉄棒に引き寄せわきを締めてから足の振り上げで一気に逆上がりを行う。

【動感能力】わきを締めて上体を引き寄せ，足を振り上げるタイミングがわかる時間化身体知が充実してくる。足を振り上げで肩を後ろに倒し，回転力を生み出す伝動化能力が発生することで肩回転加速技術の「コツ」の触発化能力の発生につながる。

(2) 補助ひもを使って腰を鉄棒に固定して後方支持回転

柔道の帯や補助ひも使って，鉄棒から腰が離れないようにして後方支持回転を行う（図42)。足の後ろ振り上げの予備振動が使えないので，肩の後方への倒しをタイミングよくすることで一回転する。友だちに肩をさせてもらうことで後方に回転する恐怖心をなくする。

図 42

【動感能力】後方への回転はどの方向に肩を倒すのかを気配感能力で感じ取り，落ちる心配がないので肩を一気に倒して回転する体勢がわかる定位感能力と足の振り込みと合わせることで回転力を作り出す伝動化能力が発生してくる。

(3) 後方だるま回り

肘支持の姿勢から足の軽い振りを利用して，足を振り込むタイミングに合わせて，手で膝をしっかり抱え込み，だるま回りをする。

【動感能力】後方に回転するときにあごを上げ，頭を後方に倒すことで頭と肩が先行して回転することがわかる定位感能力と予感化能力が充実してくる。

❸後方支持回転

(1) 膝を曲げた後方支持回転

足の振り上げから振り下ろして後方支持回転にはいるとき，鉄棒に腰が触れる瞬間に膝を軽く曲げ，膝を胸に引き寄せるように一気に後方へ回転をする。膝を曲げることで腰角が狭くなり，鉄棒から腰を離れにくくする（図43）。

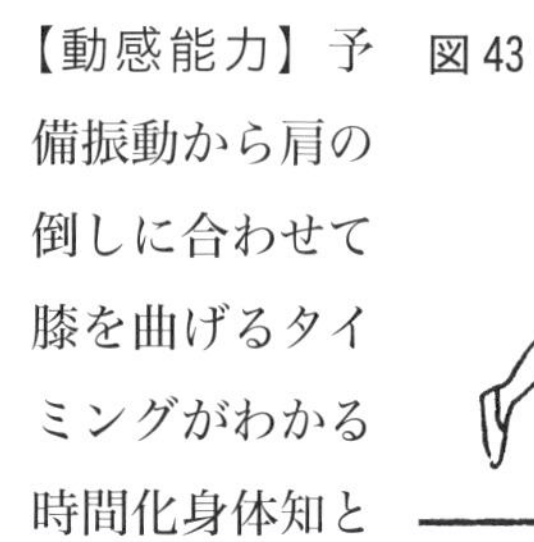

【動感能力】予備振動から肩の倒しに合わせて膝を曲げるタイミングがわかる時間化身体知と腰で鉄棒を挟んでいる体勢がわかる定位感能力が発生してくる。

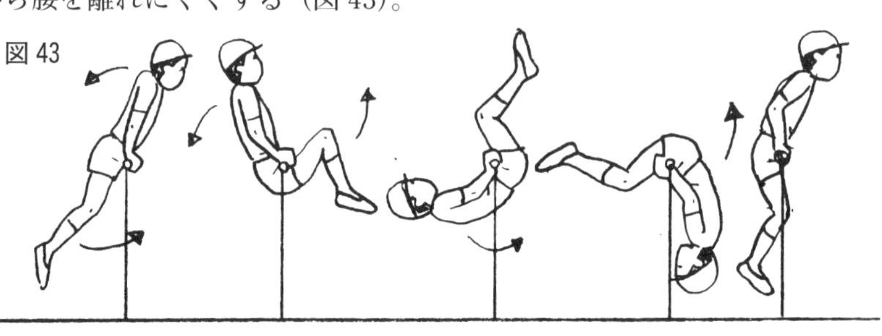

図43

(2) 膝を伸ばして後方支持回転

予備振動から膝の伸ばしを意識して足先から一気に振り込み，回転にはいる。膝を伸ばしての後方支持回転では，肩の回転加速技術がしっかりと意識できるようにすることが大切になる（図44）。

【動感能力】足を振り上げるときの膝を伸ばしていることがわかる定位感能力，足の振り込みに合わせて肩を後方に倒すタイミングがわかる時間化身体知，肩を回転させるときわきの締めと鉄棒を押させる力の入れかたがわかるリズム化能力が発生してくる。

図44

(3) 後方支持回転で体を伸ばして止める

後方支持回転で一回転するが，一回転した後の回転スピードをコントロールして正面支持の姿勢で止まることができるようにする。そのためには，回転の終わりのところで，足を後ろに残して体を反ることで，回転にブレーキをかけることができる（図45）。

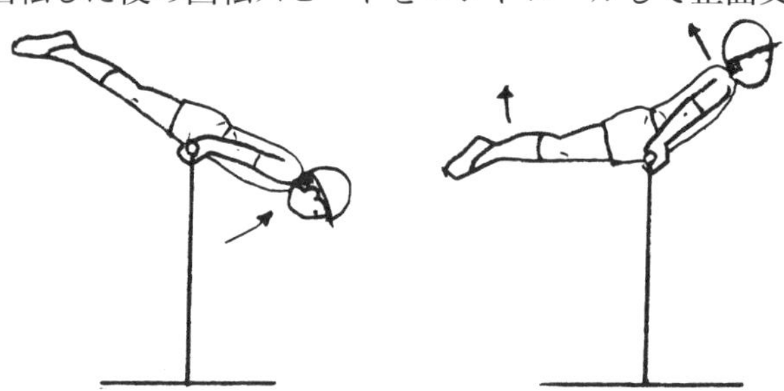

図45

【動感能力】どれくらい回転すると一回転で正面支持になるのかを予測する時間化身体知（予感化能力）と足を残して身体を反らす体勢がわかる定位感能力が発生してくる。

4 前方回転系の学習

前方支持回転

［1］前方支持回転の動感構造

前方支持回転は，正面支持の体勢から前方に一回転して，再び正面支持になる動感形態で，後方支持回転と並んで鉄棒運動の回転系の代表的な動感形相（目標技）である（図46）。

図 46

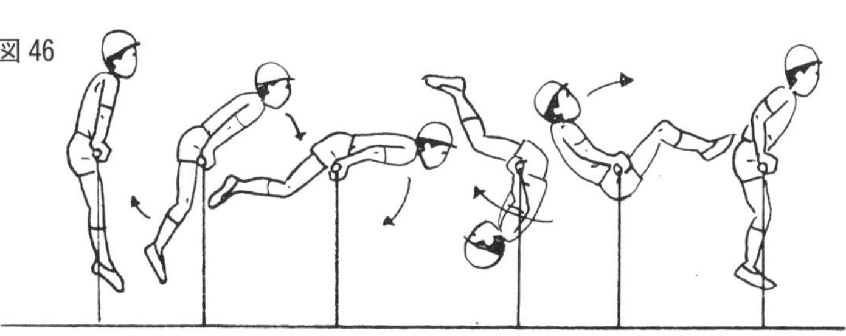

前方支持回転は，顔の方向に回転するので後方支持回転より怖さがなく，「できる」「できない」を別にすれば，だれでも志向体験することができる動感形態（動きかた）である。鉄棒に上がれば，前回りをして下りることからはじめることができる。この前回り下りでの開始体勢は前方支持回転の開始体勢と同じ動感形態になっているが，しかし，この前回り下りの志向体験を何回繰り返しても，前方支持回転の動感形態を発生することができるようにはならない。前方支持回転の動感形態を発生できるようにするためには，前回り下りとは異なる動感意識や動感形態の発生を目標に志向体験をすることになる。そこに前方支持回転の技術を理解した志向体験が求められてくる。

前方支持回転の技術を身につけ，“コツ”がわかれば，無駄な力は使わずに楽に行うことができる。小学校の女の子がいとも簡単に何回も連続ができる自在化位相の前方支持回転を見かける。そのような子どもの前方支持回転をよく観察すると，動感形態に技術的な三つのポイントがあることがわかる。

一つは，回転開始の回転力を作り出す技術であり，二つめは，上体が真下を通過した直後に膝をかかえ込む前屈（伝動）技術，最後は，一回転して再び支持になるための手の握り直し技術である。この三つの技術は，前方支持回転には欠くことのできない動感形態ということになる。

［2］回転開始の技術

鉄棒の支持回転系の動感形態（動きかた）は，回転開始局面の回転エネルギーを作り出す回転開始の技術の動感形態（動きかた）がもっとも重要なポイントになる。

前方支持回転も，回転開始局面でいかに有効な回転エネルギーを作り出すことができるかにそのポイントがある。前方支持回転の回転開始の技術を理解するには，後方支持回転との違いを考えるとわかりやすい。

後方支持回転は，足を後方へ振り上げ，その振り下ろしの勢いによる後方への回転と，後方への肩の倒しを回転を結びつけることで身体全体の回転力を生み出していくことになる。それだけに，足の前振り込みの先行によって，肩を倒すタイミングを合わすことができる伝動化能力が充実していくことがもっとも重要なポイントになる。

しかし，前方支持回転は，後方支持回転のように足の振動を利用することはしない。むしろ，頭や上体の重みを利用して肩を前方に大きく倒していくことで回転エネルギーに換える動感形態（動きかた）が必要になる。それだけに，開始体勢で回転力を生み出すことのできる体勢がつくれる定位感能力の充実が前提になってくる。

図 47 の開始体勢がAのように，両腕をしっかり伸ばし，胸を張り，あごを上げて頭の位置をできるだけ高い位置に保つようにする動感形態と，B のように前方に回転するからといって，マット運動の前転のようにあごを引いて，背中を丸くした開始体勢では，回転エネルギーの作り出し方が明らかに異なっている。回転力を高めようとしておじぎするように頭だけを前に倒すと，視覚的には速く回転をしたように感じるが，上体の回転力を高める動きにはなっていない。できない子どもの多くが開始体勢での回転を作り出す動感形態（動かしかた）を勘違いしていることが多い。

図 47

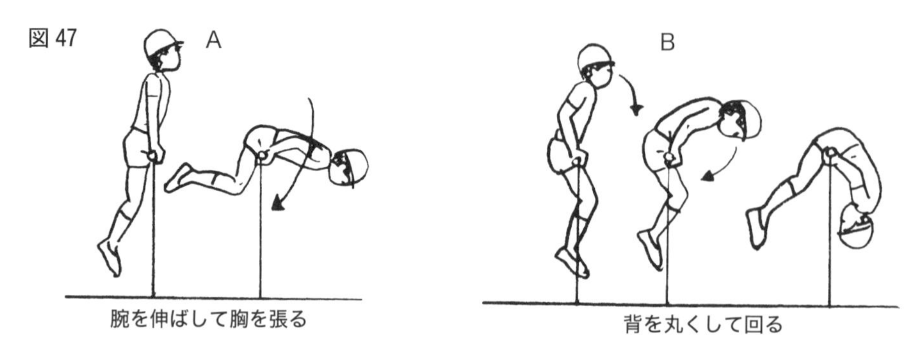
A
腕を伸ばして胸を張る
B
背を丸くして回る

まず，開始体勢の動感形態として，両腕をしっかり伸ばし，肩帯で上体をつり上げて，肩が沈まないようにする。そのとき，親指球で鉄棒を押さえ，手のひらが八の字になるように鉄棒を軽く握ることでしっかりとした腕の伸ばしができる（図 48）。

正面支持の体勢では，身体を真っ直ぐに伸ばしてしまうのではなく，軽く腰で鉄棒を挟むように「くの字」の体勢で膝を少し前に出しておく。この膝を軽く曲げた「くの字」の

図 48

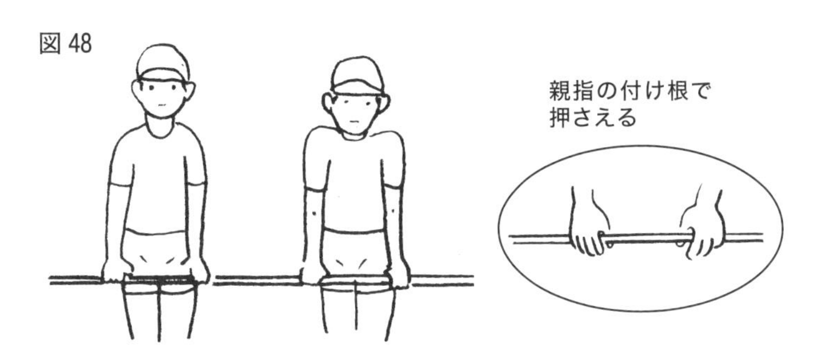

図 49

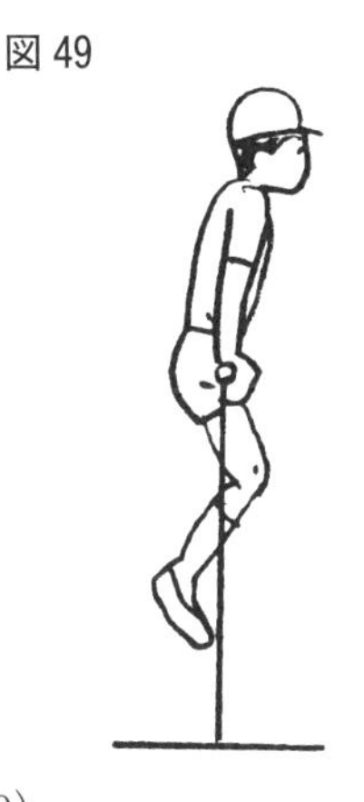

体勢にしておくことで肩の回転弧も前上方に大きくできる。また，真下を通過する局面で鉄棒から腰が離れずに，次の「前屈（伝動）技術」の動感形態（動きかた）にタイミングよく移行することができる（図 49)。

次に，前方に回転を開始する局面では，手でしっかりと鉄棒を下に押さえて支持点を固定しておき，足をゆっくりと後方に移動させるようにしてから上体を一気に前に倒していく。このとき足の動きと上体の動きが同調しないように注意する。足が後方に動いて，次に上体が動く時間的なずれが回転力を高めることのできる伝動化能力の充実になる。それは，開始は足の移動からはじまり，上体を回転させるときには，足の動きはいったん停止する。この足の動きの停滞が上体を思い切って前方に倒すことのできる遠近感能力の充実になり，回転後半の起き上がりでの伝動化能力の発生，充実につながっていく。

上体を前方に回転させるときは，背中が丸くならないように腕でしっかりと突っ張り，背筋を棒のように伸ばしておく。それは，胸を前に突き出し，前に倒れ込む体勢を保持することがわかる定位感能力の充実によってできるようになる。また，上体が真下を通過するとき腰が伸びてしまうと，鉄棒から腰が離れて落ちてしまうので，腰角を 90 度に保つことになる。それによって，できるだけ回転のはじめから鉄棒に腰が密着している体勢で回転することがわかる定位感能力が充実してくる。そのために足の回転から上体の回転の時間的なずれが腰を鉄棒に密着することになるので，時間化身体知の発生，充実もしてくる。

[3] 真下を通過するときの前屈技術

前方に回転して真下を通過する局面では，腰でのぶら下がりと背中を早くから丸くしないように定位感能力と肩をもっとも遠く回転させることができる遠近感能力を充実させておく。それは，上体が真下を通過するときに回転スピードをもっとも高めておく必要があるからである。ここでの回転スピードが回転後半の上昇回転を保証することになる。このとき腰で鉄棒にぶら下がり，上体の重みが感じ取ることができるようにする。このぶら下がりが動感意識できると，この局面では手を離しても鉄棒から落ちることはない。「ふとん干し」で手を離すことができるのと同じである。

この真下を通過する局面は，もっとも回転スピードが高まり，次の上昇回転局面にお腹で鉄棒を挟むようにして，上体をすばやく前屈する動きかたにつながっていく（図 50)。

図 50

この前屈の動感形態は，あごを引き背中も丸くするが，ちょうどマット運動の前転の起き上がりで上体の起こしと膝をかかえ込む動感形態に似ている。そのためには上体を起こすことで腰角を狭めて回転を加速させることのできる伝動化能力を充実できるようにする。しかし，できるようになれば，背中を丸くしないでも伸ばしたままで鉄棒を挟むことで回転を加速する伝動化能力を充実させることができる。背筋を伸ばした体勢で伝動化能力を充実させることは，前方支持回転の連続や伸膝前方支持回転の動感形態へと発展していく。

真下を通過すると急に回転スピードがなくなってしまう場合は，いくら鉄棒を挟む前屈動作をしても鉄棒に上がる上昇回転にはならない。それは，回転開始での回転力の作り出す開始体勢の定位感能力が空虚なのか，真下を上体が通過するに前に前屈を早く行うことで回転スピードにブレーキをかけていることが多い。鉄棒を挟む時期をチェックするために時間化身体知と定位感能力によって動感分化能力の充実を図ることになる。

［4］支持になるための手の握り直し技術

前方支持回転の手の握りは，鉄棒から身体が離れないようにしっかり握るのではなく，むしろ，身体を鉄棒の上に支えるための握りと考えたほうがよい。開始体勢では，親指球のところで手を「八の字」になるようにして軽く握っておく。この握り方によって，身体が前方に回転し真下を通過するとき，手のひら全体でしっかり握るのではなく，むしろ，指先で鉄棒を引っかけておくような握りかたができる。この指先で引っかける握りかたが鉄棒を下に押さえながら，タイミングよく手の握り直しができるようになる。そして，開始体勢と同じ親指球で鉄棒を押さえ身体を支えられることができる。前方支持回転で開始体勢もよく，回転スピードもあるが，支持になる直前に鉄棒から身体が離れてしまい一回転できない子どもを見かける。これは，この手の握り直しができていないことが原因になっている。手首が落ちた状態では，手で鉄棒を突っ張り，腰が離れてしまう。手の握り直しを意識させる促発指導によって，鉄棒を上から押さえる動きかたを発生させることができる。

前方支持回転の三つの技術ポイントを挙げたが，前方支持回転をスムーズに連続して行う子どもは，この三つの技術を内包した動感形態を明確に観察することができる。できる子どもに前方支持回転を示範してもらうことで，この三つの技術の動感形態を志向目標に志向体験ができるようにする。

［5］前方支持回転の動感形態の発生と動感素材

❶前方支持回転の基礎的な動感能力の発生

前方支持回転の開始体勢からの前方に回転する動感形態（動きかた）を発生できるようにする。

【動感素材例】

(1) 前回り下り

はじめはゆっくり前に回るが，慣れてくれば少しずつ条件を出す。はじめは前に倒れるとき背筋を伸ばす。次に回転してから下りるとき，足の着く場所を変え，鉄棒の真下より後ろに足が着くようにする。

【動感能力】回転開始の腕を伸ばし，胸を張る体勢がわかる定位感能力と肩ができるだけ遠くを通って真下を過ぎるまで回転することがわかる時間化身体知と遠近感能力が充実してくる。

(2) 跳び上がり前回り下り

肩より低い鉄棒に跳び上がり，腕をしっかり伸ばして胸を張る体勢を意識してから前回り下りをする。慣れてくれば，この跳び上がり前回り下りを続けて行う。

【動感能力】跳び上がってすぐに腕を伸ばし，胸を張る体勢がわかる定位感能力と肩の回転を前上方に伸びるようにする予感化能力，大きく回転することができる遠近感能力が充実してくる。

❷前方支持回転の動感アナロゴン

【動感素材例】

(1) 前方だるま回り

正面支持から前に回転し，真下を通過するとき，手でタイミングよく膝をかかえ込み，肘で鉄棒を押さえてだるま回りをする。

【動感能力】回転前半は頭を起こし，胸を張り，回転後半はあごを引き背中を丸くして鉄棒の上に乗り出すことで回転する感じがわかるコツ身体知が充実してくる。

❸補助による前方支持回転

【動感素材例】

(1) 補助ひも使っての志向体験

柔道の帯や補助ひもを使って，鉄棒から腰が離れないようにする。前方支持回転の回転開始の技術，前屈（伝動）技術，握り直察しの技術を確認しながら行う。

【動感能力】開始体勢から回転スピードの作り方，回転全体のメロディーがわかる共鳴化能力と一回一回の違いがわかる動感分化能力を充実させる。

(2) 補助者の補助による志向体験

補助者に真下を通過するときから腰に手を当ててもらい，腰が鉄棒から離れないように支えてもらう（図51）。上昇回転に合わせて上体を持ち上げてもらい，真下からの前屈（伝動）技術と手の握り直しがタイミングよくできるようにする。

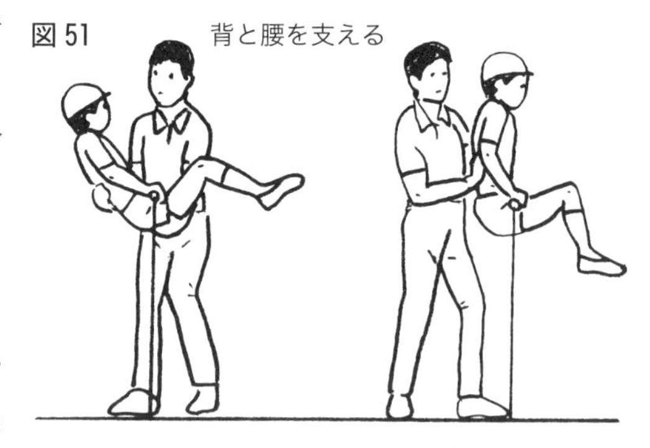

図51

【動感能力】上昇回転で鉄棒を挟み込むタイミングがわかる時間化身体知と手の握り直しの体勢が作れる定位感能力が充実してくる。

❹前方支持回転

(1) 前方支持回転

回転開始体勢で前方に肩を大きく倒しながら回転スピードを高めていく。真下を通過するときに腰で鉄棒にぶら下がり，腰で鉄棒を挟むように上体を起こし，手の握り直しによって正面支持になる。

【動感能力】開始体勢がわかる定位感能力，肩の位置を高くして上体を大きく回転させることができる遠近感能力，真下で腰でぶら下がり回転スピードが高まっていることを感じる定位感能力，上昇回転で上体を起こし鉄棒を挟み込む伝動化能力，手の握り直しがタイミングよくできる時間化身体知，それぞれの局面を動感意識できる局面化能力が充実してくる。

(2) 前方支持回転の連続

連続が3回以上できることを目ざして行う。連続するためには，一回転して正面支持になるとき，最初の開始体勢と同じように胸を張り，肩を大きく前上方に倒して回転にはいる。

【動感能力】上昇回転で手の握り直しと胸を張った開始体勢を準備する予感化能力と定位感能力が充実してくる。

(3) 膝を伸ばして前方支持回転

開始体勢から膝を伸ばして回転するためには，回転開始で，できるだけ重心位置を高く，腕で鉄棒をしっかりと下に押さえ，大腿部の近くで支持をする。回転中は身体を反らさないように「くの字」体勢を保ち，膝を伸ばして回転する。

【動感能力】開始で上体を起こし少し胸を張る体勢が作れる定位感能力と大きく上体を前に倒して回転する遠近感能力，真下で膝を伸ばした「くの字」体勢で鉄棒を挟むことがわかる定位感能力と屈身度を強くすることで上昇回転力をつくる伝動化能力，手の握り直しのタイミングがわかる時間化身体知が充実してくる。

(4) 前方支持回転の途中で手をたたく

真下を通過するとき，腰でしっかりぶら下がることができれば，手を離すことができるので，その瞬間に手をたたいてみる（図 52）。離した手は，手の握り直しのタイミングに合わせて鉄棒を上から押さえるようにして再び握る。慣れれば，順手から逆手に握りかえることができる。

図 52

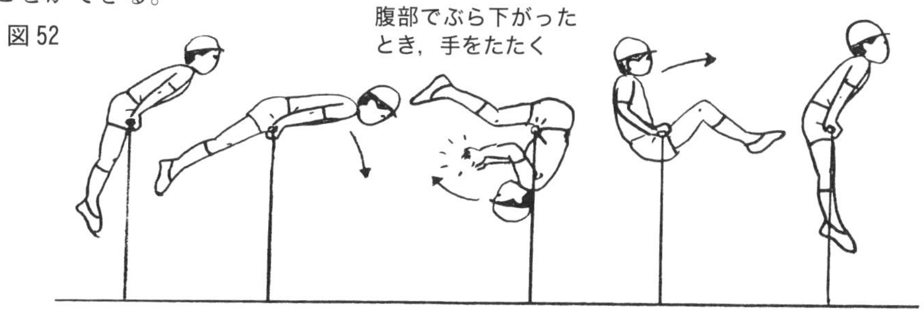

【動感能力】真下で腰でぶら下がり落ちないことがわかる定位感能力，いつ手を離し，どのタイミングで手の握り直しで鉄棒を押さえるかがわかる時間化身体知が充実してくる。

5 足かけ回転系の学習

[1]「足かけ」と「膝かけ」は，どう違うのか

学習指導要領や指導書で器械運動の「技」は，それぞれの技名で例示される。そこで問題になるのが「足かけ後転」と「後方膝かけ回転」，あるいは，「足かけ上がり」と「膝かけ上がりか」のどちらの技名が表記として正しいかということである。技の表記は，その技の動感形相（動きの意味構造）が他の技の動感形態と区別できる独自な動感形態をもつことになるため，動感形相の独自性を表す表記になる。

そこで同じ動きの意味構造をもつ動感形相（目標技）なのに小学校での呼び方と中学校・高等学校での表記が異なると，指導上の混乱が生じる。そのため学習指導要領では統一した技名で表記されている。

鉄棒運動には，特に数多くの動感形相（目標技で以下「技」という）があり，その中から特定の技を選んで，それを目標にして志向体験することになる。そのとき，技の呼び方がまちまちであると，目標にする技が違ったり，指導方法も異なってしまう。技の名称は他の技と区別するためにつけられるものであるが，名称によってその技がどんな動きの意味構造をもつ動感形相であるかがわかるようにする。技の名称を正しくつけるための術語論という学問もある。

ここで問題になるのは，「足かけ」と「膝かけ」の違いである。足は足全体をさす言葉

として，また，足首から先を示す言葉としてもちいられる。「足かけ」は，足のどこを「かける」のかがはっきりしないため，「膝をかける」のか，「ももをかける」のかによってその動感形態も異なってくる。

それだけに，足のどの部分をかけて行うのかを明確にしておかないと技の違いを表せないことになる。「足かけ」という言葉は，類化形態として技を体系的にまとめたときに使われる表記の仕方である。この「足かけ」には「回転」と「上がり」の動感形相があり，「足かけ回転系」と「足かけ上がり系」に分けることになる。ここで注意しておきたいのは，教師が促発指導を行うためには，習練目標の志向形態がどんな動きの意味構造をもつ動感形相（目標技）なのかを理解し，正しい技名を知っておく必要がある。しかし，子どもに目標技を示すとき子どもに親しみやすい呼称や比喩語をもちいて指導することができる。

［2］足かけ回転と足かけ上がりは異なる体系

片膝かけ回転と片膝かけ上がりの動感形態（動きかた）は，膝をかけて鉄棒に上がる局面の動感形態が同じなので，同一の体系の動感形相（目標技）と考えてしまう（図 53）。

しかし，動感形態の成否のカギを握るのは，それぞれの開始局面の前半の動感形態の違いにある。片膝かけ回転は，開始体勢での回転を作り出す動感形態（動きかた）にポイントがあり，その成果は回転後半の一回転して鉄棒に上がることで判断できる。また，片膝かけ上がりは，懸垂で前振りから振れもどりのときにタイミングよく鉄棒に膝をかけて鉄棒に上がることがポイントになる。その成果も上がりの局面に現れてくる。

片膝かけ回転で回転前半に回転力を作り出す動感能力が空虚な場合や片膝かけ上がりの振れもどりで膝をかけるタイミングが合わない場合には，鉄棒に上がる局面で無理な片膝かけの体勢で上がる姿をよく見かける。その局面だけを取り出して，片膝かけ振り上がりの動感形態を志向体験させようとする。そこでは片膝かけ回転と片膝かけ上がりは，同じ体系に属する動感形相と考えてしまっているのである。

図 53

腰かけ回転

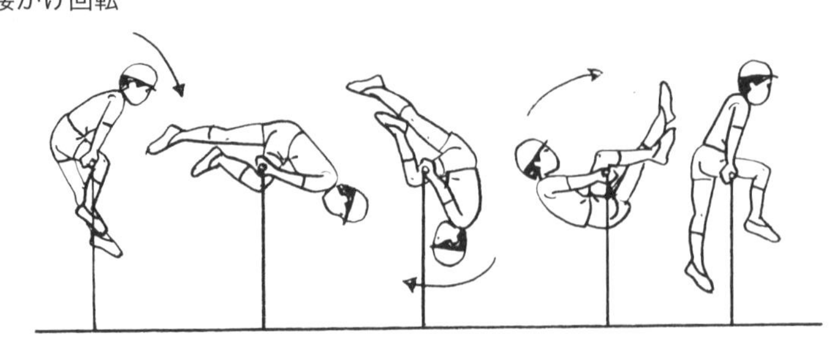

膝かけ上がり

しかし，足かけ回転系と足かけ上がり系は，鉄棒に上がる局面は類似の動感形態になるが，動感形相（目標技）の発展要因から見るとまったく異なる発展体系をもち，それぞれが独自の中核技術をもっている。この中核技術をあいまいにして動感形態（動きかた）の促発指導をするところに，中学校や高等学校での鉄棒運動の運動発生学習を貧弱なものにしている原因になっている。

小学校の鉄棒は，目標とする動感形相の技が「できる」ことを目ざして志向体験をしていくことになる。しかし，その中には類化形態の体系から高度な動感形相（目標技）に発展する中核技術を含んだ動感形態であるかどうか，それを形相分析することは，促発指導にとって欠かせないことになる。

［3］足かけ回転系の動感形相としての技

足かけ回転系は，今まで取り上げてきた技群に比べ，はるかに多くの動感形相（目標技）をもっている。まず，類化形態の体系化からどんな動感形相に発展しているのかを見てみると次のようになる。

片膝かけ回転→片ももかけ回転→両膝かけ回転→足裏支持回転→浮腰支持回転

❶鉄棒への足かけ体勢

どのような体勢で鉄棒に足をかけるかを問題にすると，両手の内側にかける「中かけ」，手の外側にかける「外かけ」，そして，反対側の手の外にかける「大外かけ」の三つが考えられる（図 54）。「外かけ」は足をかけやすいが，回転時にバランスをとるのが難しくなる。「中かけ」が体のバランスもとりやすく，最初に志向体験するかけ方となる。

もう一つ，両膝かけ回転や足裏支持回転では，足を開脚にするか，閉脚するかによって動感形態が変化していく。ここでの動感形態が充実してくると体操競技の鉄棒で見られる車輪と組み合わせる技に発展していく。

図 54

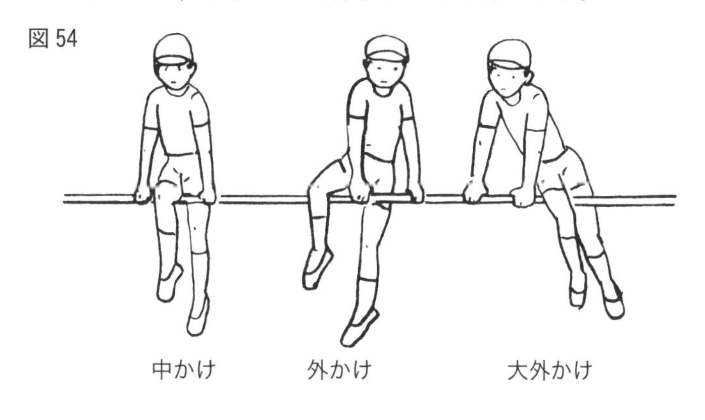

❷回転方向と握り方

回転方向には，後方と前方がある。どちらが回転しやすいかは，個人の回転に対する動感能力の問題になるが，回転開始時に回転力をつけやすいのは，後方回転である。それは，後方への回転は，腰を後ろに引きながら鉄棒に膝をかけ，肩を後方に倒すことで回転をすることができる。しかし，前方への回転は，開始体勢で手の支えによって腰を持ち上げ，鉄棒に膝をかけるためのバランスの取り方など定位感能力を充実させておく必要がある。

また，回転方向と握りの関係を間違うと大きな事故につながるので，促発指導のときには十分に注意をして，学習者にも知らせておく。すなわち，後方への回転は順手に握り，前方への回転は逆手に握る。この握りを反対にすると解剖学的に回転の途中で鉄棒から手が離れやすくなる。前方への回転では，逆手の握りからはじめることになるが，形態化位相にまで習熟すると時間化身体知の充実によって手の握り直しがうまくできるようになり，順手でもできるようになる。

❸左右どちらの足をかけるか

片膝かけ回転や片ももかけ回転では，左右どちらの足で行うのかをまず決めることになる。そのためには，一度，右左両側の足で志向体験することで優勢化能力が発生し，どちらの足がやりやすいかがわかる。まずは優勢化側の足での志向体験によって習熟を高める。次に反対側の足でもできるようにする。それによって，両膝かけ回転の準備ができるのである。このように足かけ回転系の動感形相（目標技）は，類化形態の体系に従って少しずつ条件を変えていくことで，多くの動感形相（目標技）を覚えることができるようになる。

しかし，小学校の体育では，足かけ回転系は嫌がられる動感形態（動きかた）の代表としてあげられる。それは，鉄棒に膝をかけ，体重を支えることになるので，膝の後ろが痛くなり何回も志向体験することができないことである。そのことがなかなか偶発位相から形態化位相へのレベルに達しにくくしていることになる。たしかに，回転の「コツ」をつかむまでは，膝の裏に大きな負担がかかるが，回転の「コツ」をつかめば，それほど膝に負担をかけることなくできるようになる。そして，後方支持回転や前方支持回転とは違ったダイナミックな回転の動感形態を味わうことができ，いろいろと発展する動感形態へと志向体験する楽しみがでてくる。

膝への負担をなくすために，場の工夫として鉄棒に回転補助具をもちいたり，膝に膝パットを当てたりするなどして，膝を保護することで動感志向努力ができるようにする。

［4］足かけ回転系の動感形態の発生と動感素材

❶片膝かけ回転の基礎的な動感能力の発生

【動感素材例】

(1) 片膝かけ座から前後に回転下り

片膝かけ座から腰を後ろに引き，鉄棒に膝をかけて後方に回転する。次に腰を少し上げながら肩を前に乗り出し膝を鉄棒にかけて前方に回転する。後方，前方とも回転して下にぶら下がってから足を抜いて下りる。

【動感能力】鉄棒に膝をかけるとき，腰の位置をどこに置くのかがわかる定位感能力と前後に回転していくことがわかる時間化身体知が発生してくる。

(2) 片膝かけ前後振り

伸ばしている足と肩で前後にリズミカルに振る。肩を後ろに振るときは，わきを締めてあごを引き，前に振るときはあごを上げるように頭を倒して肩をできるだけ遠くに回転をする。

【動感能力】肩の振れがどれくらいかがわかる遠近感能力，肩の振れに合わせて頭を動かすことがわかる時間化身体知と定位感能力が充実してくる。

(3) 前方片膝かけ振り上がり（図 55）

前後に片膝かけ振りをしてから振りのタイミングに合わせ，真下を通過するときにわきを締めるように鉄棒を手で下に押さえ，手の握り直しで前方に回転上がりをする。

図 55

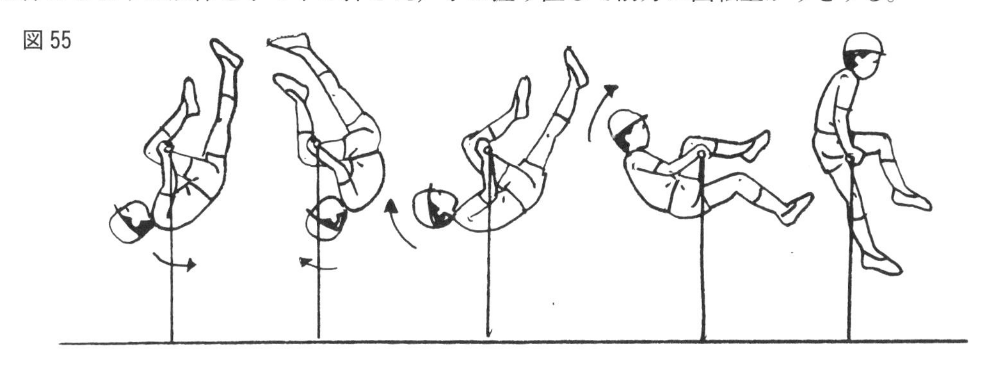

【動感能力】片膝かけの前後振動を大きく振ることのできる伝動化能力と遠近感能力，次の振動で上がれそうだと感じる気配感能力と手の握り直しがタイミングよくできる時間化身体知が発生し充実してくる。

(4) 後方片膝かけ振り上がり（図 56）

片膝かけで前後に大きく振れると，伸ばしている足を一気に鉄棒の上に振り上げ，頭を背屈させて肩と上体を後方に回す。鉄棒に上がるときに，手の握り換えをする。

【動感能力】前後に大きく振ることができる伝動化能力と遠近感能力，足の振り上げ方向がわかる定位感能力と肩と上体を後方にどれくらい回すことで鉄棒に上がるかがわかる遠近感能力と時間化身体知が発生し充実してくる。

図 56

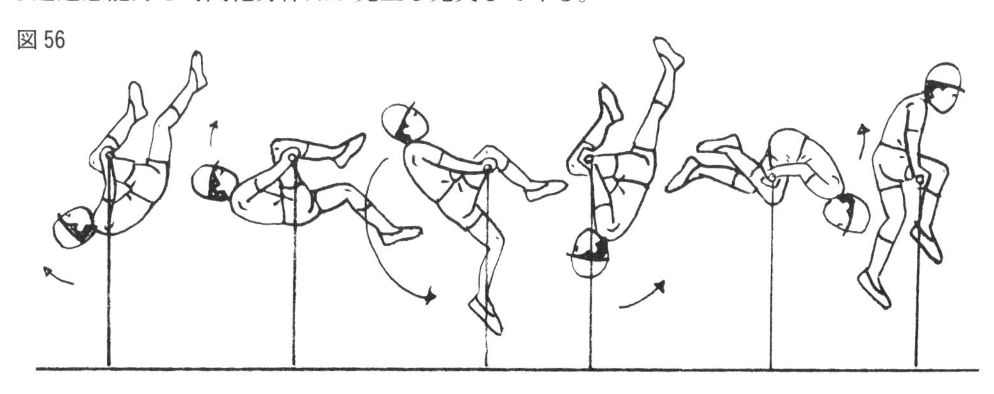

後方片膝かけ回転

後方片膝かけ回転は，大腿部の真ん中にかけた開始体勢から回転するとき腰を後方に引き，一気に膝に鉄棒をかける。腕をしっかりと伸ばして肩先行で後方に回転をする。そのとき伸ばしている足は回転方向に先取りするように鉄棒に近づけて振り上げる。真下を通過するときには，肘を曲げないように頭を背屈させ上昇回転力を高める。一回転して片膝かけ支持になる局面では頭を背屈させ手首を返して胸を張り，伸ばした足を後ろに残すようにしてブレーキをかけ，回転を止める（図 57）。

図 57

【動感能力】回転開始技術として，肩先行の体勢がわかる定位感能力が充実してくる。回転加速の技術として，真下での頭を背屈させるタイミングがわかる時間化身体知と足の振り上げと合わせて肩の上昇回転をつくる伝動化能力が充実してくる。回転制御技術として，回転を止めるために伸ばした足を操作するタイミングがわかる時間化身体知と安定した体勢になる定位感能力が充実してくる。

前方片膝かけ回転

前方片膝かけ回転は，逆手で腕をしっかり伸ばし身体を支える。少し腰を浮かすように鉄棒に膝をかけ，開始体勢を準備する。回転は肩を先行させて前方に回転をするが，腕の伸ばしと肩を前に乗り出すようにして回転に入っていく。鉄棒にかけている足の膝をしっかりと曲げる。真下を通過する局面では，あごを引き手で鉄棒を下に押さえることで上昇

図 58

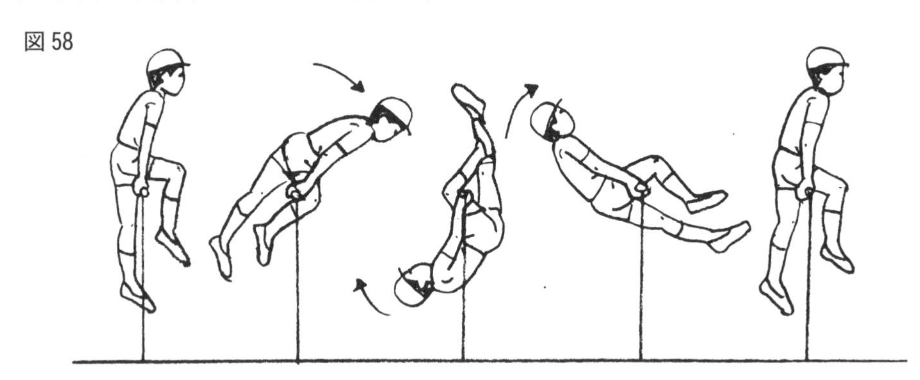

回転を高める。一回転して片膝かけ支持になるには，逆手の握り直しによって肩と上体で鉄棒の上に乗り出すようにする。伸ばしている脚は後方に残すようして開脚度を拡げ，安定したももかけ座になる（図58）。

図59

【動感能力】回転開始技術として，開始体勢で腰を少し浮かせ，鉄棒に片膝をかけ，肩先行で回転にはいる体勢がわかる定位感能力が充実してくる。回転加速の技術として，真下を通過するとき，頭の前屈と腕で下方に押すタイミングがわかる時間化身体知と伝動化能力が充実してくる。回転制御技術として，上昇回転に合わせて手の握り直し，上体を鉄棒の前に乗り出すことのできる時間化身体知，脚を後ろに残すことがわかる定位感能力が充実してくる。

前方片ももかけ回転

前方片ももかけ回転は，開始では腕でしっかりと鉄棒を押さえ腰を軽く浮かせ，前脚は前に保持し，後足の大腿部を鉄棒にかけるようにする。回転は頭を起こし前方を見て肩先行で回転にはいる。後脚の大腿部で鉄棒を押し，前脚を後脚に揃えて挟むようにする。真下を通過するときは，あごを引き肩の上昇回転に合わせて背中を丸くして鉄棒を手で下に押さえる。一回転して片ももかけ座になるときは，手の握り直しと上体の胸を起こすことでしっかりと支える。前脚は鉄棒の前に残し，回転制御技術によって回転にブレーキをかけ，安定した体勢になる（図59）。

図59

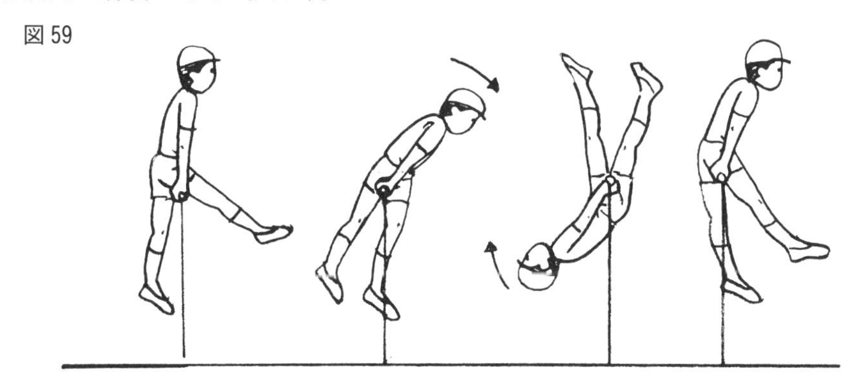

【動感能力】回転開始技術として，腰を軽く浮かせて後脚の大腿部に鉄棒をかける体勢がわかる定位感能力が充実してくる。また，前脚を後脚に揃えるようにして，肩先行で回転力を作り出すことのできる伝動化能力が充実してくる。回転上昇局面では，首の前屈と背中を丸くし，鉄棒を下に押さえることができる時間化身体知と伝動化能力が充実してくる。回転抑制技術として，手の握り直しのタイミングがわかる時間化身体知と胸を張り，前脚を前に残すことがわかる定位感能力が充実してくる。

後方両膝かけ回転

後方両足かけ回転は，背面支持座から手で鉄棒を押さえ，腰を軽く浮かすように後方に引き，鉄棒に両膝をかける。回転にはいるときは，背中を少し丸く保ち頭を斜め後方に引き上げるように背屈をすることで後方に回転する。片膝かけ回転との違いは，両膝かけでは腰が下に落ちることがないので肩を一気に回転させることができる。上昇回転局面では両腕を軽く曲げ，あごを引いて背中を丸くして回転力を保つようにする（図 60）。連続の場合は，もう一度，開始体勢で頭を背屈させて後方に回転する。一回転で鉄棒上に止まる場合は，手の握り換えと腕で支持をする。上体を起こし，腰を伸ばすことで回転制御を行う。

さらに，後方両足かけ回転を開脚で行う開脚後方両脚かけ回転の動感形態に発展させることもできる（図 61）。

【動感能力】回転開始で開脚の体勢が作れる定位感能力と肩をどの方向に回転させるかの気配感能力と遠近感能力，上昇局面で腰を鉄棒の後に引き込むタイミングがわかる時間化身体知の充実を図る。

図 60

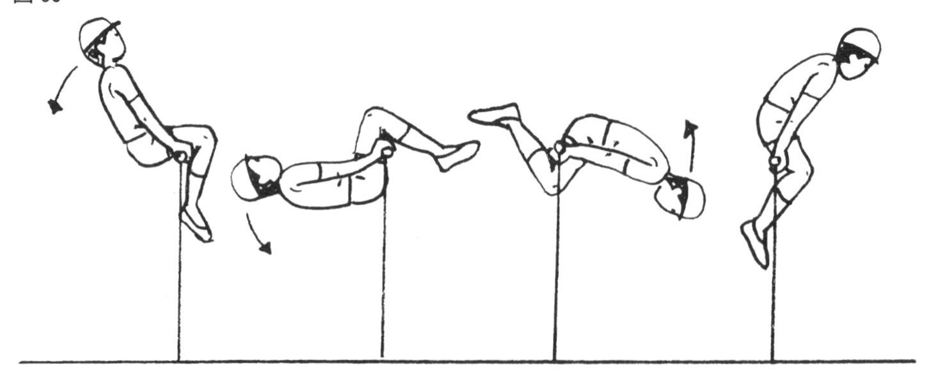

図 61

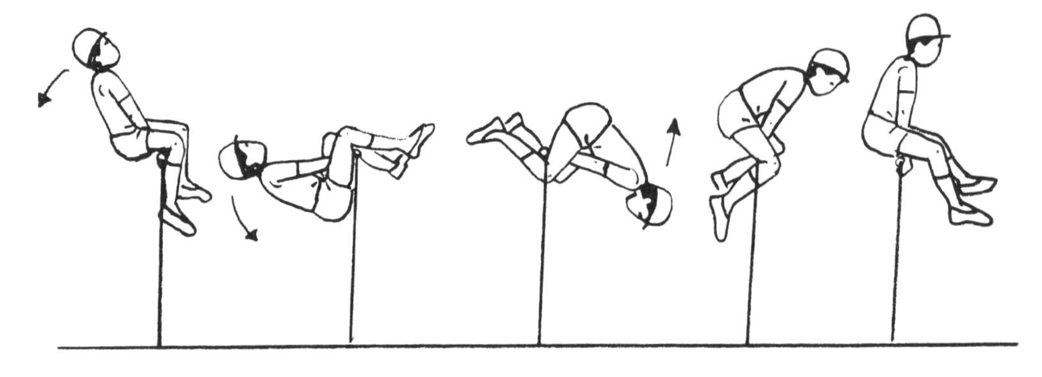

6 足かけ上がり系の学習

片膝かけ上がり

［1］片膝かけ上がりの動感構造

片膝かけ上がりは，懸垂前振動から振れもどるときに，鉄棒に片膝をかけ，後方に回転して片膝かけ支持になる動感形相（動きの意味構造）である（図62)。

小学校では低鉄棒を中心に行われるため，はじめは片膝をかけた体勢で前後振りをして上がる片膝かけ振り上がりの動感形態から志向体験することになる。しかし，高学年になると，学習指導要領の例示に片膝かけ上がりの動感形相（目標技）が示されている。この片膝かけ上がりを片膝かけ振り上がりを同じ動感形相だと思い込んでいる指導者も多い。

片膝かけ振り上がりの動感形態（動きかた）では，鉄棒に上がるためには伸ばした足（鉄棒にかけていないもう一方の足）の振りかたにポイントがあり，その振りかたを中心に促発指導が行われる。そこでは，片膝かけ懸垂の体勢になってから，伸ばした足の前後への振動を何回か繰り返し，手の押さえと足の振り上げによって鉄棒に上がる上昇回転の促発指導をする。

片膝かけ上がりは，懸垂での前振りから振れもどるとき，両手の間に片足を通し，鉄棒に膝を一気にかけることで後方に片膝かけ回転し，片膝かけ支持になる動感形態（動きかた）である。片膝かけ上がりでは，振れもどりで膝を一気にかける動感形態が難しいからといって，ぶら下がった体勢から片膝をかけ，片膝かけ振りから上がる動感形態を片膝かけ上がりとして促発指導することがある。

たしかに，後半の片膝をかけて鉄棒に上がる上昇回転局面は，同じ動感形態になる。しかし，片膝かけ振り上がりは前半の前振りからの振れもどりで膝をかける局面の動感形態（動きかた）が省略されている。それは足かけ上がり系にもっとも大切な振れもどりの勢いを利用する技術が使われていないことになる。

図62

このように，振れもどりの勢いを利用しない片膝かけ振り上がりをいくら志向体験しても，片膝かけ上がりができるようになるとは限らない。そこで，前振りからの振れもどりで足をかける技術を身につける志向体験がどうしても必要になってくる。

この懸垂振動の振れもどり（切りかえし）を利用して鉄棒に上がる動感形態は，片膝かけ上がりをはじめとして，片ももかけ上がり，け上がり，両ももかけ上がり（中抜き上がり）などの動感形相（目標技）に発展していく（図 63)。これらの動感形相（目標技）は，足かけ上がり系の類化形態として体系化することができる。そして，この体系が共通にもつ構造特性としては，前振りから膝をかける，鉄棒に足を近づけるなどの動感形態（動きかた）をもちいて，振れもどりの勢いを利用して支持になることである。

言い換えれば，片膝かけ上がりの振れもどり技術の動きかたは，中学校で志向体験する「け上がり」の基礎的な動感能力になる。け上がりは，学校体育の鉄棒運動の中で多くの生徒たちがあこがれる動感形相（目標技）の一つである。

そのためにも，高学年では，片膝かけ上がりの動感形態（動きかた）で正しい振れもどり技術を促発指導することが重要になってくる。

図 63

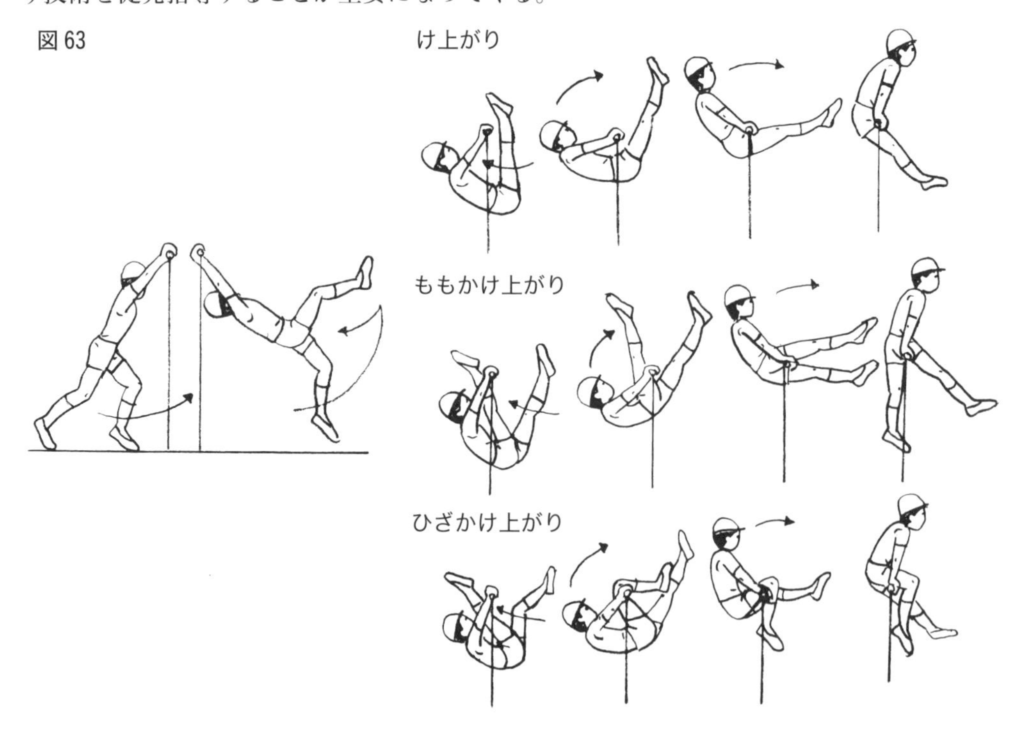

［2］振れもどり局面の動感形態（振れもどり技術）

これまでの片膝かけ上がりは，鉄棒に膝をかけた体勢で伸ばした足を振って上がることを中心に志向体験を行わせてきた。それによって動きが途中で止まっても，その後の片膝かけ振り上がりで上がると，「できた」と判定していたのである。このような形相分析の技術認識では，当然，振れもどり技術としての動感形態の発生や充実の促発指導はあいまいになり，前振りから一気に片膝かけ上がりの動感形態を発生させていくことは難しくなる。そこで，振れもどり技術の動感分析をすることは，足かけ上がり系の促発指導で欠かすことができない。

振れもどり局面の動感形態は，前振りから後ろに振れもどるとき，鉄棒に足を近づけ，腰を曲げた屈身体勢となり，振れもどりのスピードを高めることになる。そのためには身体を反らした体勢の反動を利用する動感形態（動きかた）と，足を高く振り上げて鉄棒に足を近づける動感形態の二通りの技術がある（図 64)。

図 64

ここでは，反り型の振れもどり技術について説明する。

足が着く鉄棒では，踏み込み前振りでの反り型の動感形態は，もっともやりやすいタイプになる。それは,前に踏み出していちばん肩が前振れたところで身体を反らせることで，足で地面をけり，その反動で屈身姿勢になることができるからである。

ここでは，三つのポイントに注意して志向体験をすることになる。

第一は，前方に振り出すとき，手首を深く折り曲げて握るようにすることである。後ろに振れもどるときにタイミングよく鉄棒をしっかり下に押さえることができる（図 65)。

図 65

第二は, いちばん前に振れたとき, 単に身体を反らせるだけでなく, 肩や腹にしっかりと張りをもたせ，肩帯や腹筋に力を入れて足の振り上げるために予感化能力を働かせておくことである。それによって足を一気に引き寄せることができる。片膝かけ上がりの場合は，鉄棒の下を一気に足を通すことのできる遠近感能力と伝動化能力の動感形態の発生と充実がポイントになる（図 66)。

図 66

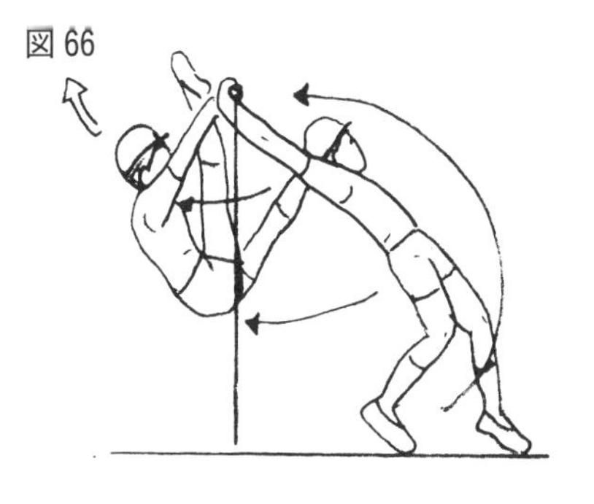

第三は，前に踏み出した足で地面を蹴って，足を鉄棒に近づけたとき，振れもどりのスピードが上がるようにする。そのためには，前振りから振れもどりの瞬間がわかる時間化身体知と足をどのような体勢で鉄棒に近づけるのかがわかる定位感能力の発生，充実を図ることが大切になる。

この三つのポイントに動感意識をもたせて振れもどりの動感形態の技術を促発指導する。

[3] 片膝かけ上昇回転局面の動感形態

片膝かけ局面にも三つの動感形態（動きかた）のポイントがある。第一のポイントとしては，振れもどりでタイミングよく鉄棒のところに足をもってくることができる時間化身体知が充実してくることと，手の間に足を通すためにどれくらい足を引き寄せるかの遠近感能力を充実できるようにする。この能力が空虚だとうまく鉄棒に膝がかからないことになる。そのような場合は，軽く膝を曲げて，膝頭を外側に向けて鉄棒の下を通すと，比較的に足を鉄棒の下を通しやすい動きかたになる（図 67）。また，足の裏を反対側の手首に向けるようにする動感意識をもつとよい。足の入れる動感形態が充実したところで，両手の間に足をまっすぐに入れたり，膝を伸ばして入れられるように動感志向意識をもつことができようとする。

図 67

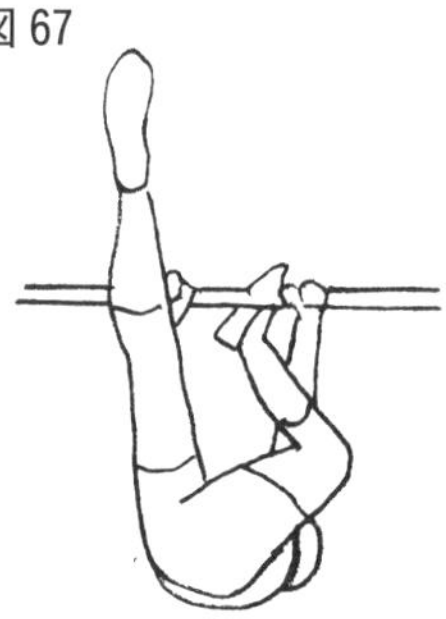

第二のポイントは，鉄棒の下に足を通したあとは，一気に膝の裏側までもっていく。そのとき時間化身体知を働かせてわきをしめ，肩角の減少による手の押さえで上昇回転を作り出すことになる。 そのためにも一気に両手の間に足を通し，わきを締めるようにする。鉄棒に膝をかけるとき，かかとをお尻につけるように一気に膝を曲げ，手の押さえによって上昇回転を高め，鉄棒の上に片膝かけ支持になる（図 68）。

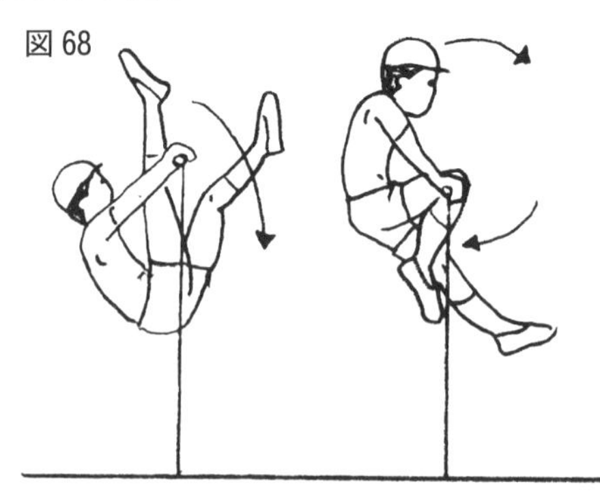
図 68

第三のポイントは，鉄棒を上から押さえる手の握り直しである。この握り直しの技術は，片ももかけ上がりやけ上がりにも共通するもので，上昇回転局面から支持になるとき，この手の握り直しによって鉄棒を上から押さえることができる。鉄棒を強く握りしめていると手の握り直しがタイミングよくできずに，支持局面で鉄棒から身体が離れ，鉄棒の上がることができなくなる。

[4] 片膝かけ上がりの動感形態の発生と動感素材

【動感素材例】

(1) 片膝かけ振り上がり

片膝かけ振り上がりは，片膝かけ上がりに結びつかないことを述べたが，それは片膝かけ振り上がりの志向体験だけでは問題があるということである。ここでは，伸ばした足の振りの振り幅を大きくするのではなく，伸ばした足が真下を通過するとき，ブレーキをかけるように止めるようにする。そのときわきを締め，鉄棒を手で押さえ，肩の上昇回転を高めることで支持体勢になる。それと，ここでの志向体験でもっとも大切なことは，支持になるときの手の握り直しをタイミングよくできるようにすることである。

【動感能力】後振れで伸ばした足が真下を通過するとき，いつブレーキをかけるかがわかる時間化身体知とそのブレーキによって肩に上昇回転の力を伝える伝動化能力，わきを締め，手の握り直しで鉄棒上に上体を乗り出す体勢になることがわかる定位感能力が発生，充実してくる。

(2) 踏み込み前振りの動きかた

腕を伸ばし，下に肩の力を抜くようにぶら下がり，前方に足で踏み込み，肩角度を一気に開いて胸を張って前に乗り出す。そのときに前に出している足を下ろし，その反動でさらに肩が前に出るようにする（図 69）。

図 69

【動感能力】前方に踏み込む足をどこに置くかの位置がわかる遠近感能力と肩を一気に開くタイミングがわかる時間化身体知，さらに胸を張り出す体勢が作れる定位感能力が充実してくる。

(3) 踏み込み前振りから鉄棒に足の引き寄せ

踏み込み前振りでは，肘が曲がらないようにする。肩がいちばん前に振れたところで肩と胸を張り，前にある足を下ろして身体全体で反る。その反りの反動を利用して足を振り上げ，鉄棒に足を一気に近づけ，両手の間の鉄棒に足裏をかける（図 70）。

【動感能力】肩が前に振れ，いつ身体を反ることができるかがわかる時間化身体知と定位感能力が充実することで，身体の反りの反動を利用して足を一気に鉄棒に引きつけることのできる伝動化能力，どの場所に足をもって行くかがわかる遠近感能力が発生，充実してくる。

図 70

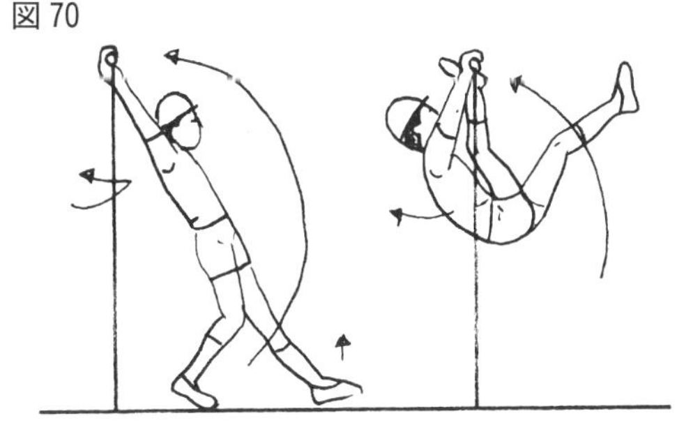

(4) 片膝かけの動きかた

振れもどりのタイミングに合わせて，両手の間を通して一気に足を深く入れる。足を深く入れて膝をかける瞬間にかかとをお尻のほうにすばやく曲げる。鉄棒を膝の裏で引っかけるようにして，わきの締めと手で鉄棒を上から押さえる。

【動感能力】反動を利用して一気に足を振る上げることができる伝動化能力と足を両手

の間を通して膝をかけるところまで入れることができる遠近感能力の発生と充実，さらに，鉄棒に膝をかけ，わきを締め，手で鉄棒を押さえるタイミングがわかる時間化身体知も充実してくる。

片ももかけ上がり

[1] 片ももけ上がりの動感構造

片ももかけ上がりは，片膝かけ上がりの発展した動感形態である。両手の間を通して足を入れるとき，手の鉄棒を下に押さえるように引き寄せ，膝は伸ばしたままで，大腿部の最上端のところまで一気に入れてももにかける。足を深く入れてももにかけた体勢で，鉄棒に上がりきるまでわきを締めるよう腕で下に押さえ続ける。そのときももにかけた上の足は鉄棒を上から挟むように足先を下に押さえることで上昇回転が保たれ，片ももかけ支持になる（図71）。

【動感能力】前振り反動を利用して両手の間に足を伸ばして一気に通すことができる伝動化能力と膝を伸ばしていることがわかる定位感能力が充実してくる。手の間を通してどれくらい足を深く入れることで大腿部にかけることができるかがわかる遠近感能力と大腿部にかかるときにわきを締めて鉄棒を押さえるタイミングがわかる時間身体知が充実してくる。

図71

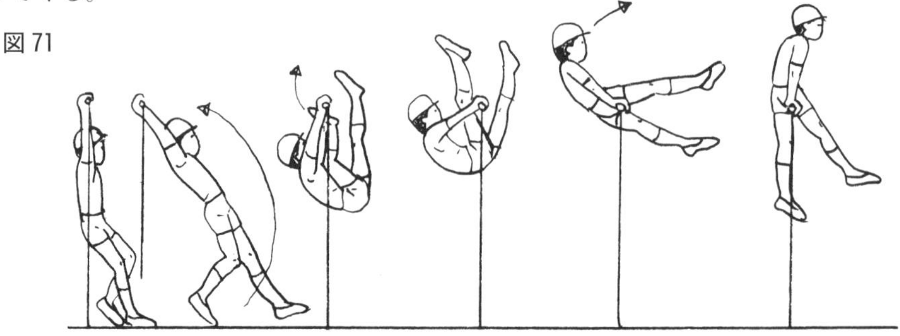

け上がり

[1] け上がりの動感構造

け上がりは，懸垂振動の前振からの振れもどりを利用して鉄棒に足首を近づけ，腰の伸ばしと鉄棒を手で下に押さえることで肩角を狭め，腰に鉄棒を引き寄せることで正面支持になる動感形態である（図72）。

け上がりという技名は，蹴って上がる外見上の形態イメージからつけられた名前である

図 72

が，そのことが動感指導にも影響を与え，ずいぶんと不合理な志向体験が求められ，力がないとできない動感形態とも考えられてきた。

しかし，け上がりは，類化形態の体系からは足かけ上がり系に属する動感形相（目標技）であり，振れもどり技術の動感形態を身につけることでスムーズに正面支持になることができる。このことはけ上がりの動感構造の分析によってその促発指導も大きく変わってきた。

すなわち，振れもどりに中核技術をもつ動感構造は，振れもどるときに鉄棒に足を近づけ屈身の逆懸垂の体勢になる。この足の鉄棒への引き寄せが腰の振れもどりスピードを高めることになり，この振れもどりのスピードを上昇回転に結びつけて支持になるのがけ上がりである。

片膝かけ上がりや片ももかけ上がりは，鉄棒に足をかけるので，腰が鉄棒から離れることなく上昇回転に結びつけることができる。しかし，け上がりは，鉄棒に足をかけずに上昇回転を作らなければならない。それだけに，腰が鉄棒から離れやすくなる。そのため，振れもどりに合わせて手で鉄棒を引き寄せ,肩角を狭くして腰を近づける動感形態を発生,充実させる動感努力が必要になってくる。

【動感素材】

(1) 鉄棒に足を引き寄せと振れもどりの動きかた

腕を伸ばした踏み込み前振りから肩角を開き，胸を張り，身体を伸ばして足首を鉄棒に近づける体勢を準備をする。肩の振れもどりのタイミングに合わせて，鉄棒に足首を一気に引き寄せ，腰を深く曲げて屈身体勢で後ろに振れもどる。鉄棒への足首の引き寄せに合わせるようにわきを締めながら手で鉄棒を下に押さえ，肩と腰の振れもどりのスピードを高める（図 73）。

【動感能力】足を前方に踏み出しで肩角が最大限に開くところまで足を踏み出すことができる遠近感能力が発生してくる。もっとも肩が前方に振れたときに足首を鉄棒に引き寄せるタイミングがわかる時間化身体知と腰の曲げで一気に鉄棒に足首を引き寄せることのできる伝動化能力，腰を深く曲げた屈身体勢を保てる定位感能力が充実してくる。

図 73

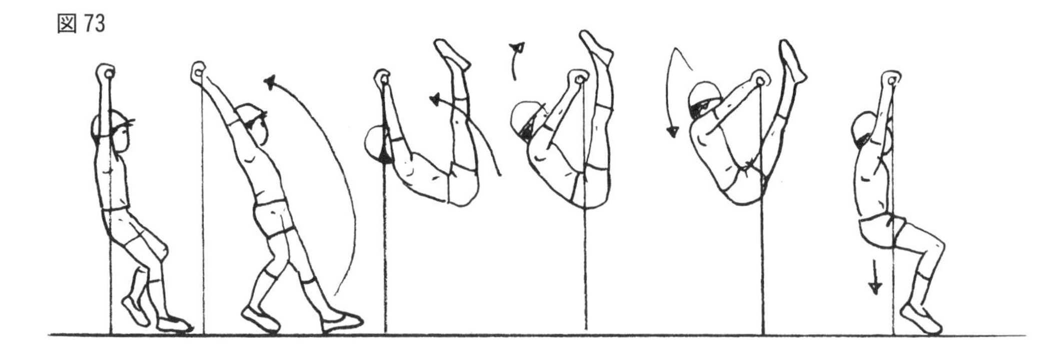

(2) 腕の引き寄せの動きかた

鉄棒に足首を引き寄せ，屈身体勢での振れもどりに合わせて，肩角を狭め，鉄棒を腰の近くに引き寄せる動感形態を発生させることになる。これは，よく「ズボンをはくような感じ」でといわれるように鉄棒を足首から腰まで引き上げるような動感形態を表した動感アナロゴン的言葉である。ここでは，け上がりと言う表記が蹴る動感形態を表しているが，足を上方にけって腰を伸ばす動感意識ではない。振れもどりに合わせて肩角を狭めるように鉄棒を下に押さえ，足首から腰へと鉄棒の引き寄せに合わせて腰を伸ばしていく動きかたになる。そのため棒などをもちいて腕を引き寄せることの力動感と肩角の狭めかたの動感形態（動きかた）を２人組で志向体験する(図 74)。

図 74

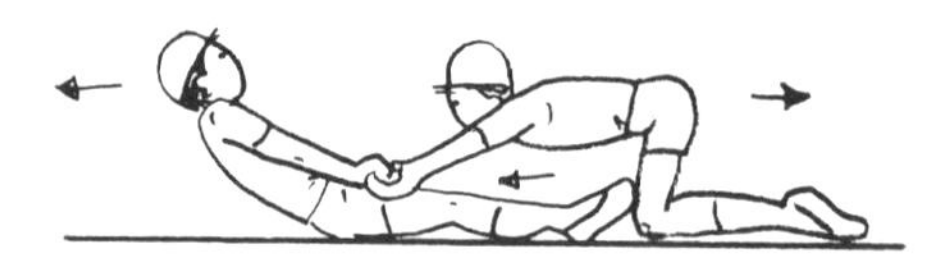

【動感能力】あごを引き背中をふくんだ（丸くする）体勢で前屈をすることがわかる定位感能力と足首から腰の近くまでわきを締めながら棒を引き寄せることがわかる時間化身体知と遠近感能力，そのとき常に腹部に力を入れ，腰を伸ばすことで上昇回転が生み出される伝動化能力の感じが発生してくる。

(3) 前方支持回転での手首の握り直し

振れもどりに合わせて足首を鉄棒に引き寄せ，腕全体でわきを締めるように鉄棒を下に押さえ上昇回転を高めることになる。そのとき上昇回転の後半に支持になるための手の握り直しをする。膝を伸ばした前方支持回転で手の握り直しを志向体験することで動感意識ができる。

【動感能力】手の握り直しのタイミングがわかる時間化身体知と握り直しに合わせて両手の間に胸を張り出すように鉄棒の前に乗り出す体勢が作れる定位感能力が発生，充実してくる。

(4) 補助者によるけ上がり

け上がりの全体的な動感形態の経過を覚えるために補助者は振れもどりに合わせて腰と

背中を持ち上げ支持体勢に導く（図75）。

【動感能力】振れもどりの足の引き寄せ，腰の伸ばしに合わせた腕の押さえ，支持になるための手首の握り直しなどどの局面化能力の発生で「コツ」の身体知が発生してくる。そのとき一回一回の違いがわかる動感分化能力など洗練化身体知の発生，充実によって動感努力をすることになる。

図75

【引用・参考文献】

・金子明友：『わざの伝承』，2002，明和出版
・金子明友：『身体知の形成（上・下）』，2005，明和出版
・金子明友：『身体知の構造』，2007，明和出版
・金子明友：『スポーツ運動学』，2009，明和出版
・金子明友：『体操競技のコーチング』，1974，大修館書店
・金子明友：『体育学習のスポーツ運動学的視座』，島崎仁編「体育・保健科教育論」，1988，東信堂
・金子明友：『教師のための器械運動指導法シリーズ / 鉄棒運動』，1984，大修館書店
・金子明友：『教師のための器械運動指導法シリーズ / マット運動』，1984，大修館書店
・金子明友：『教師のための器械運動指導法シリーズ / 跳び箱・平均台運動』，1984，大修館書店
・金子明友，朝岡正雄編：『運動学講義』，1990，大修館書店
・金子明友監修，吉田茂，三木四郎編：『教師のための運動学』，1996，大修館書店
・高橋健夫，三木四郎，長野淳次郎，三上肇編：『器械運動の授業づくり』，1992，大修館書店
・高橋健夫，三木四郎，野々宮徹，長野淳次郎編：『器械運動の授業』，1981，タイムス
・高橋健夫，三木四郎，野々宮徹，長野淳次郎編：『器械運動の教材研究』，1984，タイムス
・三木四郎：『新しい体育授業の運動学』，2005，明和出版
・三木四郎，加藤澤男，本村清人編：『中・高校　器械運動の授業づくり』，2006，大修館書店
・マイネル K.（金子明友訳）：『スポーツ運動学』，1981，大修館書店
・ホイジンガ J.（高橋英夫訳）：『ホモ・ルーデンス』，1963，中央公論社
・カイヨワ R.（多田道太朗他訳）：『遊びと人間』，1971，講談社
・メルロ・ポンティ（竹内芳郎・小林貞孝訳）：『知覚の現象学－1』，1964，みすず書房
・ヴァイツゼッカー（木村敏・浜中淑彦訳）：『ゲシュタルトクライス』，1988，みすず書房

［著　者］
三木 四郎（みき しろう）
1946年 兵庫県生まれ
東京教育大学体育学部卒業
専門は体操競技，スポーツ運動学，体育科教育
大阪教育大学名誉教授　神戸親和女子大学前学長

［主な著書］
『器械運動の授業づくり』（編著）大修館書店
『教師のための運動学』（編著）大修館書店
『新しい体育授業の運動学』（単著）明和出版
『中・高校　器械運動の授業づくり』（編著）大修館書店

［表紙・本文イラスト］**三木 映子**

器械運動の動感指導と運動学

初版発行――― 2015年2月1日

著　者――― 三木四郎（みきしろう）
発行者――― 和田義智
発行所――― 株式会社 明和出版
〒174-0064　東京都板橋区中台3-27-F-709
電話・FAX　03-5921-0557
振替　00120-3-25221
E-Mail : meiwa@zak.att.ne.jp

装　丁――― 持丸和夫
印刷・製本――― 壮光舎印刷株式会社

ISBN978-4-901933-37-7　Printed in Japan